段炼 主编

马军 等 著

上海史研究

四编

上海社会科学院出版社
SHANGHAI ACADEMY OF SOCIAL SCIENCES PRESS

目　录

代序　继承唐振常先生的事业，办好《上海史研究通讯》
　　《上海史研究》　　　　　　　　　　　　　　　001

南洋、北洋与上海港 ……………………… 周敏法　001
中国公学若干问题刍议 …………………… 伍洁静　013
1930 年前后中央军事训练班的若干史实考订
　　……………………………………… 郭　骥　040
内山完造与 20 世纪 30 年代的上海童话协会
　　……………………………………… 吕慧君　068
全面抗战时期上海戏曲传承与教育 ……… 王婉如　099
战后上海对日宣传与研究机构的变迁 …… 赵梦云　131
海上盆景专家孔志清小考 ………………… 邵文菁　173
铁路联通的沿海与内地
　　——以民国时期的上海与金华为中心(1932—1949)
　　……………………… 杨嘉诚　田中初　185
上海地区中医药遗址遗迹保护现状分析
　　——以浦东新区为例 ……………… 俞宝英　211

历史佐证与空间重现
——城建档案视角下的申城红色印迹 …… 曹　伟　246

20世纪八九十年代上海市总工会的工运史研究
………………………………………… 马　军　260

城市史视野下的浦东开发开放 ………… 张　犇　282

"大都会的肇建：上海城市化发展进程"学术
　　会议纪要 ………… 段　炼　邵文菁　整理　310

"徐汇文脉与海派文化"传承与发展座谈会纪要
………………… 段　炼　寿颖之　整理　344

陆廷灿、陆绍良墓志铭校注 …… 陶继明　整理、校注　384

北伐时期《中法新汇报》社论选译
………………… 侯庆斌　周凯桦　编译　394

1927年《中法新汇报》社论选译
………………… 侯庆斌　石珺玥　编译　405

附录　《上海史研究通讯》目录（1980—1985年）……… 416

Contents

Preface   A Succession to Professor Tang Zhenchang's Cause of Well Compiled *Shanghai History Research Communication* and *Shanghai History Research*   001

South Ocean, North Ocean and Shanghai Port
　　　　　　　　　　　　　　　　　Zhou Minfa   001
An Analysis on Several Problems of National University
　　　　　　　　　　　　　　　　　Wu Jiejing   013
A Revision of Some Historical Facts of Central Military Training Class around 1930   *Guo Ji*   040
Uchiyama Kanzo and Shanghai Fair Tale Association in the 1930s'   *Lü Huijun*   068
The Inheritance and Education for Traditional Opera in Shanghai during Period of War against Japan in All Respects   *Wang Wanru*   099
A Change of Propaganda and Research Institute on Japan in the Postwar Shanghai   *Zhao Mengyun*   131

A Research on Kong Zhiqing, a Bonsai Expert in Shanghai
　　　　　　　　　　　　　　　　Shao Wenjing　173
Connecting Coastal Region with Interior Areas by Railways—Shanghai and Jinhua as a Centre during the Period of the Republic of China (1932 – 1949)
　　　　　　　　　　Yang Jiacheng & *Tian Zhongchu*　185
An Analysis of the Present Protection of Traditional Chinese Medicine Sites and Relics in the Region of Shanghai—Taking Pudong District as an Example
　　　　　　　　　　　　　　　　　Yu Baoying　211
Historical Evidences and Reproducing Space—Communists' Trace in Shanghai from the Viewpoint of Urban Construction Archives　　　　　*Cao Wei*　246
Studies on the History of Workers' Movements of Shanghai Federation of Trade Union in the 1980s'and 1990s'　　　　　　　　　　　　　　　*Ma Jun*　260
Development and Opening up of Pudong in the View of Urban History　　　　　　　　　　*Zhang Ben*　282
"The Building-up of Metropolis: A Process of Urbanization Development of Shanghai Proceedings" of an Academic Conference　　　　　　Recorded by *Duan Lian* &
　　　　　　　　　　　　　　　　Shao Wenjing　310
"Xuhui Historical Context and Shanghai Culture" Proceedings of

Inheritance and Development Forum
    Recorded by *Duan Lian* & *Shou Yingzhi* 344

A Textual Criticism of the Inscription on the Lu Tingcan and Lu Shaoliang's Gravestone
    Collated by *Tao Jiming* 384

A Selected Translation of Editorials in *L'Echo de Chine* during the Northern Expedition Period
    Translated and Edited by *Hou Qingbin* & *Zhou Kaihua* 394

A Selected Translation of Editorials in *L'Echo de Chine* in 1927 Translated and Edited by *Hou Qingbin* & *Shi Junyue* 405

Appendix Contents of *Shanghai History Research Communication* (1980 – 1985) 416

代序

继承唐振常先生的事业，办好《上海史研究通讯》《上海史研究》

唐振常先生因其主编的《上海史》(1989年版)而在上海史研究的学术史上占据着独特的地位。由此，他也成为上海社会科学院历史研究所60多年进程中一位里程碑式的人物！

今年(2022年)是他诞辰100周年、逝世20周年的日子，圈内人士自然是要好好的缅怀他、纪念他，感恩他的开创之功、统率之力。

开纪念会或追思会，出版纪念集，固然是一种适宜的凭吊方式，但在延续性和持久性方面却略有不足。我们现代史研究室在数年前便已意识到了这一问题，遂决定把续办唐

唐振常先生(1922—2002)

先生曾经主编的刊物作为本室的一项责任,以此弘扬他的治学理念和卓越见识,使之能长相吾等晚辈左右。

当年在率领团队撰写大部头的《上海史》的过程中,唐振常先生还领衔做了一系列的铺垫工作,以期培养队伍,逐步推进,最终积小胜而为大胜。从1980年初至1985年初,唐先生主编了自印的内部刊物《上海史研究通讯》共11期,每期数十页,收文10余篇,举凡会讯、发言、论文、文章、译文、书评、札记等,可谓"花鸟鱼虫"应有尽有,它既是相关学者发表新见的优良平台,也对读者了解中外学术动态颇有助益。据说"唐先生对于主编这份杂志非常尽心,每篇稿子都经他看过,改过……他在文稿上密密麻麻的批语,从史料、观点到标点符号,都有他的心血"。① 与之同步,1984年1月和1988年3月,他又主编推出了《上海史研究》1、2编,均由学林出版社正式出版,小32开本。第1编228页,第2编440页,各收论文约10篇,绝大多数作者都是《上海史》课题组的成员,"他们在写作全书之余,产生了一部分中间成果。把这些中间成果汇集出版,得闻各方雅教,当有助于促成上海史研究的提高"。②

令人有些遗憾的是,因于1986年《史林》杂志的创立,

---

① 熊月之:《唐振常先生与历史研究所——兼怀上海史室已故同仁》,载上海社会科学院历史研究所编:《史苑往事》,上海社会科学院出版社2016年版。

② 唐振常:《序》,载唐振常、沈恒春主编:《上海史研究》2编,学林出版社1988年版。

代序　继承唐振常先生的事业,办好《上海史研究通讯》《上海史研究》

并很快成为本所所刊和中国南方最重要的史学期刊之一,《上海史研究通讯》和《上海史研究》被掩蔽了光芒,竟未能延续下去……

本研究室虽然力量微薄,但承继历史遗产之心不甘人后,于是便组织人员在 2019 年 12 月(即 34 年后,亦是《上海史》出版 30 周年之际)编辑、推出了《上海史研究通讯》新刊第 1 辑(即总第 12 期),刊头、风格一切照旧,并增添了有关学人逝世、学位论文、课题下达、新书介绍等资讯,旨在反映当年度上海史研究的各类状况。之后,2020 年 11 月和 2021 年 12 月又续出了新刊第 2 辑和第 3 辑。每期均自印一二百份,适时赠送相关学术机构和专业人士。其间,2020 年 6 月仍由学林出版社出版,于中断 32 年后,我们还贡献出了《上海史研究》第 3 编,共 347 页,装帧、版式、立意等仍一如既往,公开发行。我们的上述接续之举,已经赢得了不少学界人士的赞赏和鼓励。

秉承着不定期的规例,本书是为《上海史研究》第 4 编,其内汇聚了所内外上海史同好们最新的尽心之作,正等待着学界的品评。与此同时,我们亦开启了本年度《上海史研究通讯》(新刊第 4 辑)的组稿工作。

近几年的疫情确实给本研究室的学术工作增添了不少障碍,但事在人为,我们有决心排除各种困难,把两刊持久地办下去,这是唐振常先生留下的文化品牌,我们要越办越好,义不容辞。迄今,唐先生离开我们已经有 20 年了,但我们仍希望能以这样的方式把他长久地留住,把他对上海史研究的至诚、热情和智慧留住,以便让年轻人更好地领悟和感受。

本研究室还准备寻机派人到美国斯坦福大学的胡佛图书馆去,把留在那里、已经可以公开查阅的唐先生的诸多资料抄录下来,"我们想把他迎回来"……

南洋、北洋与上海港

周敏法

一、南洋、北洋的概念

"南洋"有境外、境内两个概念。境外"南洋"是明、清时期对东南亚一带的称呼,是以中国为中心的一个概念。包括马来群岛、菲律宾群岛、印度尼西亚群岛,也包括中南半岛沿海、马来半岛等地。境内一般以江苏以南的沿海为"南洋",江苏以北的沿海称"北洋"。辜鸿铭(1857—1928),祖籍福建省同安县,生于南洋英属马来西亚槟榔屿,人称"清末怪杰",精通9种语言,获13个博士学位,是清代学贯中西的中国第一人。其自称"生在南洋,学在西洋,娶在东洋,仕在北洋"。

《汉语大词典》"南洋"条:"清末至民国时期,划分我国沿海地区为南北两洋区,称山东以南的江苏、浙江、福建及广东各省为南洋;江苏以北的山东、河北、辽宁各省为北洋。"①《汉语大词典》"北洋"条:"指渤海、黄海区域。宋姚宽

---

① 《汉语大词典》,第894页。

《西溪丛语》卷下:'今自二浙至登州与密州,皆由北洋,水极险恶。'"①南洋与北洋本是两个对应的概念,而此两个注释是矛盾的。首先是年代矛盾:前者说"清末至民国"才划分南北两洋区;后者则说宋代已有"北洋"。其次是分界线矛盾:前者以山东、江苏交界为分界线;后者则以黄海、东海交界(启东角)为分界线。

宋文天祥《北海口》诗题注:"北洋入山东,南洋入江南……以扬子江中渚沙为北……"②可见南洋、北洋概念宋代已有,也明确以长江(扬子江)为分界。上海位于长江口,成为实际上的分界点:南面为南洋,北面为北洋。

二、南洋、北洋的划分依据

中国大陆海岸线长达1.8万多千米,那么古代为什么会以上海为界划分南洋、北洋呢?其划分的依据是什么呢?

为了搞清此问题,笔者在电脑上将中国沿海地图反复放大、缩小,试图寻找线索,结果发现一个怪象,即南洋与北洋海岸线的形态是截然不同的:北洋海岸线大都是光溜溜的一条线,而且几乎没有海岛;而南洋海岸线则弯弯曲曲,而且岛屿密布。由此不禁联想:莫非南洋、北洋的划分,与南北海岸线的地理特征不同有关?

---

① 《汉语大词典》,第1943页。
② 《钦定四库全书·文山先生全集》卷十三,台湾"商务印书馆"影印武英殿本1983年版,第54页。

进一步研究发现,南洋、北洋海岸线,不仅形态不同,还有其他不同。其一,地质成分不同:北洋海岸线主要由沙滩构成;南洋海岸线则由山地丘陵以及近海岛屿组成。其二,地貌不同:北洋海岸线属于平原"沙岸",是大面积平坦的且略呈缓坡的沙滩;南洋海岸线大都属于悬崖峭壁的"岩岸",很少有"沙岸"。其三,形成年代不同:北洋"沙岸"属于不断东扩的"涨滩",年代近;南洋"岩岸"属于亿万年前形成的原生态山崖。其四,吃水深浅不同:北洋"沙岸"吃水很浅,一般大船无法停靠;南洋"岩岸"吃水深,适合大船停靠。

原来,中国南北海岸线的地质、地貌以及吃水深度是完全不同的,宋元时的船民正是以此来划分南洋、北洋的。我们不得不为中国先民的伟大智慧而折服。但近代官僚学者不知原委,以为南洋、北洋概念是"清末至民国"才产生。产生误解的原因,是古代社会底层船民中流传的南洋、北洋概念,很少被写入著录,官僚士大夫搞不清楚所致。

三、北洋海岸线的形成

那么,中国北洋海岸线的平原"沙岸"是怎么形成的?它为什么会以上海为界呢?所谓"北洋"是由"黄海"和"渤海"两部分组成,而构成其海岸线的主要部分属于华北平原。

华北平原地势低平,东部沿海平原都在海拔 10 米以下。自西向东微斜,是典型的冲积平原。它是由于黄河以及海河、淮河、滦河等所携带的大量泥沙沉积所致。《海平面与海岸线的变化》一文指出:"如我国的黄河是目前世界上含沙量最多的一条大河,平均每立方米的河水含沙量约为37千克,它每年倾入大海的泥沙多达16亿吨。泥沙在入海处大量沉积,使黄河河口每年平均向大海伸长2~3千米,即每年新增加约50平方千米的新淤陆地。由于河水带来的泥沙沉积,使海岸线也不断地向海洋推进。"[1]

由于黄河挟带大量泥沙,河床逐年淤高,下游河床高出地面数米,成为"悬河"。黄河一旦决堤往往就会改道,因为它始终遵循着"水往低处流"的自然规律。亿万年来,黄河下游改道,总是围绕着地势高的山东半岛南北两侧交替进行:或向北进入渤海;或向南进入黄海。于是黄河携带的大量泥沙,构成了华北平原。

在黄河形成华北平原的同时,也形成了"北洋"沙岸光溜溜的海岸线。那些远古时期海中的岛屿,随着陆地的东扩,变成了现在陆地上的山岭,这就是北洋海岸几乎没有海岛的原因。

至于长江三角洲平原的产生,同华北平原类似,也是亿万年来长江泥沙沉积而成,所以整个上海东南沿海包括杭州湾都是沙岸。

而反观"南洋"沿海,虽然也有中国第四大河珠江,但由于地处热带,地表植被覆盖率高,江水夹沙少,所以珠江三

---

[1] 《海平面与海岸线的变化》,《大众科技报》2002年9月12日。

角洲平原生长缓慢,它在"南洋"漫长的海岸线中占比很小。"南洋"沿海总体没有长江、黄河这样挟带大量泥沙的大河,海岸线大都是地质时期形成的山地丘陵,保留着原始弯曲凹凸、岛屿密布的地貌特征,所以被称为"岩岸"。

古代船民虽然不知道这些,但世代的航海实践使他们认识到,南北沿海地形是完全不同的,为了区分,他们分别称之为南洋和北洋,于是地域概念的南洋和北洋诞生了。

四、上海海岸线的特点与沙船的发明

上海海岸线的地形特征属于北洋海岸线,长江挟带的大量泥沙沉积形成了包括上海地区在内的长江中下游平原。

整个上海海岸线多是平坦的、大面积的、略呈倾斜的"沙岸",这样的平原"沙岸",很适合做盐场。在秦代之前,上海东南部就是盐场,秦始皇设置海盐县,因"海滨广斥,盐田相望"而得名,县治就设置在今上海市境内。

雍正《分建南汇县志》载:"邑东沿海一带,皆铁板沙,船最难泊。"[1]可见,上海地区虽然有很长的海岸线,但性质都属于平原"沙岸",而且沙滩属于很硬的"铁板沙",吃水非常浅,无法停靠一般大型船舶,故不适合做港口。

---

[1] 《分建南汇县志》,《上海府县旧志丛书·南汇县卷》上,上海古籍出版社2009年版,第31页。

古代船民在长期的航运实践中,发现南北两种不同的海岸线,需要设计不同的船型来适航。于是,中国先民发明了"尖底船"和"平底船"两大类四种古船。从南到北依次为:两广地区的广船、福建沿海的福船、浙江沿海的浙船。这三种海船都诞生在"南洋",总体都属于"尖底船",适合"南洋"深水航行,可以停靠吃水深的"岩岸",但不能停靠"北洋"的"沙岸"。因为尖底船一旦搁浅,船的尖底会造成船舶侧翻甚至断裂。

而发明于江苏沿海(上海古代属于江苏)的"平底船",俗称"沙船"。它是我国最古老的海船之一,其船型特点是平底、方头、船体宽、吃水浅。在唐宋时期,它成为我国"北洋"航行的主要海船,也是适用地域最广的船种。平底船的优点是能"坐滩",不怕沙滩搁浅,潮水一来又可重新启航。因其可以在水浅的沙滩上停靠,所以被称为"沙船"。它在江、河、湖、海皆可航行,适航性特别强。

总之,以上海为界,中国南北海岸线的形状和地质构造完全不同:南边称为南洋,大多是亿万年前形成的"岩岸",吃水深,适合尖底船航行;北边称为北洋,则是至今仍在东扩的新生"沙岸",吃水浅,适合平底沙船航行。

《上海对外经济贸易志·总述》对沙船也有论述:"沙船始于唐代,中国称之为'北洋船',日本人和欧洲人称之为'南京船'或'北直隶贸易船'。乾隆《崇明县志》载'沙船以出崇明沙而得名'。它在沙线航道中'履险如夷,走船如马','视巨浪如无浪',具有行沙防沙的特点。唐代鉴真和尚从扬州出发东渡日本,乘的就是沙船。"①

《宋会要辑稿》记载了这么一件事。南宋孝宗隆兴二年(1164年)五月二日,都督府张浚是四川人,不了解南洋、北洋的不同状况,贸然下令:"明、温州各造平底海船十艘。"这里的"平底海船"就是沙船。结果遭到明州(今宁波)造船者的反驳:"平底船不可入海。"②这也证明了笔者的推测:古代船民知道南洋、北洋的不同情况以及适应船种,但官僚士大夫并不明白,所以出现了"南洋造北船"的瞎指挥。

元代开辟海上漕运,浦东高桥人张瑄用的也是平底沙船。元至元十九年(1282年)张瑄奉旨试行造平底沙船60艘,押运粮食六万四千余石,抵达直沽(今天津)。受元世祖忽必烈嘉奖,擢为海道运粮万户。

上述举例,只是想说明沙船源远流长,适合于北洋航行。这是我国船民长期用生命积累的经验教训,不能违背。

上海是沙船的发祥地。1990年扬帆出海的沙船被确认为上海市市标图案。在清代的中后期,沙船航运已经是上海的一项支柱产业。清代苏州知府齐彦槐曾到上海对沙船运输业进行实地调查,证明当时的沙船运输业已经很发达:"沙船聚于上海,约三千五六百号。其船大者载官斛三千石,小者千五六百石。船主皆崇明、通州、海门、南汇、宝山、

---

① 《上海对外经济贸易志》总述,上海社会科学院出版社2001年版,第3页。

② 清代徐松根据《永乐大典》中收录的宋代官修《宋会要》加以辑录而成《宋会要辑稿》食货(五)。

上海土著之富民。每造一船，须银七八千两。其多者至一主有船四五十号，故名曰船商。自康熙二十四年开海禁，关东豆麦，每年至上海者千余万石。而布、茶各南货，至山东、直隶、关东者，亦由沙船载而北行。沙船有会馆，立董事以总之。"①"崇明、通州、海门、南汇、宝山、上海"，以上地区都属于"沙岸"，所以他们都制作沙船。一方水土养一方人，这是人们认识自然、适应自然、利用自然的创举。以上6个地区，其中4个现在都归属上海市，所以说上海是"沙船之乡"名副其实。

根据史料和出土文物可知，发明于上海一带的沙船始于唐代，流行于宋元，盛行于清末民国，历时千年，长盛不衰。

五、上海港的诞生

上海位于中国海岸线中部，处在长江入海口，这是显而易见、人所共知的"显性"优势。但上海港最大的优势是"隐性"的区位优势，即上海处于南洋、北洋交汇处，是南北货物理想的几乎也是唯一的中转枢纽：南洋尖底船运来的货物，要在上海卸货，换成平底沙船再运到北洋；北洋平底沙船运来的货物，也要在上海卸货，换成尖底船运往南洋或海外；

---

① （清）齐彦槐：《海运南漕议》，载《皇朝经世文编》卷四十八《户政》二十三《漕运》下。

长江沿线运来的货物,也要在上海换成尖底船,再运往南洋或海外。海内外航运贸易的迫切需求,呼唤着上海港的诞生。故上海港的诞生绝不是偶然的,它是由特殊的地理位置和环境所决定的,可以说是"天助上海",是历史的必然选择。

周振鹤教授提到两宋时期全国先后有11个市舶机构。① 其中青龙镇、华亭、上海3个集中在沪渎海湾,还有宁波、杭州、澉浦3个集中在杭州湾,近在咫尺的两个海湾占据了当时全国市舶贸易的半壁江山。元代全国共设置7个市舶司,这两个海湾也占了4个(宁波、上海、澉浦、杭州)。中国的海岸线那么长,为何市舶司"扎堆"在一起?因为这两个海湾,正是南洋和北洋的交界处,都可做货物的中转站。可见历史青睐的并非只有一个上海港,而是两个大海湾。但由于地理环境的改变,有些港口退出了历史舞台,而上海港则在上海开埠后益发兴旺,在改革开放后更是达到登峰造极,已经步入国际航运中心行列。

说到上海港,大家会以为是指黄浦江外滩的码头,其实历史上的上海地区港口地点是经常变换的。作为外贸港口,仅仅具备大的区位优势还不够,还要具备小的码头环境:如轮船进出便利、能够停靠、方便货物装卸、能够避风等。目前,很多史学家只强调或者只看到了上海港表面的

---

① 周振鹤:《两宋时期上海市舶机构辨正》,《上海研究论丛》第一辑,上海社会科学院出版社1988年版,第34页。

区位优势,却不了解上海港实际面临的尴尬,即最好的区位优势,却存在着很差的码头劣势。

关于上海码头的劣势,先看三个现象:一是上海地区的海岸线虽然很长,从杭州湾到长江口,但古代却没有一个港口。二是唐宋时期已成陆的崇明岛和高桥岛,它们位于长江和东海交汇处,似乎位置极好,但它们都没有成为港口重镇。三是沪渎本身是个天然海湾,但南北两岸100多千米却没有一个码头。为什么?因以上三处都是"沙岸":虽然可以停泊沙船,但无法停泊尖底船,所以不能成为南北货物中转的港口。说到底,就是没有合适的码头环境。这也是当今舍近求远把集装箱码头移到属于浙江省舟山市的洋山深水港去的原因。这告诉人们一个被疏忽的"常识":不是通海的地方都可以当作港口,也不是但凡海岸都可以当作码头。

上海这么好的区位优势,因无法设置码头实在可惜。古人经过长期的摸索和实践,终于找到了两个适合做港口的地方。首先是青龙镇港口,它位于今青浦区白鹤镇,今日已经夷为平地。青龙镇在古代沪渎大海湾的最西端,东通大海连接外洋,西连松江(吴淞江)可达京杭大运河和太湖。在吴淞江南面有条两头连接吴淞江的支流青龙江,可以停靠大型船舶,适合做码头,于是青龙镇港口应运而生。据《云间志》引:"昔孙权造青龙战舰,置之此地,因以得名。"[1]

---

[1] 《云间志》校点本,1988年内部印行,第4页。

三国时能够在青龙镇造战舰,说明必然是个天然良港。唐天宝年间置青龙镇(时为军事重镇),成为当时东南通商大邑。据日本僧人圆仁《入唐求法巡行记》载,唐代大中以后,来自新罗、日本的海舶,也在此靠岸。宋代青龙镇置市舶司(管理航运外贸的机构),一度成为对外贸易港口,"周边的杭、苏、湖、常等州每月有船前来贸易;福建、漳、泉、明、越、温、台等州,一年至少来二三次;两广、日本、新罗(今朝鲜)每岁一至"。① 青龙镇有"小杭州"之称,繁华兴盛持续数百年。但好景不长,宋末青龙镇因航道淤浅海船难以到达遂趋衰落,原有港口贸易活动便逐渐移至上海港。

关于上海港,吴贵芳《古代上海述略》记述:由于航道淤塞"原来海舶已无法溯沪渎直上青龙镇者,此时即改从江浦合流处向南碇泊于上海浦右,亦即今南市区小东门十六铺的岸边。"②港口地点在现在的南市外滩,近千年来依然如此。只是宋时河道"上海浦"后为黄浦所吞并,现称黄浦江。

为何选择此地做码头?首先上海浦宽窄相宜。河道太宽,平缓的河滩也宽,船舶离岸太远搬运货物不便;河道太窄,船舶拥挤影响畅通。上海浦正好介于两者之间,河滩不算太宽,用一块或者几块跳板就可搬运货物,这个从清末民初的照片可见。河道也不算太窄,便于船舶停靠、调头和航行。最关键像这么宽窄的河道,平底船和尖底船都能停靠,

---

① 《上海港志》总述,上海社会科学院出版社2011年版,第2页。
② 吴贵芳:《古代上海述略》,上海教育出版社1980年版,第48页。

便于南北货物的中转。其次,进出的货物都要通过东面的海洋,上海浦离海相对较近,可减少航程。

总之,上海处在南洋与北洋的汇合处,两种货船运送的货物都要在上海换船中转,于是上海成为海上交通枢纽,上海港应运而生。所以说上海港的形成并非偶然,而是历史的必然,即得天独厚良好的地理环境使然。从来没人把长江和黄河、南洋和北洋、沙船和上海港这几类性质完全不同的事物联系起来研究。但放在广阔的时空背景下,可以清晰的发现,它们之间都是有内在联系的:长江、黄河夹带的大量泥沙造成了上海以北的"沙岸","沙岸"沿海被称为北洋,为了适应北洋沙岸的航运,船民发明了沙船,而沙船的发明孕育了上海港的诞生。上海港得"天时、地利、人和"之利,沙船代表了当时最先进的生产力,它巩固了上海港作为重要外贸港口的地位,加速了上海"以港兴市"的步伐,奠定了上海作为港口城市的基础。

中国公学若干问题刍议

伍洁静

中国公学兴办的起因是1905年(乙巳年)"留日学生反对取缔规则之役"①,当时回国的留学生"各省团体先后归来者计三千人以上"②。这次归国并不是无组织的,"留学生总会举四人来沪担任招待,并筹划兴学事宜"③,这四人分别是刘棣英、朱剑、吴勋和王敬芳。当他们到达上海5天后,便在"派克里之东升"办留日学生总会事务所,"自此留学生总会成立,与各省同乡会相联络,相提携,招待归人,调查行踪,为计划兴学之基础"④。尽管当时归国留学生达数千人,但真正留在上海"不逮十分之一",原因是"归乡里者十之六、七"⑤。之后不久,各报纸又登载一则电报,"杨公使限归国学生,近者一月内远者二月内,一体归东京上课,晚者官

---

① 董鼎编:《学府纪闻:私立中国公学》,南京出版公司1981年版,第1页。
②③④ 《中国公学第一次报告书》,载朱有瓛编:《中国近代学制史料》第2辑(上),华东师范大学出版社1989年版,第720页。
⑤ 《中国公学第一次报告书》,载朱有瓛编:《中国近代学制史料》第2辑(上),第721页。

费生停费,自费生不送入学"①。由于最初的留学生归国风头太劲,到彼时却有点形单影只的味道,后来留学生总会也解散了,因此中国公学在开办之前,可以说真有点四面楚歌,尽管情形对他们很不利,但中国公学依然在1906年3月4日开办起来了。"中国公学"这个校名最初出现在"乙巳年十二月之十九日",是在留学生总会所办的第二次各省代表全体会上所决定的,"因为学校含有对外的意义,归国学生又有十三省之多,故名为'中国公学'"②。

本文所讨论的几个问题,可以窥见中国公学从建立到终结的一条主线:中国公学的各种存在形式,可以看见学校发展的曲折和丰富;中国公学的风潮,成也风潮败也风潮;中国公学的经费、校址和停办,这些都是一所学校建立和持续的基本条件;中国公学的复校,则是校友们对母校的不舍,侧面证明了学校存在过的价值,也意味着中国公学的终结。

一、中国公学的不同存在

中国公学,一般而言,大部分人想到的都是上海吴淞中国公学。但是以中国公学命名的学校却不止这一处,这些

---

① 《中国公学第一次报告书》,载朱有瓛编:《中国近代学制史料》第2辑(上),第721页。
② 董鼐编:《学府纪闻:私立中国公学》,第5页。

学校或多或少与上海吴淞中国公学都有所联系,分别是中国新公学、北京中国公学大学部、上海新中国公学、重庆中国公学。其实,更确切地说,它们都曾是中国公学的一部分。

首先是中国新公学,是这几所学校中最为人所知的,因为只要知道胡适并阅读过他的《四十自述》,都会对这所学校的渊源有所了解。中国新公学是因为"戊申(1908年)九月间,中国公学闹出了一次大风潮,结果是大多数学生退学出来,另组织一个中国新公学"①。"中国公学学生于十一日解散后,即在爱而近路另租房屋,由干事部朱君、罗君、郑君等商同德文医学生蔡香孙君竭力组织,蔡君之父即中国医学会总理小香先生,热心补助慨捐校址数十亩并许筹助经费俾易成立,现各学生已定于下星期起先行开课。"②新公学"自治严肃,外界舆论颇为称许"③与同情,旧公学的教员也来上课,学生不畏艰苦条件,甚至自掏腰包热情十足,投考新校的学生也多过老公学。新旧公学的合并,张邦杰起了很大的作用,"老公学的三干事之中,张邦杰先生(俊生)当风潮起时在外省募款未归,他回校后极力主张调停,收回退学的学生"④。经过一年多之后,新老公学合并。关于合并,郑孝胥在日记中有这样一段记录:1909年11月13日,"中

---

① 胡适:《四十自述》,中国文联出版公司1993年版,第73页。
② 《中国公学解散后之状况》,《申报》1908年10月18日。
③ 《中国公学学生请停津贴杭州》,《申报》1909年1月6日。
④ 胡适:《四十自述》,第78页。

国公学至海天村,至者李平书、梁乔山、谭介人、罗君毅、李琴鹤,约定即日将庆祥里新公学房屋退租,学生皆移入中国公学,所有新公学欠款由公学分别缓急酌为认还。"①

其次是北京中国公学大学部,它可以说是中国公学的一个时期,之后又成为另一所与中国公学完全无关的学校。1913年,孙中山发动二次革命,中国公学所处之地——吴淞砲台湾原本是有驻军的,是上海的门户,位于战事前线。由于战争之故,校舍被军队所占,"陈英士之司令部闻设在吴淞中国公学内"②,因而"移董事会于北京"③。《申报》曾发表这样一则电文:

> 北京电 中国公学决与国民大学合并,推熊希龄为总长,黄云鹏为校长,汤化龙、蔡锷、夏敬观为总副董,王敬芳、孙镜清为基金监。④

中国公学与国民大学合并,成为中国公学大学部。对于这所大学,当时教育部公布的调查评价为:"私立中国公学大学部,办理尚属认真,管理一方亦颇合法,惟北京及上海两处组织方法未臻完备,仍应详加规划以谋进行。"⑤1905年7

---

① 劳祖德编:《郑孝胥日记》,中华书局1993年版,第1214页。
② 《制造局战事六志各方面报告提要》,《申报》1913年7月29日。
③ 董蒲编:《学府纪闻:私立中国公学》,第2页。
④ 《北京电》,《申报》1913年12月23日。
⑤ 《教育部认可北京各私立大学》,《申报》1914年5月28日。

月18日《申报》刊登《教育部正式立案吴淞中国公学专门中学部招生》新闻。由此可知,此时北京中国公学为大学部,上海中国公学则为中学部。1917年3月,北京中国公学大学部与上海吴淞中国公学分离,改名为中国大学。1934年,《申报》上一篇《私立独立学院之沿革》对其有介绍:"中国学院,初名国民大学。三年,与吴淞中国公学合并办理,改名中国公学之大学部。六年三月,与公学分离,改名中国大学。十九年十月,改为今名,经部准予立案。"①

再者是新中国公学,虽与中国公学有一定的渊源,但不属于中国公学。1932年"一·二八"抗战,吴淞中国公学被炸毁,"因损失太巨,恢复需时"②,学生面临着借读与失学的命运。因此,中国公学一部分教师在法租界萨坡赛路59号租定校舍,开办学校。《申报》对这所学校有一则简介:

> 本市新中国学院,于一二八时,由中国公学总务长暨数理系主任胡耀楣集合中公一部分教授所创办。筹备半载,始告成立,定名为新中国公学。校长一职,由校董柏文蔚担任。战事平后,遂向教育部正式请求核准设立,承蒙许可,并奉部令将"新中国公学"改名为新中国学院。创立之初,学生竟达五百余人,其中多半为中公学生。开办二载,成绩卓著。③

---

① 《私立独立学院之沿革》,《申报》1934年3月16日。
② 《上海市教育局关于私立中国公学立案问题》(一),上海档案馆藏,档Q235-1-637。
③ 《学校概况——新中国学院》,《申报》1939年2月6日。

这所学校尽管与中国公学没什么关系,但它最初的师生来自中国公学,从某种角度而言似乎也可以说明"一·二八"抗战对中国公学的巨大影响。

最后是重庆中国公学,它确确实实是中国公学的一部分,就如同西南联大是清华、北大、南开的一部分一样。由于中国公学四川籍学生很多,他们在重庆有一个转转会(即轮流聚餐会),后来同学越来越多,便正式成立了中国公学重庆同学会。日本侵华战争爆发后,重庆同学会积极筹备复校工作。不久,中国公学在重庆以中学部的形式恢复中国公学,董事会聘何鲁为第一任校长。但是何鲁对重庆中学部表现并不积极,一年后便辞职了。后来因为经费问题,重庆中国公学中学部在抗战胜利前便停办了。1939年春,上海吴淞中国公学中学部复校,"奉重庆董事会电示,更名为中国公学第二附属中学,因渝校已委何鲁办理第一附中"①。由此可知,重庆中国公学中学部确切的名称应为"中国公学第一附属中学"。尽管重庆中国公学中学部在抗战胜利前即已停办,但重庆中国公学存在的时间是最久的。"民国三十八年三月三十日,重庆市教育局局长罗象翥呈教育部以据报中国公学在渝复校,拟请准予开学"②,而到了新中国成立后重庆中国公学依然存在,学校董事会时任董事长为熊克武。1951年7月15日,经校董事会和主要负责人

---

① 《教育简报》,《申报》1939年6月25日。
② 董鼐编:《学府纪闻:私立中国公学》,第50页。

举行会议决定,重庆中国公学与正阳学院合并,校名暂定为"私立重庆财经学院",即现在西南财经大学的前身。① 除重庆中国公学之外,在新加坡等地也有中国公学复校事宜,但尚无具体资料,此处不多赘述。

上述这些学校,曾经是中国公学的一部分,或与中国公学有颇深的渊源。也正是有了这些学校,中国公学的历史形象才显得更加丰满。

二、中国公学的历次风潮

中国公学的创办起因是一次风潮,似乎这样的开头也导致了中国公学大小风潮不断。有迹可查的有:1906年3月的全体苏人退学,1908年9月因"一个宪法问题"(胡适语)中国公学大部分学生退学,1921年10月至11月新旧两派教员之争,1923年6月代理校长陈筑山改革学制,1924年6月学生要求撤换教务长,1928年3月反对校长何鲁,1930年11月至12月挽留校长马君武,另外还有1931年1月以及1932年6月等数次风潮。下面将略述这几次风潮:

中国公学的第一次风潮,即开办之初全体苏人退学,发生时间在1906年3月17日。郑孝胥在这一天的日记中写道:"中国公学庶务员张邦杰、黄兆祥来告公学争论江苏人

---

① 张儒品主编:《西南财经大学志》第1卷,西南财经大学出版社1992年版,第229页。

开会事,朱梅生已辞职。"①风潮原因,从退学者的角度来说,是由于中国公学内部的腐败。而从学校的角度来说,是"一部分江苏籍留日学生,不满意中国公学领导人"②。《申报》对此事件有过一篇完整的报道,但这篇报道是从退学者的角度说的。摘要详述如下:

> ……而于宣布总章之日。即起冲突。我江苏人全体退学。记者于是详细调查。询其源委于非江苏人。退而征之所闻于江苏人者。而得备悉其真相。用敢论列于下:
>
> 夫此次冲突之起。在开全体大会之日。干事朱君剑首先诬瞿君钺以专制。黄君兆祥又从而诬之以破坏。其实瞿君未尝言专制也。辩者曰。瞿君虽未明言专制。而或含有专制之意。则请述当日瞿朱两君之言以证之。瞿君曰。今日总章。果无可更改。则明日由书记写给同学遵守可已。请移此时以议他事。朱君剑代为翻译曰。瞿君言此总章如不可再改。请诸君受其专制可也。如瞿君只言遵守二语。或者含有服从专制之意尚可言也。今瞿君即接下曰。请移此时以议他事。则瞿君明有以王君敬芳先言今日只报告总章。故

---

① 劳祖德编:《郑孝胥日记》,第1035页。
② 勒明全:《攻玉论——关于20世纪初期中国政界留日生的研究》,重庆出版社1999年版,第284页。

云如不改易。则不如使书记抄给同学而移此会议紧要之时以商议他事。盖不欲空费此难得之时间也。何尝含有专制之意乎。诸君亦曾学论理学乎。试以伦理学论意之法判断此瞿君之语。则其归宿。重在结末一语。显然易见乌可以专制附会之。此次苏人退学之总因。由此数语而起。此数语解释明白。则是非曲直。不辩而自明矣。……而执坚若此。盖有真原因在。列举于后：

一由于省界之见未化。中国公学之创。湖南四川两省特别捐最多。故彼两省人常曰。此四川公学耳。此湖南公学耳。时有轻我苏人少特别捐之意。并且忌我苏人占公学之多数。……乃必因此而有歧视我苏人之意者。则固彼此之见未化。而犹是争持省界之心也。

一由于私怨之见未消。辩者曰。朱剑固江苏人也。子言省界。则朱剑何以反对苏人。不知朱虽籍隶江苏。然生长湖南。故与湖南人最为密切。此次在沪于办事之余。时时肆意于花天酒地。瞿君钺屡以正言规劝。彼乃因羞成怒。常思有以去之。又有四川某君。亦以涉足花丛。为瞿君所纠察。公议罚以特别捐数千金。故亦衔之甚深。……此亦一原因也。

故此次冲突。其初起为第二原因。不过一二人之反对。其后又以第一原因。运动诸人人。是以两次开判理会。而判断卒未平允。我苏人初意。亦以一二人之反对。于公学全体。初无干涉。故拟忍之。后因判理不公。于是忍无可忍。乃全体退学。此盍以见我苏人退学之出于不得已也。……①

从内容上看,主因是由于省界之别,说得合情合理,这似乎可以从中国公学日后的学生籍贯看出一些端倪。阮毅成在《从中学到大学》一文中曾提及:"民国十一年暑假后,中学部开始男女同学,来了川湘籍的女同学八人。学校设在吴淞,苏浙宁沪竟无女生来考,只有川湘女生入学。"②吴淞中国公学只有商科和中学部,商科"学生多系来自上海工商界家庭的子弟",而中学"学生系来自各省,尤以四川、湖南、广东各省的为多"③。中国公学最初是想设为大学,但由于经费问题,故先设中学,"次第附设师范、理化、英文、算学各专修科,以应时需"④,而商科是1919年以后才设的。尽管这不能完全说明中国公学学生多为湖南、四川、广东,江浙学生反而少的原因,但多少能反映出一些缘由。

中国公学第二次风潮是1908年9月间发生的,同时也是胡适笔下那次风潮。结果是公学大部分同学退学,另行

---

① 《追论中国公学苏人全体退学事》,1906年4月8日《申报》。
② 阮毅成:《中学到大学》,董鼐编:《学府纪闻:私立中国公学》,第181页。
③ 阮毅成:《中学到大学》,董鼐编:《学府纪闻:私立中国公学》,第180、181页。
④ 史之:《中国公学史料拾零》,《近代史资料》总69号,中国社会科学出版社1988版,第127页。

组织一个新公学。关于风潮发生的原因,胡适解释说:"中国公学在最初的时代,纯然是一个共和国,评议部为最高立法机关,执行部的干事即由公学公选产生出来。不幸这种共和制度实行了九个月(丙午二月至十一月),就修改了。修改原因约有几种:一是因为发起的留日学生逐渐减少,而新招来的学生逐渐加多,已不是当初发起时学生与办事人完全不分界限的情形了。二是因为社会和政府对于这种共和制度都很猜忌。三是因为公学既无校舍,又无基金,有请求官款补助的必要,所以不能不避免外界对于公学内部的疑忌。"①而当时学校方面对风潮的反应则是,郑孝胥写有一文"布告于中国公学,曰:'张邦杰、王敬芳、黄兆祥三子,尽义务于中国公学,辛苦累年,天下皆知。甫有成立之望,而诸君欲排而去之,此真不义之举,社会所不容。中国人稍知礼义者,尚有郑苏戡在,决不能赞成诸君之所为也。'"②其实,就是学校为了生存下去,对社会进行了妥协。而学生,一群有理想的人,他们无法接受。一种理想的状态竟然要被打破,而他们的权利要被人剥夺,自然要奋起反抗,结果就是退学。

自1917年停办后,1921年中国公学刚刚复校两年,就发生了有史以来的第三次风潮。这次风潮的起因是由于"中国公学自开学后,旧教员全体留职未曾十分改革。此次

---

① 胡适:《四十自述》,第73页。
② 劳祖德编:《郑孝胥日记》,第1160页。

忽于前日有少数学生受人利用,强迫罢课,捣毁办公室。闻主其事者预料不久必自平息,亦未有何等处置"①。起初认为是小风潮,但是没想到,代理校长张东荪"带警察二十名抵淞开除学生以后,晚六时即乘车到沪,并未有何种表示"②。因而,10月18日学生开全体联合会议,要求罢免张校长者,商科"居大半",中学部"共一百二十余人,达全中学部学生总数三分之二"③,并作出以下决定:"(一)发电与北京王校长;(二)发宣言去张舒二人;(三)举商科教员余楠秋为临时代理校长"。与此同时,"教员朱自清、叶绍钧、常乃惪、刘延陵、刘建阳、吴有训、许敦谷、陈兼善等八人发一通告,为文甚长。后谓:'今一切问题咸待王校长出面来解决。同人等睹校事之混沌,痛环境之黑暗,慨叹无边,感触滋多。现在暂时请假(以上为同人等请假书原文),以待风潮解决。'"④于是,学生指此8人为张党,这8位教员也愤而辞职。这次风潮发生主因,是由于"新旧两派教员之互争而以学生为其工具。旧派教员五六人,新派有七八人即自舒新城主任中学后所聘请者"⑤,显然是反对中学部主任舒新城。最后,此次风潮以"退学生二十八人"⑥而得以解决。

在1923年6月,中国公学亦发生了一次小风潮。这次

---

① 《中国公学小风潮》,《申报》1921年10月14日。
② 《中国公学风潮三志》,《申报》1921年10月20日。
③ 《中国公学风潮记》,《申报》1921年10月19日。
④ 《中国公学风潮五志》,《申报》1921年10月24日。
⑤ 《中国公学风潮搁浅》,《申报》1921年11月10日。
⑥ 《中国公学风潮结束记》,《申报》1921年11月17日。

风潮是由于代理校长陈筑山要改革学制而引起的,与学生之间产生了误会。"现在已决定改用点位制(即英文 Unit),各种学科为一百点,每年约读三十余点",因此事情也容易解决,"教职员及学生对于校长之整顿种种亦经谅解,故已迎校长陈筑山回校视事矣"①。然而,一年之后,即1924年,中国公学又有一次小风潮。由于"吴淞中国公学中学部学生,要求撤换教务主任,当由代理校长陈筑山一面允可,一面斥退学生杨显一名,有五十余学生提出质问,因无结果,即全体出校"②。此后,中国公学学生因为反对校长何鲁,于1928年3月发生风潮。但此次风潮,学生"尚持镇静态度,照常上课,关于向各方接洽事件,由特别委员会负责进行"③。与此同时,学生跑去南京向国民政府请愿,最后的解决方式就是由校董事会聘请胡适为校长。胡适于1928年6月25日出席中国公学校长就职典礼。

1930年11月与1931年1月,中国公学各发生了一次风潮,后一次风潮可以说是前一次的延续。1930年11月初,"在马校长赴日的第三天早晨,各报刊出'中国公学校董会昨夜开会,马校长君武辞职'的简短新闻,有如晴天霹雳,全校哗然"④。学生初闻此消息尚能正常上课,"静候校董会

---

① 《中国公学风潮平息》,《申报》1923年6月6日。
② 《中国公学风潮续志》,《申报》1924年6月23日。
③ 《中公学生会招待报界》,《申报》1928年3月21日。
④ 罗佩光:《中国公学与两位最可崇敬的校长》,董鼎编:《学府纪闻:私立中国公学》,第268页。

收回准马辞职成令。旋因校董会迄无具体表示"①,报纸上又有"于右任就任中公校长"将于11月10日下午到任的传闻,于是群情激奋,决定罢课。11月12日,胡适与王云五两校董到吴淞力劝学生复课,并读马君武校长手书,学生总算在13日复课。在此期间,学生"特派代表向董事长及各校董坚决声请将全体同学一致挽马之公意尽量申述,且要求准许代表列席校董会议"②。11月19日马君武返校上课,26日起正常到校视察,学潮才略为平息。"但因鉴于校董会对马校长的去留仍未有明白表示",学生"时感心情沉重,惶恐不安"。到了12月,"有几十个手持木棍的同学来势汹汹地冲入学校,将大礼堂、教室、办公室门窗封锁,与代表团纠察组同学发生冲突,随后大批军警拥到学校,把守大门禁止同学出入,无形中又开始罢课"③。1931年1月,中国公学又起风潮,《申报》刊登相关新闻,其主要内容是"自行政院明令饬教部查办中国公学校长马君武后,该校全体教职员学生,深知非促马(君武)罗(隆基)即日离校不足以解决风潮,而消弭中公灭亡之危机"④。这次风潮起因是马君武撤换中国公学教务长凌舒谟,因而1月23日学校教务处停办。

---

① 曹伯言编:《胡适日记全编》第5册,安徽教育出版社2001年版,第852页。
② 《中公学潮近讯》,《申报》1930年11月23日。
③ 罗佩光:《中国公学与两位最可崇敬的校长》,董鼐编:《学府纪闻:私立中国公学》,第271页。
④ 《中公又起风潮——教务停顿学生纷扰》,《申报》1931年1月25日。

"教务处全体职员已发出通告,其原文云:迳启者,马君武先生违反校董会决议校董会准予辞职案,抗不交代,近更倒行逆施排斥异己压迫凌教务长辞职,同人等为爱护中国公学起见,不得不忍痛暂行停止办公,期其早日觉悟,特此声明。敬希望鉴等语。"①此时中国公学的"解决学潮同盟会,业将此次纠纷详情呈报教育部,并电蒋部长转促于右任早日莅校就校长职"②。而在此之前,因"① 马君武写的校史;②《中公学生》(刊物)的态度之嚣张;③ 中公学生代表团以九百六十人的名义上教育部的呈文。中公是私立大学,今乃自己呈请政府干涉董事会!"③胡适认为,这三件事使中国公学将已得的同情都失掉了。因这次风潮延续不息又起波折,造成学校于1931年2月6日被教育部接管。2月14日,校董会推邵力子任中国公学校长、朱经农任副校长,风潮才逐渐平息,但中国公学已由盛转衰。

不久,中国公学又"因人事复杂,派系斗争,风潮迭起"④,直到"一·二八"抗战吴淞校舍被炸毁。在这之后,1932年6月有一次风潮。这次风潮发生情形不明,只说"学潮情形复杂非董事长亲自来沪,实属无法解决"⑤。时任董事长蔡元培快车到沪,并召集董事会,决定在纠纷解决前暂

---

① 《中公又起风潮——教务停顿学生纷扰》,《申报》1931年1月25日。
② 《中公又起风潮》,《申报》1931年1月25日。
③ 曹伯言编:《胡适日记全编》第6册,第15页。
④ 罗佩光:《中国公学与两位最可崇敬的校长》,董鼐编:《学府纪闻:私立中国公学》,第273页。
⑤ 《中国公学风潮解决》,《申报》1932年6月12日。

行停课。最后,因推定朱经农为校长,风潮才得以解决。

中国公学因为风潮而创建,最终也因为风潮而走向了衰落。虽然中国公学最后的停办是受战争影响,但仔细查考学校历史就会发现,自从马君武任期内的那次风潮之后中国公学便失去了它的光彩。尽管"一·二八"抗战对学校的打击非常沉重,但那一次风潮似乎更加致命。总的来说,中国公学风潮发生之际都是学校处于相对平稳的时期,主要是两个阶段:第一,是1906—1911年,即学校最初创办时期,尽管经费困难,但各方面都还比较稳定;第二,为1919年复校到1932年"一·二八"抗战,这段时间可以说是中国公学快速发展时期。尽管这两个时段国内也有战乱,但都是比较小型的战事,或者说对上海影响不大。但从整个中国公学的历史看,风潮似乎总是贯穿其中。

三、中国公学的经费

中国公学从最初创建到最终停办,办学经费一直是一个很大的问题。因为经费不足,中国公学好几次面临着停办的命运,但每一次都通过学校董事们的不懈努力,最终渡过了一个个的难关。

中国公学最初的经费是"得闽侯郑孝胥助金千元"①,这在郑孝胥的日记上也有所记录:"是日,捐中国公学洋一千

---

① 董鼐编:《学府纪闻:私立中国公学》,第1页。

元,使金侄往致之。"之后,又有"王敬芳、张邦杰、黄兆祥来,欲送监督津贴月二百元;余即以捐充学费",这是郑孝胥自己捐的。在此期间,还有"熊秉三来谈,言午帅已允拨中国公学年经费一万五千两";"张俊生来,言广东张安帅资助公学三千金";"梁乔山来,言袁海观已允助中国公学三千两"等①。这些都是学校最初开办那几年所获得的捐助。直到1908年,中国公学才有了"江督月助银一千两并为特请苏抚饬司议定年拨三千两"②的常年经费。除了江苏外,还有浙江也"自今年起每年筹拨银三千两"③。1911年,"中国公学经费半赖各省之补助金每年约三万余两"④,以及"收学宿等费两万余元"⑤。但是"辛亥革命之后,各省财政多感困难,故中国公学的补助费一律停止了"⑥。辛亥光复之际,由于革命军占据校舍,中国公学一度停办,后商请孙中山才把校舍退回。中国公学的发起人多为同盟会成员,因此"南京临时政府领袖诸公承认公学在革命史上的重要,故临时参议院通过于清理源丰润倒欠政府款项下,拨给中公基金三百万元"⑦。虽然孙中山亦加入了中国公学校董的行列,但是这"三百万"始终没有兑现。后来到了1912年,即民国元年,由国务会议改为"一百万",却依然未付分文。中国公

---

① 劳祖德编:《郑孝胥日记》,第1033、1086、1074、1117、1215页。
② 《中国公学电请拨助学费》,《申报》1908年6月16日。
③ 《浙抚补助中国公学经费》,《申报》1908年7月6日。
④ 《京师近事》,《申报》1911年3月16日。
⑤ 董鼐编:《学府纪闻:私立中国公学》,第23页。
⑥⑦ 董鼐编:《学府纪闻:私立中国公学》,第10页。

复学后的经费,是熊希龄向"浙江兴业银行借款二千金,以为开办经费"①。直到1913年,这笔民国政府答应的基金仍然没有任何动静。那时中国公学的经济状况实在是太过于紧迫,于是由学校校董黄兴、夏敬观发电给时任财政总长熊希龄,要求商讨这笔基金。熊希龄回复:"源丰润之款,诸多胶葛,殊不可恃。……以领公债券为善。"②最后,这一百万的公债券只领到了四十万,这也就是胡适称之为中国公学的"无价之宝"。在《民国十五年教育部派员视察报告》中,对于中国公学这笔经费的运用有一个较为清楚的介绍:

> 该校每年由河南福中公司补助洋二万元为常年经费,加之学膳费一切收入约三万元,合共收入五万余元,与支出恰可相抵财。政部前曾指拨民国元年公债一百万元为基金,已领到四十万元。现正与财政部商洽,将福中公司缴纳该部之矿税扣发此项公债之利息。该部业已承诺每年约可得二万余元,将来拟以此款充置备图书仪器及其他设备之用。至目下图书费由教职员学生共同捐助,年可得五千元。各处亦颇有捐助者③。

而福中公司这一笔款项是由王敬芳筹措的,因为王敬

---

① 《中国公学档案辑存》,《近代史资料》总69号,第55页。
② 周秋光编:《熊希龄集》第3册,湖南人民出版社2008年版。
③ 董鼐编:《学府纪闻:私立中国公学》,第25页。

芳是"该公司的创始人之一,乃倡议由该公司补助公学二万元,得有此常款"①。

应该说,中国公学最初几年的经费是不能跳过那几位发起人的努力的。张邦杰为了筹集建筑校舍的费用,游走各省筹措;王敬芳先是到南京去游说,后又到南洋去筹集经费;谭心休回到长沙,同时还在为中国公学筹款;郑孝胥因"言曾少卿不助公学。曾少卿邀饮,不往"②;熊希龄为了能使中国公学获得源丰润的这笔钱,几次致电袁世凯请其将拨发,甚至将款项改为公债券……而上述所说的各省所拨常年经费,以及之后的四十万债券和福中公司二万元常款,也都是中国公学创办者通过他们的不懈努力所获得的。

四、中国公学吴淞校址的筹扩建

提到中国公学,通常会把这所学校等同于吴淞中国公学,因为这是中国公学唯一自己筹建的校舍,它的筹建及扩建或多或少记录着中国公学的校史。当年投考中国公学的学生,有很多就是因为吴淞的校舍风景宜人,远离都市的尘嚣,宁静而适宜读书。但是若是喜欢热闹,乘一个小时的火车便可到达上海。

中国公学从创办之初就想筹备建筑校舍,校董们在

---

① 史之:《中国公学史料拾零》,《近代史资料》总69号,第128页。
② 劳祖德编:《郑孝胥日记》,第1044页。

1906年3月初学校开学后不久即着手查看遴选校址。他们先是看过位于徐家汇的一块地,"地址八亩,在南洋公学之右,天主教堂之左"①,不知道何故该地块没有选用。而吴淞这块地,郑孝胥在日记里有所记载:

> 1906年
> 6月15日　张邦杰、朱剑来示吴淞地址图,托商季直让六十亩为公学学舍之用;四川学生孙镜清自任借款十万,建造校舍,约下半年开工。
> 6月18日　张邦杰来,言已见季直于吴淞,提官地事,甚表同情;又已见李平书,亦颇赞成。
> 1907年
> 5月19日　与瑞莘儒谈存款事,又谈中国公学吴淞官地及英文教习王善华事。
> 1908年
> 1月6日　张邦杰来,言在宁见午帅,且召饮;有宁波王谋道字引贯者,恒昌洋行买办,愿借十万元为公学建筑校舍,以吴淞地皮抵押。
> 1月9日　张邦杰来,言公学借款建筑事,疑不可恃。
> 3月6日　张俊生来,请为中国公学作募捐启。
> 3月8日　为中国公学作募捐启,付张俊生。
> 9月14日　王抟沙来,言借款已定。

---

① 劳祖德编:《郑孝胥日记》,第1034页。

9月16日　公学借款定议十万。①

从上述记载来看,吴淞地块是先托商于张謇,后又得到李平书的同意才获得的。中国公学吴淞校舍建筑最初预计为10万,原本定于1906年下半年起建造,后因经费问题而延期。此后,"张邦杰奔走各省筹建筑金,卒得大清银行营口经理罗诒助借银十万,用建校舍"。这块官地虽然经过张謇与李平书的同意,但是最终正式从官方获得还需经过一定的时间与程序。事实上,从申请到正式获取,差不多花了一年多的时间,对此《申报》有详细的报道:

1.《中国公学请拨官地》

中国公学校员王敬芳等公禀苏省及学务处,各谓所有建校经费现已有人允筹,请拨给吴淞官地若干亩以资建筑等因,由司移行沪道札饬宝山县。查得吴淞渔业公司复旦学校二处外尚有官地二方,一约百余亩,一约四十余亩,堪以拨作校基。瑞观察已酌情移复省司酌核办理矣。

2.《沪道禀江督苏抚文》

呈送中国公学校舍地图(窃照中国公学学生张邦杰等请拨吴淞官地建筑校舍一事)中略(兹据宝山县王合章会同中国学校干事员王敬芳等前往吴淞砲台湾海

---

① 劳祖德编:《郑孝胥日记》,各条分别为第1045、1046、1091、1122、1123、1132、1132、1159、1159页。

军衙门西边会勘。得该处有官地两块,一计四十余亩,一计一百余亩,两地不相连属。当据王敬芳等指定一百余亩之地堪建中国学堂之用,绘图禀祈核示等情到道。应否准予拨给之处。理合绘图禀请察核批示祗遵。

3.《江督为中国公学校地事批沪道禀》

禀图均悉。淞砲台湾海军衙门西边既勘得官地两块不相连属,据该公学干事员王敬芳等指定一块计一百余亩之地堪为中国公学校地之用。准拨给。即分别转饬遵照办理。报仍由抚部院批示缴图存(援)。

4.《补录学部批中国公学禀》

该生等怜本国教育之未兴,寄人篱下之非,纠集同志建设学堂,力热诚远超流辈。国学风之所由盛,由士民奋发,能自坚其力,善其群。生等力戒浮嚣,立约自治,尤见深明学旨,志趋不凡。所称南京山水明秀为兴学善地,请商两江总督量拨官地筹拨建筑、咨商各省督抚协力资助各节,仰候两江总督查明办理可也(企)。①

从1906年9月请拨官地,到1907年12月官地正式批下来,整个过程一年多,筹备建筑费用又几经波折。由上文可知,直到1908年9月经费才完全确认。就这样,又过了一年时间,吴淞中国公学校舍建成是在1910年的9月20日。

---

① 各条分别见《申报》1906年9月25日、1907年9月13日、1907年10月3日、1907年12月10日。

1910年9月21日《申报》刊登消息:"吴淞砲台湾中国公学建筑新舍工程竣定于二十日午刻行落成礼昨承柬邀。"①从官地、经费,到最终建成吴淞校舍,整整用了4年多的时间。为中国公学出力最多的干事张邦杰,却在吴淞校舍建成的前一年积劳而死,无缘一见。中国公学为了纪念张邦杰的杰出贡献,将他的墓安放在了吴淞校舍的校园内。

中国公学吴淞校舍的建成,可以说是几近艰辛。后期,由于学生的增多和经费的许可,学校进行了几次扩建。1922年,"砲台湾中国公学自办大学部附设吴淞中学校后,原有校舍不敷布用。复在宝山南门外狮子桥地方购地百余亩,建筑新校舍"②。但是,因经费不足未能建成。后来,在1923年11月,校方将这块地转让给了国立自治学院。然而,即使这样,中国公学校舍问题依然没有解决。

1924年,时任中公学长(即大学主任)的张东荪乘火车至北京,与董事会商量"在吴淞原有基地上添造校舍二所"③,新校舍在原校舍东隙地,占地大约为50亩。在此之前,中国公学还建过一次校舍。1923年5月,自从开放了女禁,报考中国公学的女生越来越多,原来的女生宿舍不敷应用。因此,学校决定在"大体育左首建筑约容百余人之女生宿舍"④。1929年女生宿舍又有过一次扩充。这一年,正好是

---

① 《志谢》,《申报》1910年9月21日。
② 《中国公学将建新校舍》,《申报》1922年9月14日。
③ 《中国公学添建校舍消息》,《申报》1924年8月4日。
④ 《中国公学建筑女生宿舍》,《申报》1923年5月12日。

胡适掌校中国公学,慕名而来报考的人很多,中国公学达到了它的鼎盛时期。因学生众多,校舍不敷使用,而女生宿舍"位在大操场之一隅原与教职员宿舍相毗连,这学期因人数增加之关系,乃将教职员之宿舍合并为一,统给女生住宿,于是矗立在一隅的两所白色建筑物,乃成禁地,而与红色之男生宿舍遥遥相对矣"①。当时,女生宿舍位于学校东面,称为"东宫"。1930年,因为学生人数持续增加,达到了1300多人,于是又新建校舍。"新宿舍于六月十四日签订契约,于八月十四日建筑成功。"②除了校舍,中国公学于1926年新建了图书馆。"中国公学大学部图书馆原设在该校前东隅二层楼上。近以购来新书甚多,且教育学生在图书馆内阅书者日众,地方不敷分配,决定另建图书馆一所。"③1931年,在邵力子校长任内,还建造了一座科学馆。但是,科学馆建成没多久,便发生了"一·二八"抗战,中国公学也渐渐地从历史中消失了。

五、中国公学的停办

1911年"辛亥之役,校舍为革命军所占。事平后,乃商请孙中山先生退回校舍"④。此后,从1911年10月至1912

---

① 《中公女宿舍之扩充》,《申报》1929年4月16日。
② 马君武:《续写校史》,《中国公学民十九年度冬季毕业纪念刊》,上海档案馆藏,档Y8-1-149。
③ 《中国公学建筑新图书馆》,《申报》1926年7月26日。
④ 来承志、王增□合记:《中国公学二十一周年纪念会纪事》,《中国公学丙寅级毕业纪念册》,上海档案馆藏,档Y8-1-146。

年10月,《申报》上确实没有任何关于中国公学的消息。1913年,因"二次革命起,校舍为革命军所据,学生星散,及事平返校,负责无人,情势岌岌,不可终日。……移董事会于北京"①。之后,"自民国三年至五年,中国公学得继续开办"②。到了1917年,"为建设大学计,乃结束旧局,分送中学诸生于沪上各中学,会教育部请暂借同济医工学校,梁启超又因参战北上,公学乃中途停顿"③。1924年9月,又因吴淞校舍被军队占为军医院,中学部停办。然而不久,"中国公学高中部前年因战事暂停。今年秋季学期起继续开办"④。1932年,"中国公学内部复杂,风潮迭起,校董会鉴于整理困难,无人愿任校长,遂宣布下学年宣告暂行停办"⑤。

事实上,"中国公学自一·二八被毁后,虽曾一度恢复,惟未得教部承认,且时断时续,于本年上学期又无形停顿"⑥。时办时停,时断时续,而日本侵华可以说是压垮骆驼的最后一根稻草,给予了中国公学以致命打击。1937年淞沪抗战后,中国公学正式停办。

至于中国公学其他校址,停办情况不一而同,且以表格说明如下:

---

① 董鼐编:《学府纪闻:私立中国公学》,第2页。
② 董鼐编:《学府纪闻:私立中国公学》,第10页。
③ 董鼐编:《学府纪闻:私立中国公学》,第3页。
④ 《中国公学续办高中之进行》,《申报》1926年8月1日。
⑤ 《宣布暂行停办后之中分》,《申报》1932年8月19日。
⑥ 《中公同学筹庆母校恢复中政会已议决拨款》,《申报》1937年8月5日。

中国公学其他校址情况一览表

时　间	地　点	原　因	备　注
1906年3月到11月或1910年吴淞砲台湾校舍建成	新靶子路黄板桥北	中国公学刚刚创办,无校舍。	见1906年11月13日《郑孝胥日记》:"张邦杰来商别租公学。"
1908年秋至1909年秋	爱而近路	1908年中国公学闹风潮,大部分学生退校,另组中国新公学。	
1919年9月至1920年6月	沪西威海卫路(原德侨威廉小学)	校舍因1917年停办,"教育部请暂借同济医工学校"。	见《学府纪闻:私立中国公学》,第3页。
1923年6月至1925年初	静安寺路赫德路转角194号(大洋房一所)	"自去年秋教育部令准商科专门改升大学以后即分大学、中学两部。近因中学添设高中,原有砲台湾校舍不敷应用。且因商科远离沪渎,教授来往不便,遂决定下学期移沪。"	另有一说,因中学、大学两部学生不和。见1923年6月24日《申报》。
1929年秋至1930年秋	闸北八字桥游氏住宅为分校	因胡适掌校期间人数激增,将社会科学院迁往上海。	

续 表

时 间	地 点	原 因	备 注
1932年3月1日至8月	法租界辣斐德路	一·二八事变吴淞校舍被炸毁,3月中国公学正常开学。	
1933年3月至1934年3月	法租界贝当路汶林路口巡捕房对面	1932年因为风潮迭起,无法维持,于8月19日宣告中国公学暂行停办。1933年,因学生散布全国,"向各大学借读,甚感不便",遂由熊克武暂任校长,租借校舍。	见蔡元培所写《中国公学校史》,《学府纪闻:私立中国公学》,第17页。
1934年3月至1937年	江湾文化学院原址	因熊克武辞校长后,校务久已乏人负责,后请吴铁城为校长,暂定校舍。	

自淞沪抗战学校正式停办之后,各方各界不断想要复校,报纸媒体也刊登了相应的招生地址甚至开办地址,但均未成气候,实在算不上复校,故不列入上表。此外,中国公学还有一些校舍,因为种种原因,缺乏确切的档案文献记载,则有待于以后新史料的发现了。

1930年前后中央军事训练班的若干史实考订

郭 骥

1929年初至1933年初,中共中央在上海举办了一系列中央训练班,其中由中央军委(军事部)开办的中央军事训练班,为中国共产党领导的革命军队尤其是红军的正规化建设培养了重要的高级军政干部和军事人才;同时又举办了多期兵运训练班,培训了数百名兵运工作骨干。由于训练班秘密进行,几乎没有留存资料,仅散见于当事人的回忆,且迄今尚无论文专题研究①。本文拟就中央军事训练班的若干史实作一考订,以求还原中央军事训练班的开办经过。

一、开办军事训练班的历史背景

中国共产党成立之初,党员人数少,组织活动隐蔽,借

---

① 目前仅有路军的《试论中央训练班及其历史贡献》对中央军事训练班有所涉及,此外江鲜云、许光达、陶秉哲、王艺中等人有关于中央军事训练班的回忆内容。参见路军:《试论中央训练班及其历史贡献》,《上海党史与党建》2020年第3期。

鉴俄国革命工人和士兵发动起义的经验,采取士兵运动改造的方式。一大纲领中指出,要将"工农劳动者和士兵组织起来","实行社会革命"①。中国共产党第二次全国代表大会在上海举行,会议第一次提出明确的反帝反封建的民主革命纲领,并通过第一个党章,其中提到要将兵营作为发展党组织的机关之一。国共两党合作创办黄埔军校,宗旨是要"造成一种革命军"②,中国共产党也开始了早期军事活动的探索。1925年在上海成立的中共中央军事部,是中共中央领导军事工作的重要机关,这一时期主要指导国民革命军和北伐军中的中共党组织及党员开展工作,指导开展工农运动,建立和发展工人纠察队、农民自卫队等群众武装,为党培养和积蓄军事干部。中共中央军事部、中共上海区委领导了上海工人三次武装起义,推翻北洋军阀在上海的统治,成立革命政权"上海临时市政府",为在中国开展城市武装斗争作了大胆尝试③。在此期间,中国共产党也举办过一些军事训练班,主要针对工人纠察队④。1927年中国政

---

① 《中国共产党第一个纲领》,《中国共产党历次党章汇编(1921—2017)》,中国方正出版社2019年第2版,第60页。

② 《在陆军军官学校开学典礼的演说》(1924年6月16日),《孙中山全集》第10卷,中华书局1986年版,第293页。

③ 《中国共产党员历史》第1卷(1921—1949),中共党史出版社2011年第2版,第184页。

④ 大革命时期,周恩来"从工人中选调当过兵、有过实际作战经验的党员做教员,在闸北宝兴路一座石库门房子中举办了两个星期的军事训练班,由各部委和大厂工人纠察队负责人参加,训练武装起义的骨干"。参见金冲及主编:《周恩来传》(一),中央文献出版社2011年版,第131页。与此同时,(转下页)

治风云突变,"四·一二"反革命政变造成革命联合战线内部的巨大变动与分化,是大革命从高潮走向失败的转折点,国共合作全面破裂,国共两党合作发动的大革命也随之宣告失败。

大革命失败的教训,使中国共产党逐渐意识到面对国民党新军阀在城市拥有强大武装力量的形势,通过城市武装起义或进攻大城市来夺取革命的胜利,是不可能的。中国共产党领导的"八一"南昌起义,标志着中国共产党独立领导革命战争、创建人民军队和武装夺取政权的开端,"八七"会议则确定了土地革命和武装反抗国民党反动派的总方针。1928年,中共六大召开,根据"加强军事斗争的任务"通过《政治议决案》,在"军事问题与兵士运动"一节中指出,要"训练党的军事人才,造成最可靠的工人和党员军官"①。1928年7月10日《苏维埃政权的组织问题决议案》"革命委员会应该立即设法开办短期军事训练班,以资提高革命工农的军事组织"②。

根据中共中央和中共六大的指示要求,各省党委全力落实中央精神。中共广东省委于1928年11月通过《中共广

(接上页)中国共产党实际领导的农民运动讲习所组织过为期10天的军事训练班,学员在黄埔军校参加特别训练。参见卜穗文:《黄埔军校农讲所学员军事训练班始末》,《黄埔文史》第5辑,《政协广州市黄埔区文史资料研究委员会》1990年版,第23、24页。

① 《政治议决案》(一九二八年七月九日),《建党以来重要文献选编(1921—1949)》第5册,中国文献出版社2011年版,第400页。

② 《苏维埃政权的组织问题决议案》(一九二八年七月十日),《中国共产党第六次全国代表大会档案文献选编》下,中共党史出版社2015年版,第923页。

东省委第二次扩大会议关于军事工作决议案(草案)》要求,"省委应设立军事训练班,训练军事的各种工作同志"①东江特委响应广东省委的指示,1929年9月召开的第二次全体会议关于军事问题,决定"开办军事训练班,培养军事人才","实行党员军事化"②。12月中共中央在给广东省委军委的信中再次要求"省军委对于全省的军事工作,……或有计划调各地负军事责任的同志来省委训练(谈话,有可能时办军事训练班)……"③山东省委也有关于开办军事训练班的指示要求④。针对开办军事训练班的要求,具体落实到地方,除了上述广东省委、山东省委以外,还有河北省的中共直中特委⑤、安徽省的中共安徽潜山县委⑥、黑龙江省的中

---

① 《中共广东省委第二次扩大会议关于军事工作决议案(草案)》(一九二八年十一月通过),《广东革命历史文件汇集(中共广东省委文件)1928年》(六),1982年版,第178页。

② 《东江特委第二次全体会议闭幕》,《中国人民解放军通鉴(1927—1996)》,甘肃人民出版社1997年版,第131页。

③ 《中共中央给广东省委军委的信》(一九二九年十二月十九日),《建党以来重要文献选编(1921—1949)》第6册,第702页。陈德贵于1928年底参加中共广东省委开办的第二期政治军事训练班。参见《南雄工人运动先驱陈德贵》,许志新、刘清生编:《珠玑英才》,广州出版社2011年版,第139页。

④ 《中共山东省委关于军事工作的报告》(一九二九年六月十六日),《山东革命历史文件汇集(1929年1月—1930年6月)》甲种本第4集,1995年版,第143页;又见《中共山东省委工作总报告》(一九三一年五月六日),《山东革命历史文件汇集》(1931年3月—1932年底)(甲种本第6集),第112、119页。

⑤ 《直中特委报告》(一九三二年九月九日),《河北革命历史文件汇集(1928年1月—1935年10月)》(甲)第18册,1998年版,第229页。

⑥ 陆勤毅、李修松编:《安徽通史》8民国卷(上),安徽人民出版社2011年版,第443页。

共汤原县委①,都曾举办过军事训练班。

军事训练班的培训内容和形式似无统一标准,此处以江苏省委军科开办的军事训练班为例。1928年7月和8月,江苏省委军科在上海开设了两次军事训练班,第一次8人,第二次9人,每次训练时间为一个星期,训练课程包括"红军及赤卫队的组织并训练""最近政治状况及党的政策""兵士运动的意义及方法""军队中党的组织""军事技术训练""工农暴动及游击战争""土地革命及兵士运动",支出的经费约300余元。但由于训练班的地址距离军科太远、教官没有完全尽责、部分学员大都不是为做士兵工作而来受军事训练的,以及学员缺乏军事知识背景,训练班的效果不甚理想②。1929年5月,江苏省委发布关于军事运动问题的第16号通告,再次要求各地党部组织军事训练班,"轮环使每个、团员学习军事知识"③。

二、重设中共中央军事部指挥军事技术

1929—1933年,驻扎在上海的中共中央开办了一系列

---

① 马德山于1930年参加中共汤原县委举办的第一期军事训练班,《萝北县志》,中国人事出版社1992年版,第852页。
② 《江苏省委军科过去工作的总报告》(一九二八年),《江苏革命历史文件汇集(1928年9月—1929年2月)》,1985年版,第357—361页。
③ 《江苏省委通告第十六号——军事运动问题》(一九二九年五月六日),《江苏革命历史文件汇集·省委文件(1929年3月—5月)》,第487页。

中央训练班,这是当时中国共产党培养干部的最高组织形式①,其中包括根据中共六大"训练党的军事人才"的精神举办的中央军事训练班。

1927年"四·一二"反革命政变后,中共中央决定在上海重设军事部(后一度改名"军事科")。军事部主要负责制订各地武装起义计划,派遣军事干部到各地领导武装起义;建立党的军事工作组织系统;派遣干部前往苏联军事院校学习;在国民党军队中开展兵运工作等。开办中央军事训练班、兵运训练班是军事部的重要工作之一,为全国各地红军建设培养人才,也为在国民党的军队中开展兵运工作发挥了重要作用。中共六大《军事工作决议案(草案)》在"党的军事组织"一节中指出,"中国共产党的一切军事工作都应集中于中国共产党中央军事部。各地应设立军事委员会,受地方党部之一般指导而工作,但于军事技术方面,则受中央军事部之指挥"②。为了加强对全国红军的指导,中共中央在军事部下设军事委员会和参谋、组织、兵士、特务、交通等5科,并由部长杨殷,以及周恩来、苏兆征、彭湃、关向应、顾顺章、颜昌颐、曾中生、鲁易等9人组成的军事委员会。

1929年2月,中共中央在《中央通告第二十九号——关于党员军事化》中指出,"要由各地党部责令富有军事知识

---

① 路军:《试论中央训练班及其历史贡献》。
② 《军事工作决议案》(草案)(1928年7月),《中国共产党第六次全国代表大会档案文献选编》下,中共党史出版社2015年版,第933页。

的同志经常负训练军事的责任。其训练的方式,分个别训练或集合训练,及举办军事训练班等形式"①。同年7月,中央政治局第43次会议通过中共六届二中全会《组织问题决议案》,对各级党部开办训练班的人员、形式、课程都提出了明确要求。

1929年8月24日,中央军委秘密机关遭到严重破坏,在此开会的中共中央军委委员兼江苏省军委书记彭湃、中央军事部部长杨殷、中央军委委员颜昌颐、江苏省军委干部邢士贞等被捕,不久牺牲。27日,中央政治局决定周恩来接任中央军事部部长、军委书记,增补李硕勋、李超时、彭干臣为军委委员,继续指导红军初步的正规建设。作为政治局常委、中央组织部(局)部长的周恩来主持中央训练班,在中央军事部部长杨殷牺牲后兼管军事工作,同时也主持中央军事训练班。

三、训练班的开办时间、地点和负责人

由于中央军事训练班秘密进行,针对举办的时间、期数、参加人数、负责人以及教学和工作人员等都有不同的说法。路军根据《周恩来传》等资料,指出当年(1929年)中央组织部(局)举办培训班两三期,至多4期;中央军事部组织

---

① 《中央通告第二十九号——关于党员军事化》(一九二九年二月七日),《建党以来重要文献选编(1921—1949)》第6册,中国文献出版社2011年版,第41页。

培训班1期,1930年初由李卓然等组办"兵运训练班"1期。(1930年)2月至5月,中央军委机关8个处(科、班)中,专设"军事训练班"部门,主任彭干臣,军委负责领导为军委常委曾中生。是年,由彭干臣组办培训班3期,时任中共中央交通局负责人吴德峰组办1期①。

《周恩来年谱》记载,1930年9月至10月,周恩来、聂荣臻等在上海为前往苏区的同志举办军事训练班,传达共产国际和中共中央的指示,讲述党的工作中心开始转移到苏区后的任务以及军队政治工作等②。根据部分教学人员、工作人员对军事训练班的回忆,中央军事训练班由当时担任中共中央军委书记(中共中央军事部部长)、中央组织部长的周恩来直接领导③,协助的是军事部两个参谋曾中生、欧阳钦④,以及彭干臣等人负责具体工作。

另据《上海军事志》的记载,民国18年(1929年)夏开始,由中央军委书记周恩来直接领导,由彭干臣主持具体工作,在上海举办了军事干部训练班,每期30多人,每期3个月,共办了3期。到民国19年(1930年)5月停办。民国19年(1930年)冬,由关德铎(按:当为吴德峰的讹误)具体主持,在小沙渡路(今西康路)中央军委招待所办过一期军事

---

① 路军:《试论中央训练班及其历史贡献》。
② 《周恩来年谱(1898—1949)》上,中央文献出版社2007年版,第194页。
③ 参见江鲜云的回忆(1983年9月)。转引自《中共党史人物传·彭干臣》(第32卷),陕西人民出版社1987年版,第285页。
④ 陶秉哲:《对继慎的几点回忆》,鲍劲夫编:《回忆许继慎》,2001年版,第115页。

干部训练班,学员十几人,是从苏区来的,由刘伯承讲军事课,时间约1个月①。

根据王健英的研究,中央军事训练班自1929年6月开始举办至翌年(1930年)春结束,共办3期,每期2至3个月。由周恩来、杨殷②领导,主持(负责)人彭干臣,工作人员有吴学宏、李宇超、江鲜云、刘叔琴等③。

中央军事训练班的直接领导者周恩来,于1929年8月起担任中共中央军事部部长、中央军委常委,1930年3月至8月一度离开上海赴莫斯科向共产国际汇报工作,后于1931年担任中共中央军委书记,12月后前往中央革命根据地。因此他能够直接领导训练班并参与讲课的时段为1929年8月—1930年3月,以及1930年8月以后。

第一期学员许光达回忆,当时培训班的主持人是曾中圣(生)④。曾中生自1929年1月起,历任中共中央军事委员会(中共中央军事部)委员、常务委员、武装工农部部长,后于1930年4月被派往南京负责中共南京市委组织工作和兵运工作,9月起任中共南京市委书记,其间短暂调回上海中共中央机关工作后,又于11月赴鄂豫皖革命根据地,此后一直留在那里工作直至长征。1929年8月增补为军委委

---

① 《上海军事志》,上海社会科学院出版社1994年版,第150页。
② 1929年8月24日杨殷被捕,不久牺牲。由政治局常委、组织部长周恩来兼任军事部部长。
③ 王健英:《红军统帅部考实》,广东人民出版社2000年版,第72页。
④ 许光达:《我的检查》。转引自王嘉翔:《大将许光达》,辽宁人民出版社1988年版,第109、110页。

员的彭干臣在妻子江鲜云的协助下负责军事训练班的具体工作,后于1930年5、6月间前往奉天(今沈阳)担任满洲军委书记。因此,曾中生、彭干臣负责训练班工作的时间当为1929年下半年至1930年4—5月间。此外,王健英提到的吴学宏,生平不详,可能是湖南人,曾在中共长江局与曾中生之弟曾希圣共事①。

此后的训练班应由欧阳钦负责。欧阳钦于1930年2月至12月担任中央军委秘书长一职,而协助他具体工作的是李宇超、刘叔琴夫妇。据李宇超之妻刘叔琴回忆,1929年的夏天李宇超从中共中央秘书处文书科调出,参与军事训练班工作,刘叔琴也结束了文书科的工作,中共六届二中全会后被调到军事训练班,"军事训练班由当时担任中央军委秘书长的欧阳钦负责"。李宇超、刘叔琴和另一从汉阳兵工厂调来的同志做工作人员②。此后李宇超在上海工作至1935年,而欧阳钦则于1931年春被中央派至中央革命根据地巡视。

因此,根据曾中生、欧阳钦等人的相关经历,以及相关学员和工作人员的回忆,可知中央军事训练班的开办时间为1929年8月起至1930年底,至迟不晚于1931年春。1929年夏(大约7、8月)至1930年春(大约3月)由曾中生主持,彭干臣等人协助,吴德峰可能参与了相关工作;1930

---

① 《湘乡县志》,湖南人民出版社1993年版,第990页。
② 刘叔琴:《党中央机关在上海的活动片断及其他》,《上海党史资料汇编·土地革命战争时期》上,上海书店出版社2018年版,第13页。

年下半年(约9、10月)至1931年春由欧阳钦主持,李宇超等人协助。周恩来直接领导了训练班工作。至于《上海军事志》所载1930年冬由吴德峰办过一期军事干部训练班的说法可能有误,因为吴德峰于1928年7月任中共中央军委交通科科长,在周恩来直接领导下从事党的秘密情报交通工作,至1930年4月即调任中共湖北省委候补审查委员,此后于1931年11月担任江西省苏维埃政府政治保卫局局长,不太可能在曾中生、彭干臣离开上海后独力主持训练班。

训练班的地址在爱文义路(今北京西路)①靠近麦特赫斯脱路(或作莫特赫斯托路②,今泰兴路),是由假扮"老板"的彭干臣以"武汉蜂蜜公司"的名义向犹太富商哈同租借的一座三层洋房花园(一说三层楼双开间的弄堂房子③)。花园铁门右侧挂着"武汉蜂蜜公司上海蜂蜜经理处"的铜牌作为掩护,彭干臣化名黄春山,以蜂蜜经理处经理的身份,陈为人(化名张明)等协助工作,彭干臣的夫人江鲜云、陈为人的夫人韩慧英以炊事帮工和家庭主妇身份,负责煮饭、送开水或担任瞭望④。底楼客厅对外作为经理办公室,二楼后间

---

① 刘叔琴:《党中央机关在上海的活动片断及其他》,《上海党史资料汇编·土地革命战争时期》上,第13页。

② 陶秉哲:《对继慎的几点回忆》,《回忆许继慎》,第115页。

③ 《中共党史人物传·陈为人》第35卷,陕西人民出版社1987年版,第210页。

④ 《中共党史人物传·陈为人》第35卷,陕西人民出版社1987年版,第210、211页。

是学员上课的地方,三楼是学员的住房①。为了安全起见,他们上课、讨论,都集中在楼上后间,吃住也在楼上,保卫工作直接由中央特科陈赓和刘鼎等负责。训练班人员中的对外称呼、相互关系、所住房号等,都预先做好安排,如曾中圣是"房东",彭干臣是武汉驻沪"蜜蜂经理处"经理,其他都是房客,有的住亭子间,有的住灶壁房……②

另有一处位于上海新闸路附近的武定路修德坊6号的四层(一说三层)洋房,据说也曾作为训练班的场所,是周恩来研究决定的。有时候,一座三层楼房,第一层是店面,经营买卖,第二层就是训练班,第三层是宿舍。周恩来等来讲课,先到第一层谈谈,似乎是买卖,然后到二层。学员住在三层不出门③。1929年冬江华参加训练班时,则住在闸北路一个学校里,关在房子里不让出门,由称呼为黄老板的彭干臣夫妇负责吃住等生活问题④。

除了军事训练班外,其他培训班也大多租借房屋作为授课和学员居住的场所。例如时任奉贤中心县委书记的刘晓于1929年春参加的训练班,是位于新闸路(戈登路往东)的两座双开间弄堂房子,由曾宗圣(即曾中生)出面租借。1930年春,王鸣皋参与以上海赤色互济总会名义为掩护开

---

① 《周恩来在上海》,上海人民出版社1998年版,第78页。
② 《中共党史人物传·陈为人》第35卷,第211页。
③ 力平、彭红:《周恩来军事生涯》,解放军出版社1997年版,第112页。
④ 江华:《追忆与思考:江华回忆录》,浙江人民出版社1991年版,第100页。

办的训练班,"在法租界(按,应为英租界)赫德路找到一幢新修尚未完工的住宅,立即租下1楼,连厨房共有4间,备有电灯、自来水、抽水马桶等新式设备"①。

四、军事训练班的教员和培训内容

据江鲜云回忆,中央军事训练班"共办了三期。每期三十多人,时间三个月左右"②。刘叔琴也回忆"训练班共十来个学员,都是从各地来的"③,许光达回忆第一期训练班的全班学员约二十人④,在训练班学习约一个月⑤,与上述说法大致相仿,也与实际房屋能够容纳的人数基本匹配。

中央军事训练班的教员和培训内容,据载由当时担任军委书记、组织部长的周恩来直接领导,由周恩来、李立三、项英等任教员,讲授党建设和军事斗争等课程;周恩来、李立三来做过形势报告;向忠发讲授工人运动;陈绍禹(王明)讲授政治;顾顺章讲授特工,如何同敌特和叛徒斗争;李翔梧讲授巷战技术,如何搞城市暴动和使用炸药、工具的方法等;邝(旷)

---

① 王鸣皋口述、张恩儒主笔:《坎坷漫长的道路》下,《淮阴文史资料》第4辑,1990年版,第12页。
② 参见江鲜云的回忆(1983年9月)。转引自《中共党史人物传·彭干臣》第32卷,第285页。
③ 刘叔琴:《党中央机关在上海的活动片断及其他》,《上海党史资料汇编(第2编)·土地革命战争时期》上,第13页。
④ 许光达:《我的检查》,转引自王嘉翔:《大将许光达》,第110页。
⑤ 根据许光达、江华等人的回忆,中央军事训练班的学习时间大抵一个月。刘晓、王鸣皋等回忆中央其他训练班的时间,每期也都在一个月左右。

继勋报告过四川凉山地区武装暴动情况；王鹤报告过洪湖地区游击队活动情况；×××（记不清名字了）报告中央苏区斗争情况等；李硕勋来讲过话，刘伯承也来过训练班，但没有做过报告①。此外，陈为人、曾中圣等担任苏联革命概述和革命者应有的素质等课程的讲授②，关向应曾到训练班讲述军事形势等课程③。此外也有材料提到杨殷曾经讲课④。

根据教员的活动经历，可以大致推断他们参与训练班教学的时间段。中央训练班开办期间，向忠发、李立三、顾顺章一直都在上海。向忠发时任中共中央政治局常委、常委会主席，至1931年6月被捕前一直在上海主持中共中央工作。李立三于1928年冬至1930年秋在上海担任中央政治局常委兼秘书长、宣传部长等职，至1930年底赴苏联学习，担任了两个阶段的教员。顾顺章历任中央委员、中央政治局候补委员，主持特科工作，1930年后担任中央总行动委员会主席团委员，至1931年3月底离开上海前往武汉。

项英、李翔梧、旷继勋可能只参加了第一阶段的教学。项英于1930年8月担任中共中央长江局书记，10月赴江西革命根据地，可能只担任了第一阶段的教员。李翔梧于

---

① 参见许光达：《我的检查》、江华：《追忆与思考：江华回忆录》、刘叔琴：《党中央机关在上海的活动片断及其他》等。

② 《中共党史人物传·陈为人》第35卷，第211页。

③ 黄理文：《1930年江苏省委和闸北区委的一些情况》，《党史资料丛刊》1981年第3辑，访问柯麟记录。转引自李小苏：《关向应在上海的岁月》，王守昱、张本义编：《关向应纪念文集》，大连出版社2002年版，第207页。

④ 王健英：《红军统帅部考实》，第72页。

1929年秋自苏联留学回国后即在中共中央军事部参与军事训练班工作,至1931年夏到中央革命根据地工作,也只是担任第一阶段的教员。旷继勋于1929年6月领导国民党川军第七混成旅在蓬溪起义,失败后在中共中央军事部担任参谋科科长,同年冬即被派往湖北从事兵运工作,应只担任了第一阶段部分时期的教员。

王明、刘伯承、聂荣臻可能参与了第二阶段的教学或相关工作。王明于1929年3月自苏联回到上海后,主要从事宣传工作,负责《红旗》《劳动》等刊物的编辑,1930年6月调任中共中央宣传部秘书,可能担任了第二阶段的教员。刘伯承于1930年7月底从苏联回到上海,担任中共中央军委参谋长,9月即奉命到武汉,担任中共中央长江局军委书记兼参谋长。后于12月回到上海,协助周恩来处理中共中央军委日常工作,因此也只可能到过第二阶段的训练班。此外,据载1930年9—10月聂荣臻曾协助周恩来组织训练班工作。聂荣臻于1930年5月到上海在中共中央特科和中央军委工作,同年8月—1931年12月担任中共中央军委委员,后任中共中央军事部委员、参谋长,1931年底前往中央革命根据地,他也只可能参与第二阶段训练班的工作。

许光达回忆王鹤曾在训练班做报告。鉴于王鹤于1929年初即在洪湖地区工作,担任红军鄂西游击总队第一大队党代表,参加创建洪湖革命根据地的斗争,后于1930年在红六军担任前敌委员会委员,史料并未记载其间到过上海,因此可能只在第一期训练班上做过报告,并未担任正式的教员。李硕勋于1929年8月增补为军委委员,担任中共江苏省委军委书记,1930年担任中共中央军委委员,1931年5月前往香港,后任中共广东省委军委书记,军事训练班期间全程在上海,不过更多精力可能在江苏省委军委的工作。

据许光达回忆,训练班的学习内容是中央的文件、政策、武装斗争的重要性、建立根据地问题、农村划分阶级问题、分配土地问题等,学习方式是阅读、讨论、听报告①。江华回忆主要学军事、巷战、爆破技术等②。参照中央政治局批准的课程纲要规定,训练班开设的与军事直接有关的课程包括"士兵运动""武装暴动""秘密工作"(后增加"游击战争问题"等),此外还有"政治任务及争取群众的策略""职工运动的策略""土地问题与农村工作""组织问题""宣传工作""列宁主义""国际概况"等共10门理论课程,以及"各省问题实习""支部工作实习"等2门实习课程,采取学员预习、教员授课、指导员指导讨论、学员复习相结合的方法,每天上课2次,每次4小时,共计授课56次240小时③。

五、参加训练班的学员

参加军事训练班的学员来自全国各地,多系苏区、白区

---

① 许光达:《我的检查》,转引自王嘉翔:《大将许光达》,第110页。
② 江华:《追忆与思考:江华回忆录》,第100页。
③ 王仲清主编:《党校教育历史概述1921—1947年》,中共中央党校出版社1992年版,第44—47页。

的地方军委和中央机关直接选送的干部①。根据许光达的回忆,"在办军事训练班之前,周恩来派到安徽来一个军事工作小组,收集我们回去"②。"训练班的纪律很严,学员进去之后,要等训练结束才能和外界联系"。③ 学员来时,都由彭干臣去接,一般都是晚上接进,任何学员在整个学习期间都不得离开那幢房子。每期训练班结束,彭干臣都是夜里把一个个学员送走,拉人力车的都是我们的保卫人员,人力车把学员直送事先安排好的旅馆,进旅馆后,静候我党"交通"人员来接④。许光达等人"到上海在三(四)马路的一个旅馆住了几天。中央的交通员来旅馆同我们接上了关系"⑤。以许光达亲历的接头方式,"(李味酸,即李坦)即将我们三人(廖多丰、陈××和我)介绍去上海找党中央,这是一九二九年七月。介绍信是李味酸写的,是秘密的,用什么药水写的,表面上是用毛笔写的普通的信,写了几句什么话我记不得了"⑥。

由于中央军事训练班是秘密开设的,几乎没有留存任何档案,目今所知的学员情况大抵来自参加者的回忆,以及学员所在地区的相关资料。

---

① 《中共党史人物传·陈为人》第35卷,第210、211页。
② 陶秉哲:《对继慎的几点回忆》,鲍劲夫主编:《回忆许继慎》2001年版,第115页。
③ 刘叔琴:《党中央机关在上海的活动片断及其他》,第13页。
④ 参见江鲜云的回忆(1983年9月)。转引自《中共党史人物传·彭干臣》第32卷,第285、286页。
⑤⑥ 许光达:《我的检查》,转引白王嘉翔:《大将许光达》,第107页。

学员许光达对训练班的回忆最为翔实。据称他参加的是第一期①,大约在 1929 年夏秋之际。全班分为两个组,许光达在第一组,组长孙一中,另有廖多丰、陈××也在这一组②。许光达(1908—1969 年),原名许德华,洛华,湖南长沙人,黄埔军校第五期炮科毕业,一度在安徽从事兵运工作,参加军事训练班前曾在红军担任团长之职。孙一中(1904—1932),原名孙以悰,又名孙德清,安徽寿县人,黄埔军校第一期毕业,曾参加东征、北伐战争、南昌起义,参加训练班前担任红六军军长、红二军团军长兼参谋长,还曾任寿县学兵团团长。廖多丰(?—约1931),安徽寿县人,曾在寿县学兵团担任区队长③(一说警卫营第二连排长)。陈××,不详。

另一位学员江华参加的是 1929 年秋季的一期,约在 1929 年 10 月。据他回忆,同学包括蔡申熙、旷继勋、白子玉夫妇等④。江华(1907—1999),原名虞上聪,又名黄琳、黄春圃,湖南湘阴人,此前曾参加秋收起义,担任红四军前委秘书长、第一纵队政治部主任。蔡申熙(1906—1932 年),字旭初,又名蔡升熙,湖南醴陵人,黄埔军校第一期毕业,曾参加北伐战争、南昌起义和广州起义,担任中共江西省委军委书

---

① 许光达:《我的检查》,转引自王嘉翔:《大将许光达》,第 109、110 页。
② 许光达:《我的检查》,转引自王嘉翔:《大将许光达》,第 110 页。
③ 《陶秉哲同志口述记录稿》(1985 年 5 月初),《皖西党史资料辑要》第 2 册,2012 年印行,第 97 页。
④ 江华:《追忆与思考:江华回忆录》,第 100 页。

记、吉安东固地区游击队第一路总指挥,1928年起在上海的中共中央军事部工作。蔡申熙之妻曾广澜(1903—1969),江西吉安人,跟随蔡申熙一起来沪,此前曾在中共吉安县委、江西省委工作①。旷继勋(1895—1933),也作邝继勋,号集成,贵州思南人,其时在中共中央军事部担任参谋科科长,据许光达回忆为训练班的教员,此前曾任川军第七混成旅代理旅长,领导蓬溪起义并担任红军四川第一路总指挥。白子玉夫妇,据说是顺直省委派来的,白妻是北京中学学生,具体不详。

学员陶秉哲对训练班也有数篇回忆文章,"许继慎、李荣桂、陶秉哲、孙一中、许光达(德华)、傅维玉(钰)(黄埔一期生、英山人)一百多人都是该班学生"②。许继慎(1901—1931),原名许绍周,字谨生,安徽六安人,黄埔军校第一期毕业,曾任军校教导第二团排长,参加东征、北伐战争,参加训练班前担任红一军军长。李荣桂(1903—1932),即李坦,原名李安贫,字淑才,又名李味酸,安徽寿县人,曾在中央政治军事学校武汉分校学习,参加北伐战争,参加训练班前担任红十一军第三十一师党代表、红一军第一师政治委员、红一军军委书记。陶秉哲(1906—?),安徽寿县人,曾在寿县

---

① 参见《吉安地区妇女运动史资料(1925年—1949年)》,1991年版,第358、359页。一说曾广澜与江鲜云、韩慧英一道负责训练班的保障和警戒工作。
② 陶秉哲:《对继慎的几点回忆》,《回忆许继慎》,第115页。

学兵团担任第二中队第一区队长①。傅维钰（1901—1932），字润金，湖北英山人，黄埔军校第一期毕业，曾参加北伐战争、南昌起义。

除此之外，根据相关人物辞典、志书、传记、回忆文章等资料，还有邓乾元、蔡协民、曾志、彭之玉夫妻、马××、金贯真、朱荣生等②可能参加了中央军事训练班。

邓乾元（1904—1934），原名邓兴坤，化名董清，湖南溆浦人，此前参加秋收起义，曾任红四军前委秘书长，1929年8月前往上海，可能此时参加军事训练班③。蔡协民（1901—1934），原名蔡树森，又名蔡杰，湖南华容人，1929年冬在上海参加中央军事训练班④，此前曾参加南昌起义、湘南起义，担任工农革命军第一师政治部主任、第七师党代表，红四军前委委员、政治部主任。蔡协民之妻曾志（1911—1998），又名曾昭学，此前曾任井冈山红军后方总医院总支书记、红四军直属队支部书记，与蔡协民一同受训⑤。彭之玉（1907—1932），又名彭玉林，湖北江陵人，此前曾在武汉中央军事政治学校学习，曾任鄂西游击总队第二大队

---

① 参见《陶秉哲同志口述记录稿》（1985年5月初），《皖西党史资料辑要》第2册。
② 王健英：《红军统帅部考实》，第72页。
③ 参见王健英：《红军统帅部考实》，第72页。又见邹天福编：《丰碑》，中国广播电视出版社2005年版，第133页。
④ 参见王健英：《中国红军人物志》，广东人民出版社2000年版，第877、878页。
⑤ 参见王健英：《红军统帅部考实》，第72页。

党代表,据说1929年冬与妻子一起参加中央军事训练班学习①。黄火青(1901—1999),湖北枣阳人,1930年冬在上海担任中共江南省委军委兵运委员会书记、军委常委,可能此时参加训练班②,此前他曾赴苏联莫斯科东方大学、高级射击学校、第一步兵学校学习,回国后担任红十四军一团政治委员兼参谋长。王首道(1906—1996),原名王芳林,又名王一分,湖南浏阳人,1931年春在上海参加秘密学习班,之前担任中共湘鄂赣边境特委书记、湖南省委委员、湖南省苏维埃政府代理主席③。杨兆星(1906—1935),又名杨义鹏,浙江磐安人,1929年在上海参加军事训练班学习④。张爱萍(1910—2003),四川达县人,此前曾在上海从事秘密工作,又在红军第十四军担任排长、政治指导员、营长、大队政治委员等职,1929年秋到上海后参加训练班⑤。金贯真(1902—1930),此前参加北伐战争,又赴苏联留学,1929年8月金贯真等26人于从苏联回国后,在上海武定路修德坊6号参加中共中央开办的特别训练班,金贯真担任其中一个

---

① 参见王健英:《中国红军人物志》,第803、804页。又见王健英:《红军统帅部考实》,第72页。彭之玉之妻,不详。
② 王淇、陈志凌主编:《中共党史人物传·黄火青》第75卷,中央文献出版社2000年版,第7、8页。又见《周恩来年谱(1898—1949)》上,第194页。
③ 参见《中共党史人物传·王首道》第87卷,第178页。又见《中共上海党史大典》,上海教育出版社2001年版,第14页。一说王首道参加的是以"中国互济会政治训练班"名义举办的干部训练班。
④ 《碧血丹心》,浙江人民出版社2014年版,第277页。
⑤ 参见《中共上海党史大典》,第14、288页。又见《周恩来年谱(1898—1949)》上,第194页。

组的组长,据说训练班的班主任是恽代英①。刘仰高(1893—1968),原名刘天元,又名刘洪,四川盐亭人,参加训练班的时间不详②,此前曾任红军四川第一路军副参谋长兼第二师第五团团长,参加旷继勋等指挥的蓬溪起义。刘伯刚(1898—1985),原名刘懋镛,奉天金州(今大连)人,1929年末在上海中央训练班学习,当时在中共满洲省委秘书处工作③。杨靖宇(1905—1940),原名马尚德,又名顺清,河南确山人,此前担任确山农民革命军总指挥、豫南特委书记,据称是在1929年初(一说1928年底)参加中央干部训练班④,但与训练班开办时间并不吻合。朱荣生,参加训练班的时间不详⑤,20世纪30年代后曾任中央出版局局长兼中央总发行负责人、中华苏维埃共和国中央劳动部副部长⑥。

再如1929年末至1930年初,刘少奇从满洲派到中央各种训练班受训的干部有任国桢、赵尚志、李维舟、郭任民、张

---

① 《中共党史人物传·金贯真》第38卷,第192页。
② 参见刘泰焰:《盐亭地方党史上的杰出人物》,《盐亭文史·庆祝中国共产党成立八十周年专辑》第19辑,2001年版,第66页。
③ 参见张淑香:《中国现代史教学问题研究》,辽宁大学出版社2005年版,第115页。
④ 参见刘华清、刘强伦:《共和国祭奠:新中国成立前牺牲的中共高级将领》,东方出版社2015年版,第317页。
⑤ 参见王健英:《红军统帅部考实》,第72页。但刘叔琴在《党中央机关在上海的活动片断及其他》一文中回忆,"训练班进行不久,有一天顾顺章把一个叫朱荣生的陌生人带进来,并说这个人有特务嫌疑,要对他进行处理。李宇超知道后,认为在训练班处理这个人不妥当,就写信给欧阳钦反映了这个情况"。
⑥ 陈立明:《对中华苏维埃共和国中央委员、候补委员当选时的职务考查》,《江西社会科学》2001年第9期。

干民、刘伯刚等十余人①。另有唐宏经、王立功、恽雨棠、吴亮平等人也参加了周恩来组织的中央训练班②,不过其中哪些人参加的是军事训练班,有待进一步考证。

1932年后的中央训练班仍有军事方面的训练。王逸伦回忆了他和王国华于1932年在上海中共中央训练班学习军事,讲课的内容有"游击战争问题""怎样做地下工作""实事求是""抓住时机,发动群众""关于立三路线问题"等③。王逸伦(1904—1986),原名王超臣,又名刘桐、王敏苇,内蒙古赤峰人④。王国华,又名王剑秋,内蒙古赤峰人,王逸伦称其为一同参加训练班的同学⑤。西北地区的谢子长、阎红彦、杜润芝、张秀山等参加了1932—1933年的中央训练班。谢子长(1897—1935),原名谢世元,又名谢德元,号浩如,陕西安定人,此前参加清涧起义、渭华起义,担任西北工农革命军军事委员会委员兼革命军第三大队大队长,中共陕北特委军委委员,从事兵运工作。阎红彦(1909—1967),原名阎候雁,陕西安定人,此前在陕北军阀部队从事兵运工作,

---

① 张璐:《刘少奇在中共满洲省委研究》,中央文献出版社2015年版,第76页。

② 《周恩来年谱(1898—1949)》上,第179页。

③ 王逸伦:《路漫漫》,内蒙古人民出版社1985年版,第18页。

④ 范郁森编:《翁牛特旗志》,1993年版,第871页。王逸伦:《回忆陈镜湖烈士的早期革命活动》,董济民、秦奎一编:《革命楷模陈镜湖》,白山出版社1989年版,第140、141页。据惠世如回忆,王逸伦受训后传达游击战术、暴动艺术。参见惠世如:《哭王逸伦同志》,《围场文史资料》第3辑,1989年版。

⑤ 王逸伦:《旧地重游话当年》,《星火·革命回忆录》第7辑,辽宁人民出版社1983年版,第267页。

参与创建红军晋西西游击大队并任大队长,担任西北反帝同盟军第一支队、工农红军陕甘游击队第一支队支队长,陕甘游击队总指挥。谢子长、阎红彦可能在1932至1933年前往上海受训①。杜润芝(1903—1933),原名杜自生,陕西米脂人,据说是在1932年参加中央训练班②,此前曾在宁夏开展兵运工作,又任陕甘工农游击队参谋长。张秀山(1911—1996),又名张绍武、张鸿毓,陕西神木人,曾在宁夏开展兵运工作,担任陕甘红军游击大队大队长,1932年被派往上海受训③。

除此之外,王健英在《红军统帅部考实》中统计了1928年后一年多的时间里以及1930年以后,经中央军委(军事部)派往各地红军的高中级干部其中著名者④,其中也包含了参加军事训练班的学员。

学员训练结束后,大部分派往各苏区担任领导工作。许光达和孙一中被分配到洪湖游击区,廖多丰、陈××被分配到安徽游击区⑤。金贯真在浙江领导成立浙南红军总指挥部和红13军⑥。

---

① 参见周万龙等编:《延安英烈》,陕西旅游出版社1992年版,第54页。
② 《共产党人的楷模》,宁夏人民出版社2016年版,第80页。
③ 贺海轮主编:《延安时期著名人物》,陕西新华出版传媒集团、陕西人民出版社2015年版,第22页。
④ 参见王健英:《红军统帅部考实》,第78、101页。
⑤ 许光达:《我的检查》,转引自王嘉翔:《大将许光达》,第110页。
⑥ 王健英:《中国红军人物志》,第555页。

六、兵运训练班的相关情况

根据《上海军事志》记载,1931年的2月至11月,在中央军委和周恩来直接领导下,由李卓然、朱瑞等分别主持举办了几期兵运训练班,培训了数百名兵运工作骨干。训练班地点在上海中国旅馆地下室和四马路(今福州路)中华旅馆。由于白色恐怖严重,同年11月被迫停办[①]。训练班专门为策动国民党第26路军起义举办兵运训练班,张闻天、李富春、朱瑞等讲授"两个高潮之间""新军阀的战争不可避免""反对盲动主义""兵运的最高目标是武装暴动"等课程,安排学员到码头实习,增强学员对工人阶级现状的了解[②]。

李卓然于1929年自苏联留学回国,1930年春抵达上海,同年秋即被派往中央革命根据地,不太可能在1931年初组办"兵运训练班"。朱瑞于1930年1月回国后,4月担任中共中央军委参谋,5月出席全国红军代表会议后,一度作为中央军委巡视员赴鄂豫皖苏区贯彻会议精神,后于9月返回上海,10月又到武汉担任中共长江局军委参谋长兼秘书长,1930年底返回上海担任中央军委破坏科负责人,开始主持兵运训练班工作,直至1931年底离开上海前往中央

---

① 参见1981年7月13日访问袁血卒记录、朱瑞《自传》等。转引自胡华主编:《中共党史人物传·朱瑞》第15卷,陕西人民出版社1984年版,第69、70页。
② 路军:《试论中央训练班及其历史贡献》。

苏区。因此从时间上看,李卓然和朱瑞应是分别主持了1930年、1931年两个阶段的兵运训练班。

担任教员的李富春于1928年2月担任中共江苏省委常委兼军委书记,至1930年2月即前往香港,担任中共广东省委组织部部长,此后于1930年9月曾在上海参加中共六届三中全会,1931年5月底至12月在上海临时中央局负责军事①。张闻天则于1931年2月到达上海,曾参加兵运工作②。因此,李富春和张闻天更有可能是在朱瑞主持的1931年的兵运训练班上担任教员。

目前可知的兵运训练班的学员有王超、袁血卒、李肃等,他们都是朱瑞主持的训练班的学员,并参与了当年年底国民党第26路军的宁都起义③。

七、结　语

中央训练班是中国共产党历史上最早的中央层级干部培训班④。六届二中全会《宣传工作决议案》指出,"建立各级训练班以造就新的干部人才。党为要造成目前急需的干部人才,必须有计划地遴选忠实有活动能力的中坚分子,建

---

① 房维中、金冲及主编:《李富春传》,中央文献出版社2001年版,第683页。
② 张培森编:《张闻天年谱》上卷,中共党史出版社2000年版,第112、117、118页。
③ 胡华编:《中共党史人物传·朱瑞》第15卷,第69页。
④ 路军:《试论中央训练班及其历史贡献》。

立短期训练班,使参加政治的与各种工作的讨论,并使之实习各种指导工作。训练班须避免注入式的教育方法,训练要力求时间短而切实有效,所以讨论与实习要看得特别重要"①。

中央军事训练班是中共中央从1929年初至1933年初在上海举办的一系列中央训练班的组成部分,尤为重视"参加政治的讨论"。正如学员许光达回忆,"这次学习真正提高了马列主义水平和政治觉悟,奠定了后来经历严峻革命斗争风云的思想基础"②。学员王逸伦也指出"参加这期中央训练班的学习,开阔了我的眼界,弄懂了很多迫切需要解决的革命道理,更增强了我对抗战必胜的坚定信念,我做好准备去迎接新的斗争"③。参加中央军事训练班的学员中,有不少后来从事革命军队的政工工作,新中国成立后担任了重要领导职务,例如王首道当选全国政协副主席,黄火青担任最高人民检察院检察长,江华担任最高人民法院院长,张秀山后任国家农委副主任,王逸伦担任内蒙古自治区党委副书记、自治区人大常委会主任等职。

军事工作的学习和讨论是训练班的重点。时任红十四军一团政委的黄火青针对周恩来提出的"营级单位是否应

---

① 《宣传工作决议案》(一九二九年六月二十五日),《中国共产党组织史资料·文献选编(1921年7月—1949年9月)》第8卷上,中共党史出版社2000年版,第267页。

② 许光达:《干部履历书·自传》(1952年12月),转引自胡华主编:《中共党史人物传·许光达》第42卷,陕西人民出版社1989年版,第147页。

③ 王逸伦:《路漫漫》,第19页。

设政委"问题,对照实际军事工作经验,主张团以上设政委,营一级只设指导员,意见后来被中央军委所采纳①。训练班的学员中,不乏日后成为中国共产党领导的革命军队的重要军事将领,例如新中国成立后授勋的有许光达大将、阎红彦上将、张爱萍上将。一些学员是土地革命战争、抗日战争中不幸牺牲的烈士,如蔡申熙、金贯真、杜润芝、谢子长、杨靖宇等。一些学员被敌人杀害,如曾任中共中央军委书记的傅维钰于1932年在上海被特务杀害,曾任中共福建省委军委书记的蔡协民于1934年被捕牺牲,此外还有杨兆星、廖多丰等人。可惜的是,学员中的红军著名将领如许继慎、孙德清、李坦、彭之玉等烈士,都是在参加训练班后不久因肃反扩大化而被错杀的。

虽然1930年在李立三主持中央工作期间,军事训练班的主题一度是贯彻"立三路线",为攻打大城市培训军事干部;但在周恩来等人的领导下,及时纠正了"立三错误路线"。朱德在编写红军一军团史座谈会上的讲话中指出,"大革命时代,许多进行军事运动的同志,当时中央军委的负责人周恩来、聂荣臻、李富春等同志,以及党所举办的秘密军事训练班的同志,对我军的创建是有功劳的"②。土地革命时期,1930年前后中共中央秘密举办的中央军事训练班,发挥了同样重要的贡献。

---

① 参见路军:《试论中央训练班及其历史贡献》。
② 朱德:《在编写红军第一军团史座谈会上的讲话》(1944年),《朱德选集》,人民出版社1983年版,第126页。

内山完造与20世纪30年代的上海童话协会[*]

吕慧君

一、内山完造对童话会的记述以及先行研究

内山完造(1885—1959)作为文豪鲁迅的挚友广为人知,然而他为中日文化交流做出的贡献不止于此。内山完造在中国居住近35年,在与中日文人的交往和自身的观察中,对中日文化的特点产生了独到见解,创作了10余本随笔集和自传《花甲录》。在上海期间,内山完造积极开展参与了各种文化活动。比如,从20世纪20年代开始,以内山书店为据点,"文艺漫谈会"和"支那剧研究会"等相继成立,进入20世纪30年代以后,内山完造成立了"上海童话协会"。然而,在国内外先行研究中,"上海童话协会"未曾被详细探究,这个团体的面纱还未被揭开,因此本文将内山完造在《花甲录》中有所记载的

---

[*] 本文为上海市哲学社会科学规划课题"徐家汇藏书楼日文文献所见近代中日文学关系研究"(项目批准号2022ZWY005)和上海外国语大学校级规划项目"近代中日文学关系研究——以在沪日文报刊所见资料为中心"(项目批准号2021114016)阶段性成果。

"上海童话协会"(以下简称为"童话会")作为研究对象,希冀通过调查日文一手资料来还原童话会活动的真实面貌,探讨其在上海的日侨社会中的作用和意义。

首先,内山完造在《花甲录》中对童话会的创立经过回忆如下:

> 上海的孩子们虽然阅读了很多杂志,但这样有失均衡。<u>他们只通过眼睛来接受影响,而并未接收通过耳朵传递的影响。</u>这会使得身体发育不全,如此一想,我总觉得上海的孩子们就像干巴巴的树叶一般。说到底还是出于环境的影响使得他们缺少滋润。因为他们用耳朵所接收的情感实在是太少了。<u>上海缺少一个孩子们喜欢的童话会。</u>各个家庭中的老人很少,因此孩子们能听到的童话故事也是极少的。若家中只有年轻的父亲与母亲,家庭教育便容易沦为空谈理论。就算父母谨记着情感教育,也终究会变成理论上的情感教育,缺少自然流露的情感。这便是一处需要用到上海爷爷的地方。我怎么也想不出还有谁能来解决这个问题。<u>没办法,只能由我来扮演这样一位上海爷爷了。于是我向佛教、基督教的主日学校相关人士提了这件事,他们也有相同的想法,事情便顺利地朝着成立上海童话协会的方向推进了。</u>①

---

① 内山完造:《花甲录》,岩波书店1960年版,第176页。画线处为笔者注。

《花甲录》中记述了童话会成立之后的盛况。成立当日,孩子们"聚集得满满当当,从开始到结束都欢欢喜喜、十分满足"。之后童话会多于上海东部与西部的"工厂"举行活动,"无论在哪孩子们都十分开心,父母们也来听,他们就更开心了,上海童话协会可真是场场爆满、座无虚席"。童话会还邀请了东京文理大学大塚童话会的三人,久留岛武彦进行了演讲,孩子们非常高兴。"大家不愧是在主日学校讲课的人,讲得实在太好了,公演真是场场爆满啊。"内山完造还如此评价道:"在上海的日本人认为童话会有着相当高的存在价值""现在有着两三个孩子的、上海长大的妈妈们几乎都是童话会的听众了。有时举办大的活动能有两千多人到场,平时也绝不会少于五百人。就算去各个工厂,也会有两百多个孩子和大人坐在一起,童话会的规模可不容小觑。"

那么,《花甲录》以外的先行研究对此又是怎样记述的呢。依拙见,目前为止提及童话会的资料除《花甲录》外,还有两册著书,且其内容也应该是依照《花甲录》写成,与《花甲录》基本相同。

首先在《魔都上海:十万日本人》一书中有关于童话会的简单介绍:

> 随着在沪日本人不断增加,孩子的数量当然也越来越多。于是,为孩子们讲故事的"上海童话协会"便成立了。每周日会在租界内的日本小学举行活动,还

从东京请来讲师,据说盛况空前。①

另外,小泽正元在内山完造传记中也对"上海童话协会"这一部分有所介绍。小泽正元在关于童话会成立背景的描述中补充了以下内容:

> "满洲事变"前后在沪日本人急速增加,因此日本儿童的数量也增加了很多。但上海本就是一座租界城市,是列强榨取中国的据点,并非是孩子们的乐园。②

从上述材料中我们可以看到童话会成立前后的不同变化,可以断定,内山完造的童话会之成立,对日侨儿童无论在教育还是娱乐方面的意义都十分重大。

根据以上有限的资料,笔者认为当时上海发行的日语报纸很有可能会刊登童话会的有关报道,因此,笔者对同时期发行的主要日语报纸《上海日日新闻》展开了调查,从中发现了一系列史实,详细地还原了当时内山完造开展的童话会活动的原貌。本文旨在梳理童话会活动的具体实况的基础上,进一步阐明童话会的性质与其带给在沪日侨儿童的影响及意义。

---

① NHK取材班编:『魔都上海:十万の日本人』,角川书店1995年版,第118页。

② 小沢正元:『上海童話協会の設立』,『内山完造伝—日中友好につくした偉大な庶民』,番町書房1972年版,第81—82页。

二、从《上海日日新闻》等资料看童话会活动的实况

《花甲录》中提及"上海童话协会"的部分被划分在1931年(昭和六年)的目录之下,在20世纪30年代的日文报纸中,首推《上海日日新闻》。这份报纸于1914年10月1日创刊,由上海日日新闻社发行,到了1930年代增加"华文版"。报纸对经历了辛亥革命之后的中国政治、经济、社会、文化等方面的情况进行报道,得到了当时上海日本侨民的大力支持。创刊人宫地贯道在1932年著述《对支国策论》,批判日本把伪满洲国作为生命线这一政策。这份报纸经营长达20余年,经历了"九一八"事变、"一·二八"抗战、卢沟桥事变,特别是"八一三"淞沪抗战之后,由于在职中国员工的逃亡,无法印刷,只能发行誊写版的新闻。1937年秋,日军占领除租界之外的上海,报纸最终被日本军方所收购,成为中文版的《新申报》,因此可以说《上海日日新闻》是记录20世纪30年代上海的非常重要的一份报纸。

《上海日日新闻》在日本由东京大学社会情报研究资料中心收藏,可用于调查的有1931年(昭和六年)1月到8月、1933年(昭和八年)5月到1937年(昭和十二年)4月,共计56个月的报纸。在中国,上海图书馆徐家汇藏书楼中藏有1932年(昭和七年)8月到1933年(昭和八年)4月,共计8个月的报纸。根据调查结果,本文将对"童话会"开展的时

期、次数、场所、讲师以及内容等方面对"童话会"的活动细节进行补充,并指正内山完造记忆中以及先行研究中的错误。

笔者基于调查结果,将"童话会报道"与"童话会相关报道"进行了整理并制成下表,以阐明"童话会"活动的实态。

＊难以辨认的字使用"■"进行替代。

童 话 会 报 道

日 期	早报/晚报·版面	报道题目	开始时间	场 所	节目安排	注 解
1931年						
1月11日(周日)	九	けふの童话会(今天的童话会)	下午2点	狄思威路购买组合楼上	童话『御話リレー(童话接力)』内山完造、高橋実、藤井稔、楠本一夫、村井美喜夫、高橋貞一、当間美三、柴田一郎,童谣『雪(雪)』高橋実	该年度第一场童话会
1月18日(周日)	晚报·二	あすの童话会(明天的童话会)	下午2点	(以下简称:购买组合)	『童話ムレー(童话接力)』续篇内山完造、高橋実、藤井稔、楠本一夫、高橋貞一	
1月25日(周日)	七	けふの催し(今天的活动)	下午2点	购买组合	『二人の老人(两个老人)』内山完造、『トム公の冒険(汤姆·索亚历险记)』高橋実、『この花(这枝花)』高橋貞一	

续　表

日　期	早报/晚报·版面	报道题目	开始时间	场　所	节目安排	注　解
2月8日（周日）	晚报·二	あすの童話会（明天的童话会）	下午2点	购买组合	『続トム公冒険物語（汤姆·索亚历险记续）』高橋实、『張さん金さん（小张和小金）』内山完造、『幻ない者（无幻想者）』高橋貞一	
2月22日（周日）	七	けふの童話会（今天的童话会）	下午2点	购买组合	『火と喧嘩（与火吵架）』内山完造、『人（人）』当間美三、『トム公の冒険物語（汤姆·索亚历险记）』高橋实	无2月1日、15日报道
3月14日（周六）	七	今夜童話大会（今夜童话大会）	晚上7点	每日大厅	开场致辞、童谣指导『砂山（砂山）』一木敏之、童话讲解『長い槍と短い槍（长枪与短枪）』岩崎太郎、童话『チョコレート小学校（巧克力小学）』村井美喜夫、童话『題未定（题目未定）』柴田俊貞、童谣独唱（イ）『お菓子と娘（点心和女孩）』高橋实、（ロ）『植生の窓（植被的窗）』、童话『靴屋の英雄（鞋店的英雄）』中條辰夫、童话剧『エラクなつたヒヤシンスハルベー（长大的风信子）』全体会员	

续 表

日 期	早报/晚报·版面	报道题目	开始时间	场 所	节目安排	注 解
3月25日（周三）	七	観音堂で童話会（在观音堂开童话会）	下午6点30分	吴淞路东兴里内观音堂	荒木既成、村井美喜夫、楠本一夫	
3月29日（周日）	晚报·二	あすの童話会（明天的童话会）	下午2点	购买组合	『着物気違ヒ（和服迷）』内山完造、『美しい花（美丽的花）』村井美喜三（夫）、『春（春天）』当間美三、『ハックルベリー物語（一）（哈克贝利·费恩历险记一）』高橋実、『勇敢な子供（勇敢的孩子）』高橋貞一	无3月1日、22日报道 无4月26日报道
5月3日（周日）	九	童話会番組（童话会节目）	下午1点	购买组合	『犬（狗）』村井美喜雄、『一太郎（一太郎）』岩崎太郎、『海を隔てる（隔海）』当間美三、『寮生（寄宿生）』内山完造、『ハックルベリー（哈克贝利·费恩历险记）』高橋実	
5月17日（周日）	晚报·二	あす童話会（明天的童话会）	下午2点	购买组合	『海底旅行（海底旅行）』内山完造、『虎公と牛公（虎公和牛公）』村井美喜夫、『ハム（火腿）』高橋貞一、『小僧ボー吉（小子波吉）』高橋実、『たれのもの（鼻涕鬼）』当間美三	

续 表

日 期	早报/晚报·版面	报道题目	开始时间	场 所	节目安排	注 解
5月24日(周日)	九	童話祭の番組(童话节的节目)	上午10点	高等女学校讲堂	大会第一部分(为孩子们举办)童话『犬君(犬君)』泉裕太郎、『めん鳥とみつ蜂の話(雌鸟与蜜蜂)』高橋貞一、『珍太郎(珍太郎)』石川務、『■ボーの話(■波的故事)』高橋実、童谣『雨ふり(下雨)』泉裕太郎	上海童话会创立一周年
			下午6点30分	每日大厅	大会第二部分(欢迎妈妈们)童话『いなかさむらい(乡村武士)』岩崎太郎、『ユピロ大王(尤皮咯大王)』当間美三、『ヨナのぢいさん(由那爷爷)』村井美喜夫、『ハア、ママ、、、、(哈、、、、、)』楠本一夫、童谣独唱『ブラームスの子守唄(勃拉姆斯的摇篮曲)』『シューベルトの子守唄(舒伯特的摇篮曲)』高橋実(另有伴奏四人)、童话『正シイ裁判(正确的审判)』内山完造	无5月10日报道

续　表

日期	早报/晚报·版面	报道题目	开始时间	场　所	节目安排	注　解
6月7日（周日）	晚报·二	あすの童話会（明天的童话会）	下午2点	购买组合	『怪物（怪物）』内山完造、『ペス（佩斯）』高橋実、『珍太郎（珍太郎）』当間美三、『箱（箱子）』高橋貞一	
			下午3点30分	日本俱乐部小羊会展览会场内	『好きな話（喜欢的故事）』高橋実、『嫌ひな話（讨厌的故事）』当間美三	
6月14日（周日）	晚报·二	童話会番組（童话会节目）	下午2点	购买组合	『少年勇一（少年勇一）』内山完造、『一人と千人（一人与千人）』岩崎太郎、『暑い日に（炎热的日子）』高橋貞一、『レモネードとアイスクリーム（柠檬水与冰淇淋）』当間美三	
6月21日（周日）	十一	童話会番組（童话会节目）	下午1点	购买组合	『黒と白（黑与白）』高橋貞一、『小さい者に（给小小的人儿）』内山完造、『笑ひの大将（笑话大将）』岩崎太郎、『スピッキ物語（斯皮克的故事）』高橋実	

续　表

日　期	早报/晚报·版面	报道题目	开始时间	场　所	节目安排	注　解
6月28日（周日）	晚报·二	童话会番组（童话会节目）	下午2点	购买组合	『アルプスの犬（阿尔卑斯的狗）』内山完造、『レモネード（柠檬水）』村井美喜夫、『ブラブラ太郎（闲人太郎）』高橋実、『氷の火事（冰的火灾）』当間美三	
7月5日（周日）	十一	けふの童話会（今天的童话会）	上午10点	购买组合	『豪い人になるには（若想成为厉害的人）』内山完造、『ブランブラン（摇摇晃晃）』高橋実、『水泳（游泳）』村井美喜夫、『幼い人の為に（为了年幼的人）』高橋貞一	从本次开始活动时间提前为上午10点
7月12日（周日）	晚报·二	あすの童話会（明天的童话会）	上午10点	高等女学校讲堂	『ベニスの悪い商人（威尼斯的坏商人）』内山完造、『何が御好き（你喜欢什么）』村井美喜夫、『海（海）』高橋貞一、『おそろしい事（可怕的事）』当間美三、『オデッセイ物語（奥德赛的故事）』高橋実	将场地换到了更凉快的地方
7月19日（周日）	晚报·二	童話会番組（童话会节目）	上午10点	高等女学校讲堂	『小さい者（渺小的人）』内山完造、『猿（猴子）』村井美喜夫、『子犬（幼犬）』当間美三、『オデッセイ物語（二）（奥德赛（二））』高橋実、『虎公（虎公）』高橋貞一	

续 表

日 期	早报/晚报·版面	报道题目	开始时间	场 所	节目安排	注 解
7月26日（周日）	九	けふの童話会（今天的童话会）	上午10点	施高塔路高等女学校讲堂	『御病気（病情）』内山完造、『くるくる坊主（头光光的小子）』村井美喜夫、『オデッセイ物語（奥德赛的故事）』高橋実、『マリ子さん（茉莉子小姐）』当間美三、『風船玉（气球）』高橋貞一	
8月2日（周日）	九	童話会番組（童话会节目）	上午10点	高等女学校讲堂	『コーカサスの捕子（高加索的俘虏）』内山完造、『オデッセイ物語（三）（奥德赛（三））』高橋実、『グッドモーニング（早上好）』村井美喜夫、『雪の国（雪国）』当間美三	
8月9日（周日）	晚报·二	あす童話会（明天的童话会）	上午10点	高等女学校讲堂	『世界英雄巡礼（一）（世界英雄朝圣（一））』高橋実、『私の■■（我的■■）』内山完造、『西瓜（西瓜）』当間美三、『氷山（冰山）』村井美喜夫	

续 表

日　期	早报/晚报·版面	报道题目	开始时间	场　所	节目安排	注　解
8月16日（周日）	九	童話会番組（童话会节目）	上午10点	高等女学校讲堂	『キツネの嫁入り（狐狸出嫁）』岩崎太郎、『世界英雄巡礼（二）（世界英雄朝圣（二））』高橋実、『大先生（大老师）』内山完造、『犬（狗）』高橋貞一、『山と川（山与河）』村井美喜夫	
8月23日（周日）	九	石野氏歓迎　今夜童話大会（欢迎石野氏今夜童话大会）	晚上7点30分	每日大厅	『童話いくよいくよ（童话来啦来啦）』村井美喜夫、『御りこうな子供（乖孩子）』高橋貞一、『天下無敵（天下无敌）』岩崎太郎、『童謡三つ（三首童谣）』高橋実、『童話ビックリ箱（童话惊吓盒）』当間美三、『正省の頭に神宿る（正省的头里住着神）』石野氏	石野氏：在关西被称为小波老师，是活跃在报纸及广播节目中有名的童话大家
8月30日（周日）	九	けふの童話会（今天的童话会）	上午10点	长春路日语学会楼上	『世界英雄巡礼（三）（世界英雄朝圣（三））』高橋実、『秋モ立チテ（秋高）』村井美喜夫、『ブツブツ小僧（疙瘩小子）』当間美三、『小羊（小羊）』高橋貞一	欢迎所有人来场

续　表

日　期	早报/晚报·版面	报道题目	开始时间	场　所	节目安排	注　解
1933年						
4月23日（周日）	晚报·二	童话会（童话会）	上午10点	高等女学校		
童话会相关报道						
3月16日（周一）	七	升屋氏送别会（升屋氏欢送会）	3月15日下午2点	日本人俱乐部大厅	上海童话协会童话剧『人格者（高尚的人）』等	
3月30日（周一）	七	西本願寺お伽大会（西本愿寺故事大会）	晚上7点	西本愿寺上海主日学校	『化物退治（击退怪物）』荒木即成、『さてさて（哎呀哎呀）』楠本一夫等	本次作为春天的集会，非本校生的儿童也能来听
4月16日（周四）	晚报·二	音楽と劇の夕（音乐与戏剧的晚上）	4月18日（周六）晚上7点	日本人俱乐部大厅	『古都もとめ歩みて（古都寻访漫步）』高桥实、戏剧『ホテルの英雄（酒店的英雄）』上海童话协会等	一木洋行主办
4月17日（周五）、18日（周六）	17日四、18日四	音楽と劇の夕：プログラム（音乐与戏剧的晚上：节目单）	晚上7点	日本人俱乐部大厅	『古都（蘇州）もとめ歩みて（古都（苏州）寻访漫步）』独唱：高桥实、戏剧『ホテルの英雄（酒店的英雄）』出演：上海童话协会等	

续 表

日 期	早报/晚报·版面	报道题目	开始时间	场 所	节目安排	注 解
7月26日（周日）	晚报·二	西本願寺童話会（西本愿寺童话会）	上午9点	乍浦路西本愿寺内上海主日学校	童話『ペンペン卵（荠菜鸡蛋）』荒木即成、『何でせう（是什么呢）』楠本一夫、童谣：高橋实等	作为暑假活动，举办了童话会和晨诵会
7月29日（周三）	九	中日教会夏期早天学校（中日教会夏季清晨班）	上午6点15分至8点	中日教会	传说『心の貧しき者（心灵贫瘠的人）』高橋实	中日教会主日学校为放暑假的孩子们而设，时间为8月3日（周一）至8日（周六）
1933年						
1月8日（周日）	七	西本願寺日曜学校（西本愿寺主日学校）	上午9点	乍浦路西本愿寺内上海主日学校	童話：イ『お正月（正月）』荒木氏、ロ『なめくじ上等兵（蛞蝓一等兵）』楠本氏 其他：开会、闭会致辞：梶原氏、礼拜：西脇氏	本次作为新年集会，孩子们都能参与，也邀请家长参加

内山完造与20世纪30年代的上海童话协会

上表统计了从1931年1—8月以及1932年8月—1933年4月为止的童话会相关报道。首先来看童话会的起始时间问题。

据内山回忆,童话会创办的那一年正是调查的起始年份1931年(昭和六年)。但经如上调查,1931年5月24日《上海日日新闻》所刊载"童话节的节目"的报道中提到"有三个世界闻名的节日恰好都在五月二十四日(星期天)这一天,上海童话会也在今天迎来了一周年,并举办了童话节"。据此可推测出童话会的创始时间应该是1930年5月,比《花甲录》以及其他文献记载的"1931年"还要早一年。

那么,童话会持续举办了多久？是否有过中断？《花甲录》中有所记述:"我虽然记不清了,但应该有持续五六年","第二次上海事变后这种集会最终也无法举办了"。① "第二次上海事变"即指"八一三"淞沪抗战。笔者调查《上海日日新闻》后得知1931年1—8月童话会不曾停止其活动,然而在接下来的1932年8月—1933年4月,有关童话会的报道几乎消失了,只有为数不多的2篇。甚至概览1933年5月之后两年多的报纸,不仅看不到"童话会"的相关消息,以日本人俱乐部为代表的在沪日本人活动也都几乎不为报道了。虽然目前还未探明这样的状态究竟持续了多久,但究其原因,目前的研究阶段大约也只能将其归因为第一次"上海事变",也就是"一·二八"抗战,童话会至少在这一时期

---

① 内山完造:《花甲录》,第177页。

有所中断。按照内山的记忆,童话会在1937年"八一三"淞沪抗战后就停止活动了,笔者调查了20世纪40年代的日文报刊,发现童话会并非完全停止活动。或许有中断的时期,但从20世纪40年代的日文报刊中也能发现童话会的一些线索。比如,日文期刊《大陆往来》组织在上海生活多年的日本文人,俗称"老上海"们之间举行了某次座谈会,其中就提到了童话会,现将此部分内容引用如下:

> 小久保:接下来我们谈论一下童话协会的事情。我们之前拜托了在日本中学校教书的福家的亲戚利用暑假来上海讲授童话,之后在我的再次邀请下,福家于第二年正月休假时亲自和斋藤等大塚童话会的成员共三人,来到上海的各学校讲授童话,之后去了苏州、南京、汉口。以此为契机,上海童话协会成立了,是几几年来着?
>
> 升屋:在我印象中是昭和四年还是五年来着?西本愿寺、东本愿寺宗教团体都加入了。
>
> 内山:主日学校系统都加入了,但后来就逐渐退出了。
>
> 吉村:现在还剩下什么人?
>
> 内山:现在有纺织联合会的村井、东亚洋服店的高桥、岩崎,基督教会的井田牧师也加入了。本来是周日上午10点,后来因为与主日学校冲突,所以变成周六晚上。租借施高塔路的青年学校讲堂。

升屋：那个时代还上演了儿童剧。

　　内山：放暑假时在东部小学校和西部小学校举行。①

　　参与谈话的人物，小久保是指东方制冰公司的董事小久保三九郎；升屋是指京剧研究家的升屋治三郎；吉村是当时上海的一个文学团体"长江文学会"会员吉村秀声。从以上对话我们可以获得童话会成立年份和1941年时活动的时间、地点等补充信息，重要的是，可以确认童话会直至座谈召开的1941年5月依然持续活动。

　　接下来探讨一下童话会召开的频率、具体时间地点。从上表可得知，1931年童话会的举办频率基本为一周一次。《花甲录》中记录了童话会"每周日十点开始"，实际上有可以确定与内山完造记忆不符的地方是，1931年7月到8月期间的开始时间确实是10点，但这之前的举办时间几乎都是下午2点。

　　关于童话会的举办场所，《花甲录》中提到"每周日十点在北部、中部、东部、西部各个学校轮流举办，成立仪式在日本人俱乐部三楼的大厅举行"②。成立仪式之后"虽然打算按计划在各个学校轮流举办，且北部与中部的学生们住所离学校都很近，因此很方便，但东部与西部的学生们上学之

---

① 『老上海が語る文化運動今昔譚』，『大陸往来』第2卷第5期，1941年5月。

② 内山完造：《花甲录》，第176页。

路处于工厂地段,是乘坐巴士上学的(工厂专用),周日无法到场,这是一个难题。但是各工厂对孩子很上心,也希望我们偶尔能去工厂讲故事,他们会派出汽车接送,因此东部与西部就在工厂举行了"。依表可见,虽然无法确认成立仪式的地点,但是在1931年8个月的期间,童话会有一半以上都是在"上海购买组合"的楼上举行的。进入7月后举办地点转移到了高等女学校的讲堂,因为那里比较凉爽,从1933年的报道中可得知之后也都是在该地举办的。内山所言"在各个学校轮流举办"、在"工厂"举办应该都是其他时期的事了。

另,"上海购买组合"的地址是狄思威路812号(现溧阳路1982号),后来那里变成了四川中药店和文美百货商店①,在当时和吴淞路的日本人商店一同为在沪日本人服务,对于当时的在沪日侨来说,是一家便利且不可缺少的店铺。购买组合距离内山书店非常近,只有150米到200米左右的距离。②

内山完造在同一时期创办的教授中国人日语的"日语学会",据说也是在这个"内山的一位日本人朋友经营的上海购买组合的屋子里"③开展活动的。据《花甲录》所言,内

---

① 上海鲁迅纪念馆、上海国际友人研究会编:《中日友好的先驱:鲁迅与内山完造图集》,上海人民美术出版社1995年版,第39页。
② 木之内誠编著:『12 横浜橋』,『上海歷史ガイドマップ』,大修館書店1999年版,第25页。
③ NHK取材班编:『魔都上海:十万の日本人』,第118页。

内山完造与20世纪30年代的上海童话协会

山与购买组合的经营者五十崎义鹤是朋友,"日语学会"会曾在二楼举办活动。并且,1930年10月时内山与鲁迅一同在这里举办了"世界版画展览会",1931年8月时鲁迅与内山的弟弟内山嘉吉在此举办了一周一次的"木刻讲习会"。从以上的信息可推测出内山经常在该购买组合进行活动,它已成为中日文化交流的重要据点。

接下来需要调查的就是,向孩子们叙述童话的讲师们,他们究竟是何方人物、履历如何呢。

据《花甲录》记录,"基督教会里有三所主日学校。而佛教方面有东西两本愿寺和日莲宗、禅宗、真言宗五所。让这些老师来担任讲师,阵容十分强大","特地邀请了东京文理大学大塚童话会三人前来。也请了渡欧途中的久留岛武彦老师来演讲"①。大塚童话会是"大正四年(1915年)下位春吉、葛原茂二人提议在东京高等师范学校(现东京教育大学)成立的家庭演讲及口承童话的研究会",其活动范围不仅在日本国内,也在国外举办演讲活动②,不过前表童话会活动中的讲师们与"大塚童话会"的关联尚无法查证。

这些长期在内山的童话会从事演讲的讲师们的情况,仅凭内山的记述是远远不够的。关于童话会内部讲师们的信息,内山仅仅在《花甲录》中回想童话会时提过,与他偶尔见面、通信的讲师是高桥贞一、村井美喜雄、泉祐太郎等人。

---

① 内山完造:《花甲录》,第177页。
② 『児童文学辞典』,東京堂出版1970年版,第82页。引用中提到"现东京教育大学",是1970年3月的情况,现在是筑波大学。

可据《上海日日新闻》中童话会的相关报道,除了内山提到的三人之外,还有不少讲师。几乎每回都会参加童话会的是内山完造与高桥实,高桥贞一、村井美喜雄与当间美三也参与了2/3的演讲。为了解讲师的详细履历,对先行研究进行补充,笔者调查了《支那在留邦人人名录》[①]。《支那在留邦人人名录》记载了20世纪前半在沪的部分日本人姓名,从1913年的初版到1945年的38版为止经历了数次再版,笔者在可阅览的范围内首先对1930年版进行了调查。加之在1931年1月22日《上海日日新闻》中题为《上海有志之士参加书院辩论大会》的报道里得知村井美喜雄作为东亚同文书院[②]的一员参加了辩论会,因此笔者结合《东亚同文书院大学史——创立八十周年纪念史》[③]等东亚同文书院相关的资料进行了调查,逐渐了解了童话会讲师们的毕业院校、工作、社会身份等多方面的信息。

首先要介绍的是上海东亚同文书院的学生(毕业生)村井美喜雄,他的个人信息最为详细。在前表中也可以发现,报纸会偶尔将他名字最后一个字写成"夫",这是因为日语

---

① 参见岛津长次郎:《支那在留邦人人名録》第21版(初版1913年1月),金风社1930年版。

② 东亚同文书院由东亚同文会于1901年创立,东亚同文会是一个研究中国问题的民间团体,初代会长是贵族院议长近卫笃麿(近卫文麿的父亲)。东亚同文书院的学生们为了解中国,每年都会进行长途旅行,每年集成详尽的调查报告集,还出版了如『清国通商総覧』『支那経済全書』『支那省別全誌』等研究中国的书。

③ 参见大学史编纂委员会编:『東亜同文書院大学史—創立八十周年記念誌』,滬友会1982年版。

发音中"雄"和"夫"是相同的,因此容易搞错。从《东亚同文书院大旅行志 22 东南西北第二十七期生》①中得知,村井是第 27 期学生,他作为哈市驻在班(笔者注:"哈市"指的是"哈尔滨市"),曾经历了"上海—青岛—大连—奉天—长春—哈尔滨—奉天"的调查旅行,还曾作诗。他是上海东亚同文书院第 27 期即昭和六年毕业的学生,童话会举行活动的年份正是他毕业的年份。另有资料指出:"村井美喜雄(秋田)秋田中学。虔诚的基督徒。曾在内山完造的内山书店帮忙,后升为在华日本纺织同业会理事代理,在当地应召,在长沙待至终战。战后遣返到鹿儿岛,成立指宿②教会和幼儿园,度过了三十年以上的传道生涯"③。笔者还发现"寄回故乡的明信片"(昭和五年十二月十七日)④这样一份资料。这应该是一张村井寄给老家秋田县秋田市筑地中町的明信片,收件人是村井正氏,署名处落款"上海东亚同文书院村井美喜雄"。村井在明信片上记录了如下内容:他在 12 月 21 日的悬赏辩论大会上获得了一等奖,获得了奖牌和内山书店的商品券,在协会的圣诞节庆祝会上表演节目之后去内山书店买了《圣经》与《赞美诗》,内山对他说"这真是

---

① 参见上海東亞同文書院第二十七期生编:『東南西北』,『東亜同文書院大旅行誌 22 東南西北』,雄松堂 2006 年版。

② 指宿是鹿儿岛的地名,笔者注。

③ 参见大学史编纂委员会编:『第二十七期生銘々伝(第五編 回想録:第一章 各期回想録・銘々伝)』,『東亜同文書院大学史—創立八十周年記念誌』。

④ 『♯59 上海東亞同文書院生その他の便り集』『上海の北部虹口』,http://scott.at.webry.info/200607/article_4.html。

一个好纪念"。他之后也参与了基督教会干部活动的策划、也有亲属被内山书店雇佣。① 可见,村井美喜雄不仅是基督教徒,而且和内山完造的私交甚好。

当时同为东亚同文书院的学生还有二人。一位是同样27期生的楠本一夫——"楠本一夫(长崎)佐世保中学。性格认真的文艺者,擅长拉小提琴,积极参与音乐部的活动,在上海逝去"。另一位是23期生石川务——"石川务(茨城)水户中学。在沪友会总部工作后于昭和二年应召。于上海同兴坊、华中盐务局、中支军衣粮厂工作。昭和二十一年四月遣返日本,与家人汇合,担任初高中教师,四十九年退休。"②另,从前文提到的《支那在留邦人人名录》中还得到了关于石川务更详细的信息——"石川务(茨城县)同兴纺织株式会社杨树浦第二工厂会计科"。

讲师中,除了和学校关联的人之外,还有一部分是宗教关联人士。从《支那在留邦人名录》中得知,荒木即成是熊本县人,是西本愿寺的传教士,也是上海主日学校的教师。还有一位讲师,即前文提到的楠本一夫,也是上海主日学校的教师。二人的活跃不仅限于内山的童话会,他们还参加过于西本愿寺1931年3月30日主办的故事大会和1931年7月26日举办的童话会,这些可从前表中《上海日日新闻》的报道得知,这与二人的身份完全符合。

---

① 前注中介绍资料"寄回故乡的明信片"的人也一并介绍了村井的履历。
② 参见大学史编纂委员会编:『第二十三期生銘々伝(第五编 回想録:第一章 各期回想録・銘々伝)』,『東亜同文書院大学史―創立八十周年記念誌』。

最后是当时任职于上海各企业、银行以及个体经营的人士。同样调查《支那在留邦人名录》得知,高桥实(大阪府)在三井银行上海支行任职、高桥贞一(兵库县)在东亚洋服店工作、泉裕太郎(神奈川县)在上海纺织株式会社会计科任职、藤井稔(广岛县)在日华纺织株式会社曹家渡工厂(第三、四工厂)工程科工作、一木敏之(京都府)是一木洋行的老板(一木洋行经营乐器、乐谱和留声机)。东亚同文书院的学生三人,就职于银行、洋服店、纺织公司、洋行等多行业的人士,以及主日学校的老师、传道士等人士都在童话会的讲师之列,由此可见童话会组织的多样性以及大众性。虽然讲师们的职业身份各不相同,但他们所属的学校、公司、银行以及店铺多分布在北四川路(东亚洋服店、一木洋行、上海主日学校)、九江路(三井银行)等日本侨民集中居住并展开各类活动的虹口地区,如前文所提,童话会举办地点之一的购买组合距离位于北四川路的内山书店也很近,内山书店可谓中日文人交流的文化据点。另外,从讲师身上体现出的多样性,在先行研究[1]中也有所提及,这正是上海这座聚集了多国籍人士城市性格的体现。在1930年时,在沪日侨数量是24 207人,到1940年已达到65 621人[2],在沪

---

① 大桥毅彦:「上海・内山書店文芸文化ネットワークの形成と奥行—文芸漫談会機関誌《萬華鏡》を中心にして—」,『日本文芸研究』第61卷第1—2号,2009年9月。

② 陈祖恩:《上海日侨社会生活史(1868—1945)》,上海辞书出版社2009年版,第533页。

日本儿童的教育成为一个重要的问题。1931年时,日本居留民团已开设了4所小学以及2所中学,即上海第一日本国民学校(北部小学)、第二日本国民学校(东部小学)、第三日本国民学校(西部小学)、第四日本国民学校(中部小学)、上海日本高等女学校和1931年4月刚刚成立的上海日本商业学校①,但"因日本居留民社会的封闭性,日本居留民子弟虽在中国接受了教育,但他们也显然缺乏与外界的交流"②。从这些信息可见,内山完造为中心举办的童话会不仅有各行各业的从业人员来担任讲师,也有从外部(东京的大塚童话会、久留岛武彦等)邀请讲师等行为,一定会使当时的孩子们耳目一新。孩子们在接受学校基础教育之外,可以听到外面世界的故事,吸收各种各样新鲜的养分。

从前表可知以上讲师们在童话会讲的故事、表演的具体题目,但目前未能一一确认具体内容,但据内山回忆,"我是抱着绝不讲战争故事的决心的,讲得最多的是托尔斯泰的民间故事和小故事。有时会讲些基督教的《圣经·旧约》故事,心血来潮时也会自己试着创作一两篇"。具体来看,"我经常讲的故事有托尔斯泰的《哪里有爱,哪里就有神》《两个老人》《人需要许多土地吗》《不能忽视火灾》《傻瓜伊万》《人靠什么活着》《孩子比大人聪明》等,都讲过很多次。

---

① 陈祖恩:《上海的日本文化地图》,上海文艺出版(集团)有限公司2010年版,第80—81页。

② 小岛胜、馬洪林编:『上海の日本人社会:戦前の文化·宗教·教育』,京都永田文昌堂1999年版,第126页。

自己创作的有《小张和小金》，还从《世界童话集》里借用了很多故事"①。从前表"童话会报道"中可确认内山完造在1月25日讲了《两个老人》，2月8日讲了《小张和小金》的事实，并且还有内山没有提到的世界名作，比如美国作家马克·吐温的《汤姆·索亚历险记》《哈克贝利·费恩历险记》等。

《傻瓜伊万》是俄国批判现实主义作家列夫·托尔斯泰的作品，他不仅创作《战争与和平》《安娜·卡列尼娜》等长篇巨著，同时十分关心民众的教育。在他所生活的年代，农奴制度下许多孩子失去求学机会，托尔斯泰为农民子弟兴办学校，编写教科书，创作了大量寓言故事。他的童话作品中以生活中的故事、动物故事居多，寓意深刻，微言大义，深受民众喜爱。《傻瓜伊万》这篇童话讲述了主人公伊万"拼尽全力工作赡养双亲，同时无论兄弟们提什么无理的要求都全盘接受"，不屈服于恶魔给予他的金钱与权力，"伊万他这种傻瓜般的诚实、豁达的胸襟、宽以待人的态度正是对财富与战争最尖锐的批判，他的存在是对和平、博爱、平等、劳动等美好品质的高声讴歌"②。内山完造自身便是一位虔诚的基督教徒，经常来讲故事的村井美喜雄也是基督徒，荒木既成与楠本一夫等主日学校的老师经常参与童话会的活动。从以上这个典型的基督教童话《傻瓜伊万》可见，童话

---

① 内山完造：《花甲录》，第177—178页。
② 定松正：『世界・日本：児童文学登場人物辞典』，玉川大学出版部1998年版，第26—27页。

会也带有基督教色彩,其具体内容可以推测大致都是正面的、积极的、维护和平、反对战争的。在20世纪30年代甚至到20世纪40年代上半期,日侨儿童使用和日本相同的教科书,遵循日本战时体制的国民教育方针,在这样的背景下,内山完造坚持不讲战争故事甚至反对战争,使得日侨儿童能够保持最纯真的童心,相信对他们心灵的健康成长起到了一定的作用。

三、童话会相关活动及战后

1931年1月到8月的《上海日日新闻》中除上表提及的内容以外,还刊登了其他一些面向上海儿童的活动报道。通过报道可得知东部和西部的小学在3月16日举行了学艺会、东本愿寺主日学校在5月3日举办了故事会、7月23日举办了晨诵会和童话会。与这些在短期内举行的晨诵会、童话会以及由个别团体开展的活动相比,"童话会"开展的回数较多,仅在1931年的8个月中多达24次,为当时在中国的日本儿童的教育做出了很大贡献。

从上表"童话会相关报道"可知,童话会成员还积极参与了3月15日的"升屋氏送别会"(升屋治三郎是"支那剧研究会"以及"文艺漫谈会"期刊《万华镜》的同人)和4月18日一木洋行主办的"音乐与戏剧的傍晚"等音乐、戏剧、童话童谣相关的活动。童话会在活动中也不仅仅拘泥于平时的童话演讲,偶尔也有童话剧以及以中坚讲师高桥实为首的童

内山完造与20世纪30年代的上海童话协会

谣朗诵等。讲师荒木既成、楠本一夫还参与了上海主日学校的故事大会,可见童话会已然成为活跃于上海文化界的一个不可或缺的存在。从童话会的活动表现来看,它受到的极高评价也是理所应当的。

到了20世纪40年代,通过查看日文报刊可以发现,内山完造和村井美喜雄等活跃在上海的"上海儿童文化协会"举办的活动报道中。比如1942年2月11日下午2点,内山完造和米山爱紫等人作为讲师参加了协会的成立仪式,当天的活动放映了3部儿童电影。① 1943年2月11日下午2点,内山完造、村井美喜雄和米山爱紫等讲师也参加了此协会的活动。② 协会的性质还不太明朗,通过《大陆新报》的一些报道,可知村井美喜雄为协会理事长,理事有八森虎太郎,内山完造则通常以讲师的身份出席活动。无论如何,这个协会也是为上海的日本儿童所创办的,协会吸纳了更多讲师,活动形式更加丰富,在一定程度上可以视作内山完造的童话会之延续,同样发挥了积极的作用。

到了战后,影山澈在《上海日侨初中生的终战日记》③中提到,战后初期内山完造在上海开设了一个"小学生、初中

---

① 『児童文化協会:けふ発会式』,1942年2月11日『大陸新報』。
② 『コドモの大会:お話と紙芝居の楽しい一日』,1943年2月13日『大陸新報』(晩報)。
③ 平和祈念事業特別基金編:『海外引揚者が語り継ぐ労苦(引揚篇)第12巻』,平和祈念事業特別基金2002年版。但本章引用的部分并非来自本书,而是引自"平和祈念展示資料館"的主页。http://www.heiwakinen.jp/shiryokan/heiwa/12hikiage/H_12_264_1.pdf。

生共计60人左右的上海残留日侨子弟补习室",并将其命名为"童话会"。内山为了不引人注目,所以起了这样一个"无碍的名字"。我想不止上述原因,战后初期,日侨已陆续被遣返,内山尽管内心是不情愿回日本的,但估计到自己在上海的时日不多,像之前那样大规模地举办童话会活动也再无可能,因此"童话会"这个名字或许代表了内山对这项活动的留恋与纪念之意。

令人惊喜的是,内山完造在1947年底被迫遣返日本后,依然用个人的力量延续了童话讲演的活动。日本诗歌杂志《日本未来派》中,登载了日本未来派同人岛崎曙海于1948年9月26日记录的一篇文章①,详细记述了自己当天到高知教会拜会内山完造的情形。日本未来派的核心人物、《日本未来派》主编池田克己曾在这期刊物的《编辑后记》中表明,希望"日本未来派"成为面对未来的可能打开的一扇门。巧合的是,上文提到的八森虎太郎也是日本未来派同人之一,在这本期刊发表诗作。

内山完造在战后巡回日本各地进行演讲,秉承中日友好交流理念,广为人知,而上述资料的最大发现是,内山完造不仅向成人讲述自己在中国长达近35年的经历,宣传中国文化,还继续为日本儿童讲述童话。这次演讲由YMCA举办,前一天内山已经进行了两场演讲。当天的听众是主

---

① 岛崎曙海:『内山完造氏と童話』,『日本未来派』第19号,1949年1月。

日学校的学生,有四五百名。内山完造首先介绍中国"之前叫做支那,现在叫做中国",以此来敲打刚刚介绍过内山的男主持竟然没有用"中国"这个词,一直在说"支那"。内山完造面对孩子们,讲了中国儿童掰手指数数的方式、握拳的方式、洗脸的方式和日本儿童的差异,接着开始了《小张和小金》的童话,共讲了半个小时。从前表也可得知,内山完造在1931年2月8日的上海,已经为日侨儿童讲过这篇自创的童话故事,并在回忆录《花甲录》中专门提到,可见这应该是内山讲起来得心应手,并且富有教育意义的故事。演讲结束后,作者手拿刊有内山完造文章的《日本未来派》期刊第10号和内山完造初次见面,从作者的自我介绍中得知,岛崎曙海是池田克己的友人,日本未来派同人,战前曾在中国"满铁调查部"工作15载。他多次从池田克己口中听过内山完造的大名,也读过内山完造的著书,今日两人终于得以相见。从20分钟的交谈中,作者还得知当日下午内山完造还会进行一场"中国人的生活和日本的未来"的讲座。

四、小　　结

综上所述,近代中日文化的"沟通者"内山完造在20世纪30年代的上海创办的童话会,与中小学校等官方的教育机关不同,它作为一个民间团体,坚持长达十余载春秋。内山完造动员多位职业经历相异、对童话充满热情的讲师,其演讲内容包括日本传统故事、西方为代表的世界童话故事以及在上海自创的童话故事，以托尔斯泰为代表的名作寓意深刻，内山自创的故事贴近中国文化和现实，孩子们因此可以暂时脱离闭塞排外的日侨社会环境，通过和平友爱的童话故事，了解中国文化，从而放眼世界。童话会通过童话演讲、童谣朗诵、童话剧演出等形式多样的活动，为当时上海的日侨儿童教育注入了新的活力，为日侨儿童家庭之间的亲子活动增添了很多乐趣，对于当时上海的日侨儿童而言，这是对日本人学校基础教育的一项补充，是一项难能可贵的文化活动。

内山完造从战前开始举办这样的童话会活动，到战后坚持巡回日本各地多次演讲，尽管是在特殊的历史时期，但他为中日两国文化交流而奉献一生的信念从未动摇。本文对童话会活动的梳理和探讨，相信为中日两国人民进一步了解内山完造在战前的上海所从事的文化活动，增添了一笔亮丽的色彩。

全面抗战时期上海戏曲传承与教育

王婉如

民国时期是戏曲教育从传统向现代转型的关键时期。全面抗战时期(1937—1945年),上海戏曲教育和传承可以分为以下4种形式:第一,数量庞大的戏曲科班为戏曲行业培养了大批的戏曲演员;第二,戏曲学校的建立拓展了一条新的戏曲教育路线,培养了具有综合艺术修养的演员;第三,票房的兴起,涌现出了一大批钻研戏曲表演的业余演员;第四,戏曲界的名角招收徒弟,亲自教导,人数虽然少,但挑选的大多是天赋出众、资质聪颖的弟子。这四种新式的戏曲教育使得这一时期的戏曲舞台上出现了许多优秀的戏曲演员,保证了戏曲演出的继续进行,也对新中国的戏曲事业起到了承上启下的作用。

一、全面抗战时期上海戏曲的教育方式

纵观全面抗战时期的上海戏曲活动,戏曲的教育和传承不能被忽视。戏曲演员是戏曲演出的必备条件,正因为有那么多优秀演员的诞生,战时上海的戏曲活动才得以继

续进行。在战火纷飞的上海,戏曲教育离不开实业家、进步人士和戏曲艺人的投资和坚持,若没有资金的保障,戏曲的传承和教育举步维艰。这一时期,上海众多戏曲剧种的教育方式可以分为传统和现代的戏曲教育两种。

(一)传统的戏曲教育:师徒口传心授及科班教学

抗日战争时期,传统的戏曲教育仍然发挥着十分重要的作用。这一时期,传统的戏曲教育可以分为师徒制和科班教学。这种模式在越剧、沪剧、淮剧、滑稽戏等地方剧种中比较常见。

1930年代,申曲在上海日渐兴起,其表演艺术亦日趋完善。1934年,上海申曲歌剧研究会成立。这是沪剧的第一个行业协会,当时加入该协会的沪剧人士近400人,其中不乏申曲社的台柱,如筱文滨、施春轩、丁婉娥、王雅琴、石筱英、解洪元等。当时,沪剧的教育以师徒制为主,艺徒向老师拜师学艺,满师了才能独立谋生,领取报酬。那一年,才11岁的丁是娥作为丁婉娥的小艺徒加入了申曲歌剧研究会。丁是娥的学艺过程可以说经历了师徒制和科班教学,最终进入剧团演出。1936年春夏之交,丁婉娥成立了一个申曲小囡班,全称"婉社儿童申曲班",据丁婉娥回忆:

> (1936年)我在新世界演唱时,班子里有不少学生(艺徒),最大的十五六岁,最小的十一二岁。这么多孩子在一起,是唱不到戏的,这就会影响到孩子们的前途。那时,大世界的小京班(京剧儿童班)启发了我。

于是我抱着试试看的心情,也办起了一个"小囡班"。①

当时和丁是娥一起学艺的有 20 多个孩子,女孩子有汪秀英、杨飞飞、筱爱琴、丁月娥等,男孩子有朱介生、小福田、小阿顺等。因为都是孩子,所以每个孩子的艺名都冠以"小小"两字,比如丁是娥的艺名是"小小婉娥"。丁婉娥还聘请了吴锡山、严福田等老师教戏,吴老师教唱,严老师教一些身段动作。丁是娥在"申曲班"中学了《十教训》《夺沙头》《火烧百花台》等戏,还学会了拉胡琴。"申曲班"的孩子是在学习和实践中成长起来的,他们除了学戏以外,每天要演出两场,下午在永安公司楼上演日场,晚上在大世界唱夜场。1937 年抗日战争爆发,大世界遭到轰炸,"申曲班"不得不停演。抗战期间,"申曲班"的孩子们还凑在一起唱过堂会,或在曹家渡的小场子里演出,1938 年秋天因难以维持而解散。

解散后的"婉社儿童申曲班"中的小演员,大都进入申曲剧团继续演出。丁是娥进入了当时最大的沪剧剧团——文滨剧团。但由于丁是娥年纪小,尚未满师,所以在剧团中只能担任群众角色。她一边在丁婉娥处继续学习,一边在文滨剧团积累演出经验。1942 年,她终于满师,她回忆说:

1942 年大年初三,我满师了。这对一个学艺者来

---

① 丁婉娥口述,周靖南、于秀芬记录整理:《婉兰社、儿童申曲及其他》,载《上海戏曲史料荟萃》第 2 集,上海艺术研究所 1987 年版,第 97 页。

说,是件了不得的喜事。自从1933年大年初三拜师以来,我在丁婉娥老师家整整学艺八年,帮师一年,度过了整整九个春秋。如今,我这个18岁的姑娘,总算能独立谋生,领取包银养家活口了。那天,我走出了丁老师的家门,迎着彻骨寒风踏进东方饭店二楼的东方书场,作为石筱英领衔的鸣英剧团的一员,正式登台献艺。①

丁是娥在鸣英剧团,和石筱英一起演戏和生活,从石筱英身上也学习了沪剧唱法,增进了自己的艺术水平。1943年,她加入施家班,因《女单帮》这出戏轰动了上海滩,她说:"这出戏写的是上海沦为'孤岛'后,日军和汉奸控制了物资,百姓处于水深火热之中,为求生存,不少人被迫走上'跑单帮'这条险路。剧中女主角舒丽娟的身世遭遇,是当时社会的缩影,生活在'孤岛'底层的上海老百姓,对这部多少触及时弊的戏,感到亲切。"②

沪剧的拜师仪式十分讲究,需要向先生磕头行礼,还要准备拜师金、请拜师酒,然后先生会给艺徒改名,正式收入门下。但老演员们本着传承艺术的宗旨,对于金钱并非十分看中。据筱文滨回忆:

---

① 丁是娥:《终生追求矢志不渝》,载《戏曲菁英》下,上海人民出版社1989年版,第165页。
② 丁是娥:《终生追求矢志不渝》,载《戏曲菁英》下,上海人民出版社1989年版,第169页。

1920年,我十七岁时,为了讨口彩就挑了正月初五那一天上午九时半,我在介绍人的陪同下买了一对香烛,红纸头里包了六元拜师金,到先生家举行拜师仪式……进门先叫先生、师娘,随后介绍人点香烛,我就向先生、师娘磕头行礼。起来后吃了几口茶,先生便问我会唱啥?我唱了一段《寿星开篇》,师娘听后就对先生讲:"小鬼倒是小狗大'声气',蛮像奈(你)!"原来讲好还要请拜师酒,因为我唱得比较好,于是拜师酒也就免了,连六元拜师金先生也不拿了……拜师当天晚上,先生就带我去唱了堂会,给我改名"筱文滨"。①

杨飞飞也是"婉社儿童申曲班"中的一员。她原来跟着文明戏老先生胡铁魂唱文明戏,后来因为对申曲感兴趣,就改学申曲。关于她的拜师经历,她曾回忆说:

朱炎(文明戏的排戏老生)介绍我拜丁婉娥为师,但丁老师要收一百元拜师金,我家里拿不出……于是就去回绝丁婉娥说拿不出拜师金,不拜了。谁知丁婉娥老师说,不拜师不行,因为已经向前台说过聘请一个新的演员要来了,并已经给我做好了一套红的二面缎服装,并在《火烧百花台》中安排我担任大小姐一角,故

---

① 筱文滨口述,张剑菁、王传江、李智雁整理记录:《我的自传》,载《上海戏曲史料荟萃》第2集,第36页。

而一定要拜丁婉娥为师,条件可以降低到"压贴钱"不要,只买香烛、馒头糕,并讲好第一年所赚钞票全归老师,第二年第三年一人一半。①

通过老艺人们的回忆可知,当时的沪剧教育尚未脱离传统模式,而且师傅教徒弟是十分严格的。杨飞飞曾说她学习《摘石榴》这一曲时,丁老师坐在中间,她和丁是娥分立两旁,戒尺就放在桌上,老师一般教一遍,不懂可以问。老师教完了以后,要求杨飞飞要尽快掌握,因此她只有利用休息的时间来加紧练习,才能避免老师的责罚。筱文滨在学艺期间也曾经因不认真演戏而被师傅责罚。有一次,筱文滨和邵文滨师徒二人同台演出《庵堂相会·退婚》一折,剧中有金学文责打陈宰廷的情节,饰演岳父金学文的邵文滨竟然假戏真做,在台上痛打了筱文滨(饰演陈宰廷)一顿。当时,筱文滨不敢声张,也不理解为何遭此痛打。事后,邵文滨对他说:"近来你演戏不认真,所以,我今天在台上重重打你一顿,让你想想当时的陈宰廷是怎样受辱的。"②此后,筱文滨一直牢记老师的教导,在表演上不敢有丝毫懈怠。

越剧在上海抗战时期的教育和传承,除了师徒制以外,较之其他剧种有一鲜明的特点,那就是1938年后,女子越剧在沪兴起,男班衰落,部分男性艺人转到女子越剧科班执

---

① 杨飞飞口述,张剑菁记录整理:《向前辈老师与传统艺术学习》,载《上海戏曲史料荟萃》第2集,第110页。
② 《中国戏曲志·上海卷》,中国ISBN中心1996年版,第801—802页。

教,培养了一批越剧演员。当时的越剧科班、艺训班有①：

表1 越剧科班、艺训班

科班名称	时间	创办人、班主	学制及学费	备注
联升舞台	1938—1943	裘月莲(男班艺人)	大年龄学徒学制3年,需交学费;小年龄6年(3年学徒,3年帮师),不交学费	
春风舞台	1939—1944	周鸿升(男班艺人)	根据年龄大小,分3、4、5年,并帮师2年。缴关书费2元	
中兴舞台	1939—1943	俞阿炳(琴师)	学制1年半,每月交2元,走读学艺	
鸿兴舞台	1940—1943	李桂芳(男班艺人)	学制3年,帮师半年,伙食费自理	
四季班	1940—1944	张福奎、盖月棠(男班艺人)、沈九霞、沈翠霞携各自徒弟组建	学制2年(有的3年),帮师半年	
陶叶剧团	1941—1945	陶素莲、叶琴芳	学制3年,帮师半年;均须缴纳学费,中途退学的自行负责	"雅"字辈
少少剧团	1943—1956	胡高明	学制3年	"少"字辈
忠孝班	1944—1947	王义平、朱金一、陈尽鹤	学制3年	

---

① 卢时俊、高义龙主编:《上海越剧志》,中国戏剧出版社1997年版,第90—95页。

几乎在所有当时的越剧科班中,我们都能找到男班艺人活跃的身影,比如,联升舞台、春风舞台、鸿兴舞台等均由男班艺人创立。在科班的师资方面,我们也能发现不少男班艺人,例如中兴舞台有男班演员刘金招为教戏师傅,向学生教授马彰花、袁雪芬等著名演员的唱腔。又如鸿兴舞台请到了男班的演员朱忠兴(老生)、刘金玉(正旦)、沈玉昆(武生)等,少少剧团的教师有男班艺人马潮水、高令童、竺基焕等,还请了京剧艺人胡桂海、唐五宝教授武戏。

在越剧科班学戏的日子是十分辛苦的,以春风舞台为例,当时男班小生周鸿升组建该科班,地点在大新公司8楼越剧场,科班有学员25人。学员进科班都要订关书,并缴关书费2元。关书中说明:"如有伤亡不得赔偿,爹死娘死不得回家。"①学员的课业压力较大,唱腔、身段基本功都要在短时间中掌握,学习各种赋子和上场引子、坐台白及各种曲调,由师傅出题,让学员即兴表演,唱词韵脚都由师傅口传,以此学会唱路头戏的本领。教学就在演出实习中进行,演的全是幕表戏,有传统老戏《玉蜻蜓》《碧玉簪》,也有连台本戏《狸猫换太子》等。之后,科班改为戏班到浙江演出,有严格的班规演出制度,比如化妆的时候要穿好衬衣、衬裤和靴子,不能随便讲话。每到一地,未经同意,不能随便上街,否则就要罚跪。又如陶叶剧团,这是由两位男班演员主办的科班,它的教学和管理也相当严格。进班是学员签订关

---

① 卢时俊、高义龙主编:《上海越剧志》,第90页。

书,中途退学的自行负责,学员须学习 3 年,出科后帮师傅演出半年。著名的越剧演员戚雅仙曾在陶叶剧团学艺,她回忆说:

> 陶、叶两师傅主要负责教戏,配备一个武功老师负责练功……在科班我学了不少绍兴文戏的传统剧目,印象最深的《庵堂认母》。它属唱功戏,唱句特别多,那时我年纪小,一时背不下来,结果被教唱的师傅打了一记手心。这是我三年学戏过程中唯一的一次挨打,所以永远难忘,对这出戏也有一种特殊的感情。①

为了让科班中的演员得到训练,师傅带着学员们到浙江演出。跑码头的演出实践纵然辛苦,却能让一个演员迅速成长,也能让其舞台功力更为扎实,是旧戏班每个演员都必须要经历的一课。1943 年,陶叶剧团科班进入上海大来剧场作为基本班底,使这个尚未满师的科班无形中走到了越剧改革的前列。刘雅君、戚雅仙、叶雅兰等新秀脱颖而出,给越剧舞台带来了新的活力。

在京剧方面,上海抗战时期的京剧教育以专业戏校培训为主,科班教育较少。值得一提的是京剧科班喜临堂,这可能是上海最后一个京剧科班,开办于沦陷初期,一直坚持到抗战末期,它的发起人是新新公司大京班的掌班张

---

① 戚雅仙:《我的学艺生涯》,载《戏曲菁英》下,第 88 页。

远亭。① 他看到逃来上海租界避难的难民中,有不少都带着孩子,如果成立一个小科班,学生就可以任意挑选,大京班的演员可以当老师,戏台作为学生练功场。张远亭对科班的教育和演出之事亲力亲为,新新公司大京班的掌班换人后,张远亭忍痛解散小科班,留下了30多个成绩较好的学生,组成一小班,跑外码头讨生活,直到抗战胜利。山东省京剧著名旦角张春秋、福建京剧团主要演员之一老生许坤童、安庆市京剧团原团长陈鹤坤等,都出身于"喜临堂"。

在全面抗战时期,戏曲艺人的学艺之路比战前更为艰苦,许多刚学艺的小艺人们不过10多岁,冒着生命危险跑码头演出,只为在艺术上得以精进,他们遇到的困难是我们如今所无法想象的。相较于自学成才的艺人,能进入科班学艺的艺人们是幸运的。回忆起学艺的过程,滑稽戏泰斗周柏春表示,他和姚慕双的艺术是"偷来的":

> 旧社会里,许多老艺人对从艺的后生都抱有一种敌意,恐怕有朝一日夺了他们的饭碗。记得有一次,我与慕双在罗美饭店演出,正好与一位老艺人朱翔飞先生同台,我们弟兄俩真高兴有了学习的机会。每天唱好戏就早早躲在饭店的柱子后面,偷听朱先生唱戏。谁知朱老先生似乎有透视功能,早就洞察圆柱子后面

---

① 张古愚:《旧上海的京剧科班》,载《上海戏曲史料荟萃》第3集,第13页。

有那么两兄弟在潜心偷艺,他就每天反反复复唱同一段《浦东说书》。一连十几天,直到听得观众喝倒彩,老板大为光火,辞了他的生意。即便如此,他也不换段子。①

之后,两兄弟为江笑笑和鲍乐乐配戏,"耳目手脑并用,拼命将江、鲍的每句台词、每段表演都刻在心里,志在有朝一日挑起大梁"②。上海完全沦陷后,他们虽然无处播音,但也没有闲着,将独脚戏传统段子一一整理汇编,并加以发展创新。电台恢复播音后,他们掌握的独脚戏段子有100多个,天天换节目。有观众说:

> 听姚周的独脚(角)戏,犹如入芝兰之室,一股清香迎面来。既超出江笑笑、王无能的结构本领,又胜于朱翔飞的幽默冷隽,更不乏刘春山的潮流特色。博采众长,自成一派,而以书卷气见长。③

(二) 专业戏校的综合培训模式

传统戏曲教育向现代戏曲教育转型的标志之一就是戏曲学校的建立。与越剧、沪剧、淮剧等后起之秀依然遵循传统戏曲教育模式不同的是,京剧在民国初期就已经有了专

---

① 周柏春:《艺海甘苦记》,载《戏曲菁英》下,第367—368页。
② 周柏春:《艺海甘苦记》,载《戏曲菁英》下,第368页。
③ 周柏春:《艺海甘苦记》,载《戏曲菁英》下,第369页。

业戏校,到了抗战时期,京剧的专业戏校发展得更为成熟,并且培养了一大批优秀演员,其中不乏中华人民共和国成立后京剧舞台的领军人物。

上海的第一所戏校是成立于1912年的榛苓小学,这是我国第一所由艺人自行开办的子弟学校。榛苓小学的命途多舛,经历过多次停办,主要是由于资金不够,上海京剧界多次举办义演为该校筹集资金,但入不敷出,抗战爆发后停办。虽然办学并不成功,但不得不说这是一次非常好的尝试,为之后的戏校办学提供了经验。该校对伶界子弟入学免收学费,外界子弟则酌收少量学费,课程为文化课和艺术课各占一半,邀请梨园著名演员为学生上课。后来的戏校,几乎是仿照这一模式来办学的。比如1920年代在上海开办的春航义务学校,规定了白天学戏,夜间读书的学习模式,邀请文化教师对艺人进行文化培养,伶界中文盲、半文盲,不分男女老少均可免费入学,并且赠予笔墨纸砚和校服。

全面抗战时期,由于京剧演出活动受到汪伪集团的控制,京剧的创作和演出数量较之战前大幅减少,京剧演出需要依靠沪上及北方的京剧名角撑场面。长此以往便暴露出了上海京剧事业发展的问题——缺少优秀的京剧演员,于是一些京剧艺人将目光转向培养京剧传承人方面。针对当时京剧艺人文化程度普遍不高的情况,他们要求创办的戏校既能教戏,又能教文化。1939年11月8日,由许晓初、刘松樵、俞云谷、关鸿宾等人发起的上海戏剧学校正式成立,校址在马浪路 41 号 A(马当路大华书场 2 楼),林康侯为董事会主席,袁履登、许晓初为副主席,陈承荫任校长。据说,当时戏校大门的上方挂着一只引吭高歌的雄鸡,作为学校的校徽,象征同学们高歌猛进,也含有希望一只凤凰从鸡窝中冲天而出的含义。① 学校提出以"提倡与整理传统戏曲,培养京剧人才"为目的,"摒弃旧式科班弊俗,吸收科班长处,遵循新型学校制度开课"为方针的办学宗旨。② 该校的教学机构分为术科(教京剧专业课)和学科(教文化课)两个部分,术科仿造科班旧制,从京剧基本功着手训练学生。学科则以普通小学课程为基本内容,有国文、算数、常识等课程。学制 6 年,学校不提供住宿,学生一律走读。时任国民党中央直属区社会教育司司长严恩柞肯定了该校的办学理念,他说:

> 戏剧乃是民族文化的一个结晶,同时也是促进民族文化的一个重要工具。我国处在这二十世纪全世界各民族竞争最剧烈的环境中,欲求生存,须从整顿和发扬自己固有的文化着手,而要整顿和发扬自己固有的文化,则改良戏剧,尤其是京剧,成为一件急切必要之事……上海戏剧学校成立,专以发扬我国文化,改进剧艺为己任,从京剧着手,进而扩展至其他戏剧方面,前

---

① 曹兴仁:《顾正秋和上海戏剧学校》,载《戏曲菁英》下,第 158 页。
② 徐幸捷、蔡世成主编:《上海京剧志》,上海文化出版社 1999 年版,第 63 页。

图 1　上海戏剧学校校门①

程实未可限量。②

学校在开办之初,招收了 10 岁至 13 岁的男、女学生总共 186 人,只招了一届,通称"正"字辈,其中顾正秋、关正明、张正芳、张正娟等,毕业后均成为京剧舞台上十分活跃的演员。上海戏剧学校的艺术教学遵循从简到繁、循序渐进的原则,学生先练习基本功,并以昆曲开场戏入门。学校也十分注重舞台实践,在学生们学习了 9 个月后,就在黄金大戏院进行公演,当时有评论称:"各生均力争上乘,即充跑龙套时,亦循规蹈矩,一丝不苟,兼之行头簇新,人马众多,无怪每场俱告客满矣。"③又有人评价学生的演出"精神充足,实力非凡……观此般学生,不觉精神为之一振,舞台上

---

①　严恩柞:《我对上海戏剧学校的印象和希望》,《教育建设》(南京),1943 年第 5 卷第 4 期。

②　琎:《上海戏剧学校近况》(附照片),《游艺画报》1940 年第 1 卷第 11 期。

③　小朱:《上海戏剧学校首次公演记》,《三六九画报》1940 年第 5 卷第 17 期。

的热闹实前所未见"①。在学艺的6年中,除了到安徽、天津演出外,在上海就演出了1 000多场,加上堂会演出和义务演出,在2 000场左右。学校的教育管理非常严格,规定男生一律学男角,女生一律学女角。同时,学校要求学生早晨7点练功,8点排戏,稍不合要求,就要挨板子。如果不听话

图2 上海戏剧学校的学生在练功③

---

① 外人:《上海戏剧学校演公观后感》,《十日戏剧》1940年第3卷第2期。
② 曹兴仁:《顾正秋和上海戏剧学校》,载《戏曲菁英》下,第158页。

的,戏学不会的,演出有差错的,都得挨板子。① 当时有一位学生家长在报纸上登报批评戏校的校规太苛刻,抱怨"一到破晓,睡眠还不足六小时,就要起来吊嗓子……最忙的时候,一天甚至两次堂会,赶了日场又要赶夜场,东头唱完唱西头。学生弄得满头流汗,唱完一出又一出"②。

图3 戏校的孩子正在上文化课③

虽然学校教育管理严格,学不好就要挨打,又因有依靠

---

① 陈雄:《上海戏剧学校:造就平剧人才的南方大本营》(附照片),《中华》(上海)1941年第97期。
② 一个家长:《给上海戏剧学校》,《社会日报》1941年9月8日。
③ 陈雄:《上海戏剧学校:造就平剧人才的南方大本营》(附照片),《中华》(上海)1941年第97期。

学生演出赚钱之嫌而受到质疑,但是要知道在当时的环境,"不打不成才"的教育观念依然是主流,而且学校要维持下去,也需要经费支持。因此,对于戏校老师的教育方式是不能够过分责备。在术科教学方面,戏校不仅要求学生打好基础,循序渐进地学习,还邀请了梅兰芳、张君秋、马连良等京剧名角为学生们短期授课,让学生学习各种流派。每次名角来沪,学校都设法利用各种关系让他们来校教学,留下各自的拿手杰作。比如李洪春传授了《玉麒麟持轮大战》《小商河》《栖梧山》等几出濒于失传的骨子老戏,傅德威传授《四平山》《对刀步战》等。教学基本上采用大课方式,不论台上谁扮演

图 4　戏校的女学生在学戏①

① 陈雄:《上海戏剧学校:造就平剧人才的南方大本营》(附照片),《中华》(上海)1941年第97期。

哪个角色,戏是大家一起学,都要学。同时,学校还经常安排学生到剧场中看戏,观摩其他京剧演员的唱、念、做、打,和自己所学融合,这让学生们的技艺进步很快。

图 5 上海戏剧学校学生公演《长板坡》①

1945年秋天,这一届学生毕业后,上海戏剧学校因资金匮乏等原因停办。上海戏剧学校成立的 6 年中,虽然只培养了"正"字辈一批学生,但可以说是取得了非常完满的成功,这些演员不仅唱功、身段了得,也有一定的文化素养。新中国成立后,大约有 60 多位学生在京剧界工作,而且有的成为戏曲老师,比如中国戏曲学院的张正芳教授,亦是中

---

① 陈雄:《上海戏剧学校:造就平剧人才的南方大本营》(附照片),《中华》(上海)1941 年第 97 期。

国艺术教育史上第一位女教授。① 顾正秋、顾正荣前往台湾省,成了台湾地区颇受欢迎的京剧演员。

1986年,"正"字辈演员在上海重聚,为纪念舞台生活45周年,他们在上海大众剧场(原上海戏校学员初次演出的黄金大戏院)连演三日。张正芳说道:

> 四十五年前,我们都是在这里初次登台,开始了我们共同的舞台生涯,那时谁讲过名次,场次,排位?近半个世纪过去了,重聚一起,意义多大啊!想想事业,个人东西太渺小了。
>
> 回想四十五年前,校长陈承荫、教务主任关鸿宾等先辈,正是担心当时文化上的糜烂之风侵蚀民族戏曲,深忧戏曲事业后断无人,才力主革摒旧,勤俭办校,培养出一大批戏曲人才。②

在上海戏校之后,1940年中国国剧学校成立。中国国剧学校的校址在上海茂陵别墅3层小洋楼中,李松龄任董事长,徐慕云任校长。该校的教学方法沿袭科班制,主要传授京剧和昆曲,并加设语文课。初招学生160人,男生120人,女生40人,艺名均以"松"字排名。该校学制6年,学生

---

① 朱庭筠:《许晓初与上海戏剧学校》,《中国戏剧》1993年第9期。
② 张正芳:《不同寻常的"正"字辈同学的演出盛会》,《戏剧报》1986年第4期。

入学一年后,就在天蟾舞台、皇后大戏院等地进行公演。抗战胜利后,由于演出业务不佳,上海校舍被卖,"全校学生,留在常州、镇江一带卖唱,而欲归不得,形虽存在,实际已属解散了"①。1946年,学校宣布学员学成毕业,然后解散。

从在这两所戏校的组建背景来看,笔者发现知识分子和商人积极参与到办学过程之中。上海戏校的创办人之一许晓初毕业于复旦大学经济系,毕业后涉足工商业、教育业,上海戏剧学校开办之初的所有资金均是许晓初一人承担②。中华国剧学校的校长徐慕云在1938年发表《中国戏剧史》这一著作,是国人所写的第一本讨论京剧史的论著。在戏校的创办过程中,知识分子将现代化的教育理念引入传统的戏曲教育之中,不仅打破了传统戏曲教育科班制和师徒制的体系,培养了一批有文化、知荣辱、有社会责任感的戏曲生力军,还提高了戏曲艺人的社会地位。当时,上海以海派京剧闻名全国,注重机关布景,《大劈棺》《纺棉花》等流行戏盛行,而戏校的教师们丝毫没有受到不良风气的影响,扎实地、循规蹈矩地从基本功开始教授,培养出的演员既能演配角,也能演主角,更能搞创作。可以说,现代化的戏曲教育和传统的科班制和师徒制相比有了很大的进步,上海戏剧学校的组建为新中国成立后的华东戏曲实验学校、上海市戏曲学校等专业戏校的成立提供了经验。

---

① 《中华国剧学校无巢可归》,《力报(1937—1945)》1944年4月19日。
② 郑蕾:《上海戏剧学校京剧"正"字辈略考(上)》,《上海戏剧》2013年第6期。

二、戏曲票房——全面抗战时期上海戏曲传承的重要阵地

抗日战争时期,虽然上海城市遭遇破坏,戏曲活动受到打击,但上海戏迷对戏曲的喜爱没有丝毫减少。他们不仅前往剧场观看戏曲演出,还十分积极地参加各剧种的票房活动。在对这一时期上海戏曲票房资料的整理中,笔者发现,京剧票房活动依然非常活跃,沪剧在1939年有了第一个成体系的票房组织,越剧和弹词亦有票房活动。票房的活跃从侧面体现了戏曲作为一种市民娱乐方式,已经与上海市民的生活密不可分。票房和戏曲业余团体可以说是当时上海戏曲传承的重要阵地,为上海市民与戏曲的零距离接触提供了平台,市民踊跃地参加票房活动,学习戏曲唱段,互相交流,这无疑是戏曲事业繁荣发展的表现。

(一)京剧票房活动频繁

所谓"票友",一般指非职业性的戏曲、曲艺演员和乐师,他们组成的业余演唱团体称为"票房"。曾有学者做过统计,上海从清末民初期,京剧票房在全盛时期,达到120余个。① 票友们喜爱京剧,又有着相同的背景,一起组成票房,互相切磋、学习,增长技艺,当时的海关、警察局、银行界

---

① 颜兆鹤、陈琨:《浅谈上海的票友和票房》,载《戏曲菁英》下,上海人民出版社1989年版,第226页。

等均有业余京剧组织,各行业工会也有京剧票房。还有一些京剧票房,比如苏少卿的国剧协会和杨畹农的梅剧进修会,还会研究流派艺术,使用剧本、讲义等形式来教授表演。票友与专业演员互相交流,取长补短,推动了京剧艺术的进步。票友们在唱念做打方面的基本功不如自幼练功的专业演员,但是他们中不乏有着较高文化水平的知识分子,在研究剧本创作、戏剧理论等方面,能帮助专业演员推陈出新。

全面抗战时期,京剧的票友、票房和业余组织的戏曲活动是不可忽视的,他们出于对京剧的热爱,即使是在动荡时期,依然坚持学习、演出。这一时期,上海的京剧票房和业余京剧组织如下①:

表2 上海的京剧票房和业余京剧组织

名称	成立时间	主要成员	活动情况	备注
麒社	20世纪30年代初	张中原创办;周信芳为顾问	以学习麒派老生者为主,平日练唱、排戏,不定期彩排。在"孤岛"时期照常活动	
沪江大学国剧社	1932年	王晓籁、袁履登、尤菊荪、沈伯年等	1933—1934年做过多次彩排。"孤岛"时期照常活动,1941年停顿	

① 根据《上海京剧志》、《四十年代后期上海京剧票房资料一束》(发表于《档案与史学》1994年第2期)、徐剑雄:《京剧语上海都市社会》(上海三联书店2012年版)及民国报刊资料整理制作。

续　表

名称	成立时间	主要成员	活动情况	备注
青浦朱家角韵声社	1938 年底	周宝骥、宋纪才等 50～60 人,行当齐全	每夜教戏习唱,1941 年在新生娱乐场演出半个月。1946 年后停顿	
升社票房	1939 年	徐幕觉、高宏炳	1939—1944 年多次举行彩排	
明社票房	1939 年 3 月	孙叔明、李恭临等人	曾在 1939 年在卡尔登戏院彩排	
公余社票房	1939 年 9 月	朱丽文、陈中和、史鸿海、张鸿勋、罗嘉鸿,成员 60 人	1942 年 10 月在宁波同乡会举行彩排	
沪社票房	1940 年 4 月 27 日	负责人:费席珍、张瑞鸿,成员 45 人。教师:方传芸	1942 年在二马路大舞台举行慈善彩排	
文怡社	1939 年	裘守怡、周圭文	1940 年 10 月在宁波东乡会举行彩排	前身为奉化国剧研究社,来沪后更名
和鸣社	1941 年	厉麟士、程君谋、何时希、曾心斋、乔志钧等;顾问:梅兰芳、马连良、盖叫天、黄桂秋	每周六清唱,以唱整出戏为主,故又名"星六集"。1941 年底停顿	1949 年后改为"星集业余京剧社"

续 表

名称	成立时间	主要成员	活动情况	备注
平和票房	1941年	顾祯祥、朱传著、李元龙	抗战期间,多次举行彩排和义演,如1943年曾经为沪西冬赈举行义演	由1930年代平和票房改组
亦社票房	1942年	虞成章、邵宗麟	抗战期间,多次举行彩排,1944年在黄金大戏院彩排	
皓社票房	1943年12月	朱秉明、商啸凤、蒋凤鸣等,成员20人	1944年11月12日在巴黎大戏院彩排	
锡社票房	1944年3月	张锡臣、陈佑龄,成员66人	1945年曾进行一次彩排,颇受好评	
襄社票房	1945年3月	桂襄卿、苏玉轩,成员10人	1945年6月在兰心大戏院举行彩排	

从表2中可见,这一时期上海的京剧票房活动非常活跃,票房内部的学习并没有中断。票房和业余组织也成为这一时期戏曲传承的重要阵地之一。如果说,传统的师徒制、科班教育和现代化的戏校培训为戏曲培养了专业演员的话,那么票房和业余组织培养的就是热爱戏曲的群体。他们虽然不及专业演员那么优秀,但经过学习和排练,其唱功和身段并不逊色。

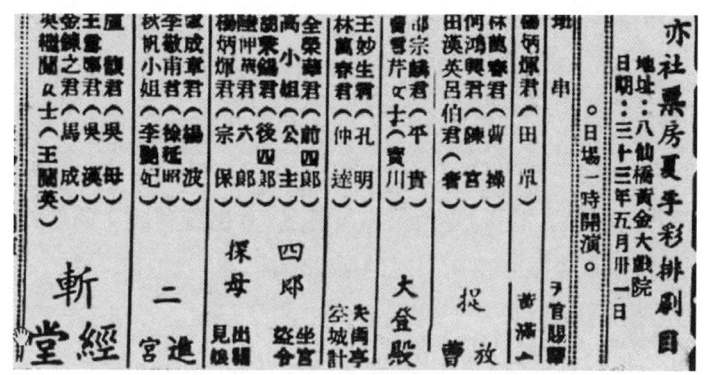

图 6 报纸上刊登的亦社票房的彩排信息①

(二) 1939 年"业余社"申曲票房的成立始末

票房是扎根于观众的传承方式,也可以说是戏曲爱好者自娱自乐的表现形式。抗战时期,不仅京剧票房活动十分频繁,其他剧种也有了票房。申曲的第一个成体系的票房诞生于 1939 年。在此,笔者需要指出的是,这个第一个成体系的票房,而并非沪剧史上的第一个票房。或许早在 1920 年代,上海就已经有了申曲票房,当时,申曲家王小新看到京剧有票房,为什么申曲不能有申曲票房呢?于是,他便想组织一个申曲票房。当时有一篇名为《王小新将办申曲票房》②的报道,提到王小新和施春轩在后台聊得起劲,关于票房的章程、规则等,想要模仿京剧票房的形式,建立一个申曲票房。但是这个票房最后是否建成,是未知的。同

---

① 《亦社票房夏季彩排剧目》,《繁华报》1944 年 5 月 31 日。
② 翠微生:《王小新将办申曲票房》,《罗宾汉》1928 年 8 月 28 日。

时,根据沪剧的发展及观众群的分布,基本可以推测大约在20世纪二三十年代,上海的乡镇地区最早出现自发组织的沪剧业余团体,这些业余团体由沪剧爱好者组成,在传统的节庆、庙会中演唱,或许这些业余团体人数较少,沪剧爱好者的文化程度不高,业余团体没有名称,也没有成文的规章制度,故现今很难得知当时的活动情况。

沪剧史上第一个成体系的申曲票房诞生于1939年。1939年8月5日《申曲画报》的头版头条刊载了一条《申曲界一大创举,申曲票友将实现愿望》的消息:

> 申曲家刘子云,他鉴于大批爱好申曲者的渴求,决心亲自出马,发起组织一个申曲票房,使这般想做申曲票友的士女们,实践了一个理想中的愿望。不过这样一个组织,不是一件简便容易的事,非要在事先有一个充分的研究通盘的筹划,不能轻易进行,这是一个极明确的问题。①

之后,对于申曲票房的会费、制度、章程以及地点等,申曲界人士不仅举行了多次讨论会,还将讨论会开到了报纸上。《申曲画报》编辑部鼓励申曲爱好者来信对申曲票房的组建提出意见,并将意见和建议刊登在报纸上,供大家讨

---

① 叶峰:《申曲界一大创举,申曲票友将实践愿望》,《申曲画报》1939年8月5日。

论。当时有一位剧迷表示,对于申曲票房每天开两小时,他认为不过瘾,希望申曲票房能整天开着,有利于剧迷互相研究。① 还有剧迷来信提醒刘子云组织票房,一定要去当局登记,保证票房合格,并且早日将章程、入会情况告知剧迷。②

1939年9月7日,刘子云组织的申曲票房向公众公布票房简章③,将该申曲票房命名为"业余社",以"在业余时间得一消遣,并联络感情,研究申曲以及发挥各种戏剧歌唱技能"为宗旨,欢迎"有相当职业,品行端正,爱好申曲,志趣相同者"加入票房,成为社员。会费分为普通、特别和基本三种,普通会员每月纳费5元,特别会员每季度纳费12元,基本会员每年纳费40元。"业余社"申曲票房于1939年9月20日正式成立,从成立之日起,每晚都有3个小时的教授时间,票友可以前往学习。后因人数增加,特别加设了早上8点到11点的晨课。④ 刘子云组织申曲票房,或许是有"私心"的,当时有评论指出,刘子云欲在申曲票房中选拔新的申曲人才。⑤ 刘子云认为,当时的申曲演员,大多是靠拜师学艺,社会上难免有好些具备天赋的戏迷被埋没了。有了申曲票房,就可以发掘申曲新人才,或许在这班票友里,将来会发现几个未来的红角儿。

---

① 《申曲票房临时讨论会:希望整天开放》,《申曲画报》1939年8月17日。
② 《申曲票房临时讨论会:又是三个读者的来信》,《申曲画报》1939年8月14日。
③ 《业余社申曲票房简章》,《申曲画报》1939年9月7日。
④ 云飞:《申曲票房增设晨课班》,《申曲画报》1939年10月22日。
⑤ 剑庵:《申曲票房明天开幕》,《申曲画报》1939年9月19日。

"业余社"申曲票房的活动以授课为主,并未在舞台上举行公开的彩排。刘子云公开表示:"申曲票房是业余性质,'业余社'之名即取此意,故加入之票友,亦仅业余习练性质,初步仅拟在电台上试行播音,并无举行彩排之意。"① 事实上,"业余社"票房确实曾在电台中数次进行播音,有评论说"(业余社)票友成绩突飞猛进,电台上亦时有票友之歌声穿出,博得听众一致好评"②。然而好景不长,1941年春天,"业余社"申曲票房的活动暂停,当时报纸上的报道称"该票房因主持者事务繁见,不及兼理,领导乏人,故目前申曲票房实际上已告暂行停顿"③。"业余社"票房之后,沪上先后出现新都票房、实验票社、沪风票房、大地票房等沪剧票房,但它们的活动时间比较短,影响力较弱。"业余社"票房为日后沪剧业余团体的组建提供了可借鉴的经验。新中国成立后,沪剧业余团体纷纷建立,学唱沪剧成为市民茶余饭后的娱乐活动之一。至今,仍有多个沪剧业余团体活跃在舞台上。

(三) 越剧的票房活动情况

戏曲票房和业余团体的产生是戏曲剧种在积累大量观众后的必然产物,也是剧种发展蓬勃的标志之一。全面抗

---

① 小将:《申曲票房并无举行彩排之议:刘子云君之表示》,《申曲画报》1940年6月8日。
② 小麇:《业余社票房定二十日迁入申曲研究会》,《申曲画报》1939年12月12日。
③ 《申曲票房主持吾人,无际已告暂行定顿》,《申曲画报》1941年3月7日。

战时期,女子越剧可谓撑起了上海戏曲舞台的半边天,吸引了大批浙江籍的市民前往剧场观看。喜爱越剧的戏迷们忍不住想学唱几段,于是越剧票房应运而生。

根据当时的资料可以确定,在 1937 年全面抗战爆发前,上海已有数个越剧票房。《上海越剧报》曾连载《上海越剧票房史原》[①],描述了抗日战争前和"孤岛"时期的越剧票房活动情况。笔者根据当时的报纸文章将这些票房的情况整理如下:

表3 上海越剧票房

名称	时间	成员	活动
公余票社	1932年"一·二八"抗战后	何尧坤(发起人);教师周昌顺;社长沈益涛	曾在远东越剧场进行彩排;"八一三"淞沪抗战后停顿
越声票社	1935年左右,晚于公余票社	孙梅卿(发起人、首任社长),罗炳奎(第二任社长),社员40余位	多次在老闸大戏院进行彩排。"八一三"淞沪抗战后解散
华华票社	抗日战争前	华华绸缎局的职员们;梁幼侬任教师	该票社是华华绸缎局职员在工作完毕后的指定消遣处,没有彩排活动记载

① 跟票:《上海越剧票房史原》,《上海越剧报》1941年第64—66期。

续　表

名　称	时　间	成　员	活　动
七邑越剧研究社	"八一三"抗战后	赵尔昌（发起人、社长）；教师周昌顺；社员40余人	在战时，曾为上海难童、难民举行了3次募捐会串
益友票房	1938年12月	在七邑剧社的支派。董伯舒、胡亦萍、孙志芳主持，社员20余人	在战时，该票房曾有过彩排。但是由于社员人数太少，经济上拮据，活动不频繁
越华票社	1939年前后	在七邑剧社的支派。杜润鳌、黄维永等人发起，社员约50人。林发荣、筱芳锦任教师	社员中2/3都来自煤业，多次进行彩排，成绩不差
女子越剧文戏票房	1940年、1941年	已登记，但未实行	

值得一提的是七邑越剧研究社，这是"孤岛"时期影响力比较大的越剧票房。抗日战争之前，公余票社和越升票社是上海的两大越剧票房，"但八一三大炮一响，公余社于无形中解散，越升虽然社员未散，但没有正当地点彩排"。七邑越剧研究社是抗战爆发后上海的第一个越剧票房，地点在当时的五马路平望街。战争爆发后，为了赈济难民和难童，七邑社曾数次彩排募款，在社会中有着相当的声誉。

七邑越剧研究社有社员40多人,其中不乏优秀人才,可惜内部经常出现纠纷,所以分成了两个支派——"益友"和"越华"①。据《上海越剧报》记载,益友社成立之时的情形非常热闹,但到了1941年时,社员减少,活动不似往日频繁,"然而幸亏该社社员多系老票友,每次演出,成绩还不算差"②。与益友票房不同的是,越华票社的社员人数很多,活动地点在煤业大楼,所以参加者大多是煤业界人士。虽然七邑越剧社人员流失,但因其社会影响力大,之后又有不少越剧戏迷加入,在抗战时期仍可维持活动。抗战胜利后,亦能看到七邑社的彩排信息。

随着女子越剧的风行,戏迷对于组织女子越剧票房的呼声也越来越高涨。1941年初,《越剧画报》上刊登了即将开办女子文戏票房的消息,报道中说:"在上海,其他票房都有组织,但是流行而又通俗的女子越剧票房,却未见有人举办,这真是千万越迷所认为遗憾的事……发起女子文戏票房,以供爱好女子越剧的仕女们作为业余的正当消遣,一方面更可切磋研究,联络感情,共同将越剧发扬光大。"③该消息上称"女子文戏票房"已经登记,还公布了票房的入会费,基本社员缴纳2元,普通社员仅需缴纳1元。但遗憾的是,女子文戏票房并没有真正活动,"虽有许多朋友,有计划组

---

① 跟票:《上海越剧票房史原》,《上海越剧报》1941年第65期。
② 亦萍:《上海的越剧票房追溯》,《上海越剧报》1941年第38期。
③ 《女子越剧文戏票房征求社员欢迎加入》,《越剧画报》1941年1月4日。

织之说,但限于人力、财力的支配,始终是'只听楼梯响,不见人下来',未见实行过"①。之后,又有一位姓曹的越迷筹集资金,试图成立文戏票房,但最终由于上海完全沦陷,此事亦不了了之。不仅女子文戏票房遭遇失利,越剧界还有一个名为"华联"的票房也未组建成功。抗战时期,票房需要向当局递交申请,社长、教师和会员必须将个人职业和住址等信息登记在案,然后通过当局的层层审查才能建立,确实不是一件容易的事情。越剧界人士对越剧票房的建立有着强烈的期盼,有人说:"因为越剧票社越多,对越剧当然贡献亦越多。惟唱词剧情,愿票界同人加以研究改良,使我数百年来固有之越地艺术,不致无形消失了。"②

可以说,真正的戏迷就在戏曲票房之中,戏曲票房和业余团体不管在旧时还是今日都是戏曲传承的重要阵地,这种强大的民间力量是不能被忽视的。不可否认的是,戏曲业余组织对当时上海戏曲的传承和发展起到了一定的积极作用。

---

① 《越迷天大喜讯,越剧文戏票房将成立》,《上海越剧报》1941年第48期。
② 亦萍:《上海的越剧票房追溯》,《上海越剧报》1941年第38期。

战后上海对日宣传与研究机构的变迁

赵梦云

抗战胜利后,国民党中央宣传部(以下简称"中宣部")在上海的对日工作机构,先后经历了对日文化工作委员会、亚东问题研究会以及亚东协会等几个阶段。本文试图运用当年报纸的消息、档案资料以及当事人的回忆,探讨、整理这短短的4年间这些机构的成立目的、业务内容,在日侨、日俘中产生的影响,以及这些机构发生改组、合并等变迁的原因。

一

抗战时期,重庆国民政府设有诸多承担对日情报工作的机关。比如,军事委员会下属的调查统计局和国民党中央执行委员会调查统计局,就是最著名的情报机关。1943年7月,中美特种技术合作所在重庆组建,军统副局长戴笠兼任主任,"抗战最后三年,军统局的对日工作,多以中美合作所为中心展开"。① 由王芃生主持的国际问题研究所,也

---

① 孙潇潇:《军统对日战揭秘》,团结出版社2016年版,第309、313页。

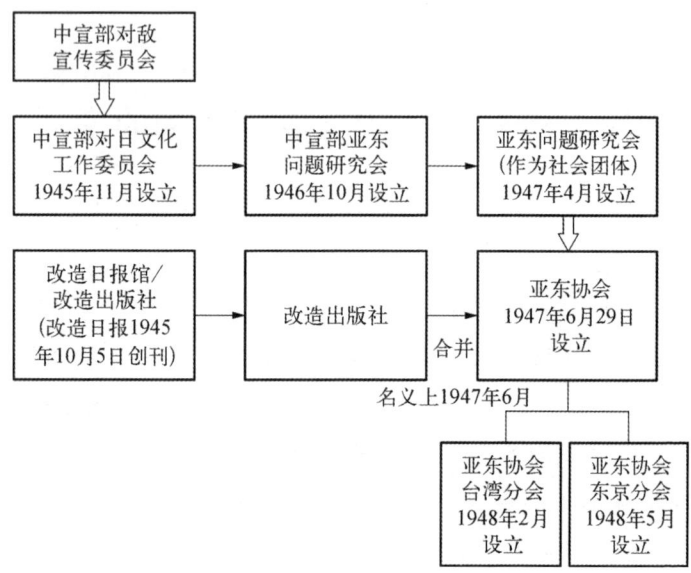

图 1　战后上海对日宣传与研究机构的变迁

是一家有颇有特色的情报机构。外交官出身的王芃生,更注重有关日本的国际外交情报的研判,"日本偷袭珍珠港之前十天,他已判断日本将于十二月九日发动太平洋战争,而将情报分送在重庆的各国使馆,虽然迟了一天,但其正确性仍没有被否认。最可惜的,他的判断没有被重视,不然的话,美国就不会吃了那么大的亏"。① 王芃生过世后,蒋介石任命王芃生的挚友邵毓麟代理国际问题研究所主任一职。不久,国际问题研究所解散,邵毓麟以副主任委员的头衔任

---

① 杨乃超:《回忆与感想:为纪念王芃生先生逝世二十周年而作》,《王芃生先生纪念集》,文海出版社有限公司 1966 年版,第 91—92 页。

职于对日文化工作委员会。①

以创建战后新的对日关系为己任的对日文化工作委员会,系中宣部于1945年11月废止战时"对敌宣传委员会"后新组建的机构。据1945年12月10日《改造日报》报道,中宣部对日文化工作委员会将在上海于留日本侨民以及日军徒手官兵为对象开展工作,该委员会设于虹口昆山路128号的事务所业已准备完毕,已于12月8日正式成立,并立即着手对日文化宣传工作。其实,委员会在8日"正式成立"之前,已经着手工作。12月4日,战后第一艘日侨遣返船"明优丸"从上海启碇,中宣部对日文化工作委员会印制了大批宣传品,上轮散发并抚慰遣返日侨。② 上述《改造日报》的消息还披露了委员会的主要成员,有"长年从事对日文化宣传工作的罗克典、罗坚白及日侨管理处副处长邹任之"。经核对历史档案,可确认当年委员会的主要负责人,以简任委员罗克典为首,依次为简任委员邹任之、罗坚白、陈天鸥和邓友德。③ 委员会负责人之一的罗克典,出生于1907年,大学毕业后入职国民政府行政院,1935年赴日留学,就读于东京帝国大学农学部大学院,抗战爆发后回国,1942年以后任职于中宣部,从事对敌宣传工作。④

---

① 《蒋帮中央宣传部对日文化工作委员会上海分会之通知、演讲编报、分发资料购置日用品等名单》,上海市档案馆藏,档Q130-2-25。

② 《二千余男女离沪,首批日侨昨返国》,《申报》1945年12月5日。

③ 《行政院分配上海各机关房屋委员会处理狄思威路(二)》,上海档案馆藏,档Q30-1-164。

④ 《民国人物大辞典》,河北人民出版社2007年版,第2774页。

方秋苇日后回忆道："日本宣布投降后，国民党在重庆的各部门开始忙碌，准备去沪宁办理接收。宣传部的对日宣传委员会和国际问题研究所，本来是'中央'级机关，理应迁回南京，但它们认为上海是经济文化和国际交流中心；日本租界收回后，为了器材的补充、信息交流的便利，理应在上海设立分支机构，或把工作重点摆在上海，这地方具有诱人的魅力。结果是：虹口区昆山路部分'敌产'由'对日宣传委员会'（似乎改名为一个研究机关）接管。"①文中提及的"日本租界"，自然是指日人聚集地的虹口，"昆山路部分'敌产'"，应该是指委员会所在地昆山路128号，"似乎改名为一个研究机关"者，当指对日文化工作委员会的后身——亚东问题研究会。

对日文化工作委员会负有怎样的使命？对自身的活动又是如何期望的？答案似乎可以从其主办的日文杂志《新生》中寻得。《新生》创刊号刊载了一篇题为《美好的东洋友情》的文章，文中写道："对日文化工作委员会的使命，是为建设未来中日文化新关系作准备"，日侨所期待的"中宣部的对日文化工作，不可仅停留在战后战胜国对战败国炫耀其文化的姿态上，应该以实现中日世代和平为目标，迈向新文化的建设。"文章指出，作为重建荒芜的中日国民"友情"的出发点，此工作必能带来巨大的成效，"美好的东洋友情"也因此会被记载于世界文化史。② 日本政府方面也很关注

---

① 方秋苇：《回忆亚东协会》，《档案与史料》1994年第1期。
② 塚本助太郎：『美しき東洋の友情』，『新生』旬刊创刊号，1946年3月1日。

对日文化工作委员会的活动,外务省中国班甚至指定专人负责委员会的工作。战后日本外务省中国班的工作目标是"为日中政治通商关系的重启做好一切必要准备,并为和平条约的缔结拟定必要方案",①或许是因为存续时间过短,在目前公开的日本外务省档案中,未能发现中国班有关对日文化工作委员会的报告。

对日文化工作委员会在职人数时有变动,依据当时的职员住宅申请书,可推测出大致情况。中宣部1946年6月17日致函行政院分配上海各机关房屋委员会,称"查本部对日文化工作委员会上海分会成立至今,工作同志由渝来沪日渐增多,连同日韩籍人员计72人,除该分会办公地址及少数人员之宿舍粗得解决外,大部分同志尚无住所"。而委员会上海分会负责人罗克典于同年6月18日签署的"申请分配房屋机关登记表",则显示上海分会共有职员人数109人,日籍职员34人,其中由重庆派沪的"日籍工作人员二十一人","向陆总部征用日籍服务员十三人"。从该登记表难以判断此34人是否包括在109位职员人数之内,但登记表的备考栏内注明:34人"不包在编制之内"。② 日籍职员大多从事情报信息搜集工作,例如,原《朝日新闻》上海特派员林俊夫以及日本著名评论家室伏高信的女儿、中国文学翻译者室伏克拉拉的工作均为研究编译和报纸的剪贴,前者

---

① 『中国班運営』,国立公文书馆亚洲历史中心藏,档B18090116100。
② 《行政院分配上海各机关房屋委员会处理狄思威路(二)》,上海市档案馆藏,档Q30-1-164。

负责政治方面,后者负责文化教育方面的内容。① 借用日本作家林京子以林俊夫为原型撰写的小说《预定时间》中主人公"我"的话来说,每天工作情况大致如下:"早上八点一上班,先看日本的报纸。随后浏览政经方面的刊物,收听NHK广播。新闻播报的最终时间是晚上十一点。听完一天最后的新闻,写稿子,提交给对日工作委员会的上司。写面向'日侨'的新闻稿。"②顺便提一笔,1951年林京子与林俊夫结婚,林京子时年21岁。

如何确保职员的住房,颇让对日文化工作委员会费了一番周折。上述"申请分配房屋机关登记表"中有"需要房间总数"一栏,填写"办公处一所,日式旅馆一所,住房二十七所,共二十九所"。其中,日式旅馆为接收的"敌产",其用途注明"日籍人员宿舍"。委员会留用日侨之一、战后成为日本著名作家的堀田善卫,在回忆当年情形时,提及他分配到"位于虹口的日本式旅馆"一间房间用作宿舍,③应该就是登记表内的那所"日式旅馆"。如今上海市档案馆仍存有相当数量的对日文化工作委员会有关职员住房的各类申请和纠纷报告,可见当年住房问题之严峻。就算委员会负责人罗克典也不例外,他居住在虹口狄思威路(现溧阳路)461

---

① 《蒋帮中央宣传部对日文化工作委员会上海分会之通知、演讲编报、分发资料购置日用品等名单》,上海市档案馆藏,档 Q130‑2‑25。

② 林京子:『予定時間』,讲谈社1998年版,第175页。

③ 椎名麟三等:『座談会わが文学、わが昭和史』,筑摩书房1973年版,第154页。

号原满铁职员住宅,虽已在敌产管理处做了登记,仍因承租契约与房东永业地产公司发生纠纷,不得不致函市参议会议长潘公展,请求"主持公道"。信函中写道:"自去年奉命来沪主持对日文化工作以来,每日与日侨及军官兵士接触,认为今后我国对日工作尚须加紧努力,否则中日两民族永无互解之可能",解释了因工作所需必须居住虹口的理由。①

由于频繁地与日侨打交道,罗克典日后卷入了一桩官司,同罗坚白一起受到起诉。据《申报》消息,"前中宣部对日文化委员会上海分会主任委员罗坚白,秘书罗克典,被诉勾结日人吉井睦祐偷漏关税、贪污及外患三大罪嫌,经地检处分别侦结提起公诉后,关于走私偷税部分,地院汪家焯推事前已宣判各被告无罪,吉井等交保开释,贪污罪嫌部分,地院梅尔和推事昨晨审结,亦宣判无罪,其第三外患罪嫌,移送高检处核办。按吉井在华卅余年,上海沦陷时,曾任日本大东亚文化协会主委等职,能操流利沪语,为著名之'中国通'"。② 此处值得注意的是罗克典和罗坚白两人的职务,主任委员罗克典被称作"秘书",而秘书罗坚白成了主任委员,两人的职务似乎后来发生了替换。上海市档案馆藏有关罗克典、罗坚白偷税及贪污嫌疑的文件,作于1946年7月

---

① 《行政院分配上海各机关房屋委员会处理狄思威路(二)》,上海市档案馆藏,档 Q30-1-164。
② 《吉井等外患罪嫌移送高检处核办贪污罪嫌部分宣告无罪》,《申报》1949年2月9日。

21日,使用中日两种文字,呈送中宣部对日文化工作委员会,大意如下:吉井受友人之托,欲以对日文化工作委员会名义,承购存于旧市府仓库的没收回国日侨超限制之物品,并运往日本。此计划得到罗克典和罗坚白两人的赞同。经吉井筹措,得到捐赠美元8 000元、国币450万元,于是偕友人同访罗坚白,面交上述承购金。不料,物品在装船时发现可疑之处,遭到扣押。在报告书的最后,吉井写道:"鄙于对日文化工作委员会,常思此机关不仅为中国对日文化工作唯一指导机关,扩而言之,且为战后东亚文艺复兴之策源地,此鄙所景仰而深信者。此次对日救济物资输送计划,实为一等国而占亚洲指导地位、东亚中心势力之中国对日文化工作上极有意义者,且最能具体实行蒋主席'不念旧恶,以德报怨'之道义精神。鄙抱有极大期待与感激,衷心希望完成此项工作。"耐人寻味的是,报告书还附有收支表一份,8 000美元折算成国币为1 904万元,再加上国币450万元,合计2 354万元,扣除一应经费后剩余1 736.615万元,并特地注明:"下列支收未经本会同意事后亦未报会,一切均由罗委员坚白个人经手。"①似乎对报告书的内容予以了否定。报告书的作者是"吉井善吉",而《申报》的报道写作"吉井睦祐",从事件的关联性判断,当为一人。或许,"吉井睦祐"是"吉井善吉"的别名?

---

① 《蒋帮中央宣传部对日文化工作委员会上海分会之通知、演讲编报、分发资料购置日用品等名单》,上海市档案馆藏,档Q130-2-25。

二

有关对日文化工作委员会的活动,《新生》第 2 期刊有《本会工作之近况》一文,介绍了从 1946 年 1 月至 3 月上旬该会的工作情况。依据日文《改造日报》,并适当参照《申报》的相关报道,可以梳理出委员会的主要活动内容:

(一) 以"启蒙"为目的的新闻片的上映,以及观后感、电影剧本的征稿

1945 年 12 月 12 日起连续 3 天,对日文化工作委员会假座海宁路国际大戏院(原 Ritz 剧场)为在沪日侨举办以"启蒙"为目的的免费电影招待会,上映中华电影事业接收委员会提供的各类新闻片,时间为上午 10 点到正午。入场券通过日侨自治会和保甲发放,同时征集观后感想文。但《改造日报》日后并未刊登此次新闻片上映会的感想文,似乎在日侨中未产生影响。不久,作为对日文化宣传的一环,委员会决定拍摄电影以推进"启蒙"运动,并向日侨征集电影剧本。应征稿件须以肃清日本军国侵略主义、打倒军阀、建设民主和平新日本、确立中日新关系为宗旨,字数不限,优秀作品由中宣部中央电影摄制厂摄成电影,并授予奖金。①

---

① 『中央宣伝部対日文化工作委員会 映画で啓蒙 日本人無料招待会開催』,1945 年 12 月 12 日《改造日報》;『映画の感想文を募集 宣伝部対日文化工作委員会で』,《改造日報》1945 年 12 月 13 日。

(二) 举办各种座谈会

对日文化工作委员会成立之后,最初举办的是文化座谈会,与前述新闻片招待会同步策划。据《改造日报》的消息,委员会"希望"小宫义孝(上海自然科学研究所)、吉田东祐(本名鹿岛宗二郎,战时任《申报》评论委员长)、星野芳树(容海中学创立者,上海日侨自治会宣导科教育班长)、土田丰(上海日侨自治会会长,战时任日本驻华公使)、小岩井净(东亚同文书院教授)、小竹文夫(东亚同文书院教授)、辻久一(中华电影公司制片人)、须田祯一(《朝日新闻》上海特派员)、武田泰淳(文学家)、末包敏夫(基督教社会事业家)以及内山书店的经营者内山完造等 36 位在沪文化艺术以及宗教界日侨与会。文化座谈会于 1945 年 12 月 13 日在日侨自治会举行,由罗克典和邹任之主持。据《改造日报》随后的消息,共有 8 位在沪日本文化界人士发言,"表白了各自的信念",但未言及参会日侨人数,估计受邀日侨并未全部出席。① 12 月 15 日,对日文化工作委员会又走访了位于郊外的日军集中营,召集 10 余名士兵,举办了一场探讨日本战败原因的座谈会,就中日两国确立新关系和增进国民情谊的必要性进行"热烈的讨论"。② 12 月 26 日,应日侨组织"日本人文化俱乐部"的请求,再度召开文化座谈会,说明对

---

① 『文化座談会 あす日倶で』,《改造日報》1945 年 12 月 12 日;『農業問題等を討議 中日文化懇談会盛況』,《改造日報》1945 年 12 月 14 日。
② 『日俘と文化工作委員会の座談会 目的の無い戦争 日本敗戦の原因を突く』,《改造日報》1945 年 12 月 16 日。

日侨工作的指导方针,就今后的文化工作进行协商,并要求联络在沪各日侨文化团体,以统一对日文化工作。委员会指导方针共有7个方面,涉及范围广泛,具体如下:1.思想方面,举办贯彻作为民主主义的三民主义的研究会、演讲会以及座谈会,刊行出版物;2.教育方面,日侨学童的精神仍放置于军国主义侵略思想的毒害之中,对华人的观感也处于令人堪忧的状态,故需编辑、发行教育参考用宣传册以及儿童用读物和歌曲;3.文学方面,将中国抗战记录文学及其他书籍翻译成日语,介绍与日本国民;4.演剧方面,开展消除军国思想以及有助于理解中国的演剧活动;5.音乐方面,作为新日本建设的基础工作,创作以日本人尤其是学童的心理建设为目的的新歌曲;6.美术方面,以绘画形式介绍中国美术及新中国的动向;7.其他各方面,为消除军国主义侵略思想、重建新日本以及在此基础上确立新的中日关系,希望日侨文化界人士自发协助委员会的各项工作。① 事实上,对日文化工作委员会的活动,也是遵循上述指导方针开展的。

1945年12月28日,为落实上述指导方针的各项工作,对日文化工作委员会召集内山完造、小宫义孝、石上玄一郎、武田泰淳以及室伏克拉拉等举行恳谈会,商讨翻译成日语的中国文艺作品的选择标准,并决定每月召开两次恳谈会。②

---

① 『中央宣伝部文化座談会"抗戦八年"等を日訳　日僑指導方針を説明』,《改造日报》1945年12月27日。
② 『中国文学を紹介　対日文工会で文芸懇談会』,《改造日报》1945年12月30日。

1946年新年伊始,委员会就再度召集日侨,于1月9日举办文化恳谈会,"希望"小岩井净、小竹文夫、小宫义孝以及漫画家可东己之助等16人出席。① 可见,举行各类座谈会,是1945年12月至翌年1月间委员会的工作重点,多以在沪日侨中的文化艺术界人士为对象。

(三) 抚慰遣返日侨

对日文化工作委员会发表工作指导方针的当天,恰逢第二次遣返船离沪之日,委员会派员上船慰问归国日侨。《改造日报》详细报道了整个过程:身着绯红外衣配雪白围巾的委员会女职员魏丽芳,站在船舱楼梯上向登船者问好,并祝各位旅途平安。随后,分发携带来的《告归国日侨》书,这是委员会特地准备、希望各位在途中阅读的小册子。魏丽芳以流利的日语勉励大家,使归国日侨深受感动,"掀起海啸一般"的感激之声。② 每一次遣返船离沪,魏丽芳总是作为对日文化工作委员会的代表前往慰问,因此成为日侨中的名人。日后,当她与对日文化工作委员会的同事成婚之际,《改造日报》还特地刊登一条消息,报道两人"洞房花烛"的喜讯。③

(四) 编辑教材

指导方针中提及的教育方面的工作布置也同时迅速展

---

① 『中央宣伝部対日文化懇談会』,《改造日报》1946年1月9日。
② 『江島丸出帆　きのふ懷しの祖国へ　師走の寒空に魏小姐の見送り』,《改造日报》1945年12月27日。
③ 『魏小姐お目出度』,《改造日报》1946年4月5日。

开。1945年12月30日,对日文化工作委员会召集有关日侨,举办了第二次为"善导"日侨及徒手日军官兵编制教材的会议。会上,罗克典强调:"日军官兵是被军国主义指导者盲目地驱赶上战场的,同为东方之民族,只要从平等自由的角度重新正确认识中日的历史,就必定能够发现共同点。期待中日双方在意见完全一致的前提下确定方针,充分发挥日本人的长处,以打倒军国主义,确立民主主义。"① 讲话清楚地表明,委员会的活动始终明确区分日本军国主义指导者与一般日本军民,希望通过教育期待日本民众的觉醒。对日文化工作委员会内设有教材编制组,为取得工作成效,取谨慎行事的姿态,首先听取一般日侨以及教育工作者的具体意见,随后才着手教材编写。除了编辑教材,委员会同时征集童谣,目的是"扫除日侨学童的旧观念,为民主日本的建设,培养明朗健全的情操"。征稿启事不仅在报上发表,并通过日侨自治会通知各保甲学校,计划将征集到的优秀作品交日侨作曲家谱曲,并举办演奏会加以推广。② 但该计划未见后续报道,估计当时日侨正处于遣返的变动期,混乱中自然难有成果。

(五) 主办及协助日侨的演剧活动

1946年1月6日《改造日报》刊载了为募集教育补助金而举办的联合公演重新举行的消息。联合公演由日侨组织

---

① 『教材を編制　対日文工会で会議』,《改造日报》1945年12月31日。
② 『童謡を募集　对日文化工作委员会』,《改造日报》1946年2月1日。

的文化座等3个演剧团体参加演出,剧目有舞蹈、歌舞伎和口技等。演出由对日文化工作委员会主办,在胜利剧场(原东和剧场)演出了7天。公演结束当天,委员会召集参加公演的3个剧团以及新成立的新协剧团全体成员约100人举行恳谈会。委员会姚志铁指导课长在会上发言,要求各剧团为日本的民主化和中日新关系的建立从艺术的立场进行配合,并提议联合公演的收入全部用于日侨儿童教育补助金。恳谈会上,各剧团还就组建"上海日侨剧团"进行了协商,商定在对日文化工作委员会的指导下于近期举行第二次公演。① 日侨在短期内之所以得以组织5个剧团,举办了3次公演,委员会归纳了三大原因:"首先,是中方对日侨文化活动的充分理解;其次,是日侨的演剧人员,对公演极为热心;第三,演剧活动具有大众性,利用该性质推进文化工作,可期绝佳之效。"②第三个原因表明委员会对日侨演剧团体归国后的活动也寄予了期待。日侨演剧活动的收益,有的还用于宣传工作。比如,对日文化工作委员会与第三方面军京沪地区战俘管理所共同举办日侨剧团公演,除去剧团的开支,收益尚余44余万元,双方各取一半,分别充作日本徒手官兵的教育费用。③ 此事似乎也透露出,当局用于日侨、日俘的教育经费并不宽裕。

---

① 『日僑劇団設立　きのふ懇談会』,《改造日报》1946年1月12日。
② 翁志善:『上海日僑の演劇活動』,《改造周报》1946年3月19日。
③ 『演劇で四十万　日俘の教育費』,《改造日报》1946年3月17日。

(六) 发行日文杂志《新生》

日文杂志《新生》以"中央宣传部对日文化工作委员会上海分会"的名义创刊。创刊词宣告:"我们必须葬送过去,开创崭新的今天。我们所以创刊《新生》,目的就在于使日本迈向新生之路。"《新生》原计划于1945年12月20日创刊,①筹备阶段的当事人须田祯一曾回忆说:"一九四六年一月初,有熟人来找我,让我去见国民党'知日派'的大人物王芃生",健康情况不佳的王芃生"靠在躺椅上迎接我,(中略)他问我,打算出一本日文版的杂志,你愿不愿干? 我回答说,如果一应编务都交给我负责,我可以接受"。后来,在得到"委任所有编务"的确切答复之后,"我召集了连我在内一共七个编辑,其中有当时尚没有名气的堀田善卫君(作家)以及名和献三君(立命馆大学教授)。稿子除了我们自己撰写之外,还向小岩井净先生、武田泰淳君和矶田进君约稿。杂志名称定为'新生'"。须田之所以坚持编辑的自主,原因是"我对《改造日报》的内容是不满的,不说别的,汤恩伯司令部的干涉,就把《改造日报》办成一张惹恼日本人、使日本人产生抗衡心理的报纸。因此我决定,这次我们的杂志非得完全由我们自由编辑不可。我们对国民党的有关人士,也仅仅报告主要论文的题目而已"。但在杂志即将开印之际,当局要求在卷首刊登蒋介

---

① 1945年12月10日《改造日报》在题为『日本人の民主化を指導 宣伝部対日文化工作を展開』的消息中称:"旬刊杂志《新生》预计将于二十日由对日文化工作委员会发行。"

石肖像,须田不允,于是产生矛盾,并因此离开了《新生》。这或许是《新生》创刊推迟的原因之一。须田接着又写道:"我不愿意改变我的立场,于是向撰稿人说明情况,退回了稿子。听说战时在海军武官府任嘱托的加田哲二接手,代替我出任总编。至于杂志后来究竟有无出刊,我就不知道了。"①最终,《新生》于1946年3月创刊,卷首并无蒋介石肖像,而须田正是在3月搭乘遣返船回到了日本。如今能够确认的《新生》,一共有6期。只有创刊号在封面注明"旬刊"字样,其余各期均无相应的标识。可见,原计划的旬刊因种种原因只有第二号按时出刊,以后就变成了不定期刊物。当第6号出刊时,除了留用者以及处理残留业务的日侨自治会相关人员,一般日侨的遣返工作已告结束,以日侨为对象的《新生》也完成使命,故推测第1卷第6号为《新生》的最后一期。《改造日报》最后一次提及对日文化工作委员会的活动,也是报道《新生》第6号出版的消息,似乎表明:从这以后对日文化工作委员会基本上停止了活动。此外,值得注意的是,杂志《新生》的编辑、发行和印刷,皆以"中央宣传部对日文化工作委员会上海分会"的名义。1946年1月25日,"上海分会"首次出现在《改造日报》的报道中,此前仅使用"对日文化工作委员会"之称,并无"上海分会"4字。

---

① 须田祯一:『独弦のペン 交響のペン —ジャーナリスト30年—』,劲草书房1969年版,第70—71页。

（七）日语广播

几乎与《新生》创刊同步，"为向中国大陆境内众多日侨及日本徒手官兵迅速转达正确的世界动向，并编制包括日本的歌谣曲、音乐、曲艺在内的节目，以作为日本新生的精神食粮"，对日文化工作委员会上海分会于1946年3月4日开始播送日语广播。播放时间为除周日外每天下午4:10—4:45，使用上海中央广播电台九百米波长广播，据说"电波强大，日本国内亦可收听"。① 有趣的是，《申报》在报道同一消息时，与《改造日报》有诸多不同之处：首先，称开播日语广播的是"中宣部对日文化工作委员会"，未使用"上海分会"的称号；其次，预报播放时间较《改造日报》短，为"每日下午四时十分至四时三十五分"，目的是"为积极展开日本本土日人及在华日俘日侨之思想改造工作"②，似乎更加侧重日本国内的听众。经过3个星期的试播，3月25日起开始正式播送，考虑到日本国内及其他情况，广播时间改为除周日外的日本时间每天下午5:30—6:00。委员会同时呼吁日侨、日俘撰写反映上海日侨集中区或集中营具体生活的感想文、评论、文艺作品和日记，并欢迎日侨捐献个人所有的唱片供广播使用。③

---

① 『日本語放送開始　対日文化工作委会』，《改造日报》1946年3月2日。
② 《本市简讯》，《申报》1946年3月3日。
③ 『日本語放送本格化　対日文化工作委員会積極化』，《改造日报》1946年3月25日。

作为留用日侨,堀田善卫参与了广播工作。在武田泰淳的建议下,堀田差不多"一半是志愿的形式"为对日文化工作委员会所留用。① 关于广播的情况,堀田回忆说:"我们播送中国主要报纸所反映的对日舆论的摘要以及有关遣返船只的消息。广播开始时,作为对日广播的呼号,我们先播送《上海布鲁斯》等日本流行歌曲,广播时间大致是一个小时。我们还自己制作广播稿,也做过英语广播。"② 又说:"我们的广播,是从上午十一点开始,持续三十分钟,先连续广播数次 XORA 的呼号,接着播放日本流行歌的唱片,随后播报新闻。只是播音室的时钟都不准,有的是十一点差十分,有的过了十一点四分,无奈,我们只能以各自同样不靠谱的时钟的时间作为标准,当这个时钟的时针指向十一点时,就当作是十一点整,开始播音。(中略)实在是很有一点胡来的感觉,当时人们都忙于发财,一文不值的海外广播就交给留用日本人去对付,时钟管理之类的琐事,谁都不放在心上。"堀田的留用工作应该是相当惬意的。不想,"临近1946年的年末时,上面突然要调查广播在日本的收听率,着实让我们好一阵紧张。幸好从日本反馈回来的信息称,日本没有这一广播的听众。日本的报社、广播电台、政府部门,甚至中国驻日代表部都没有收听过这个广播",着实虚惊一场。③ 堀田在不同场合的回忆,内容有不一致之处,广播的

---

① 堀田善卫、开高健:『対談　上海時代』,《海》1976年第12期。
② 堀田善卫:『めぐりあいし人びと』,集英社1993年版,第44页。
③ 堀田善卫:『上海にて』,筑摩书房1969年版,第98页。

播音时间也与《改造日报》或《申报》的报道有出入,却不经意间涉及战后国民政府接收大员的行径。堀田甚至猜测,委员会选择"位于虹口旧日本人街中心地段的笠松大药房"作为办公场所,其理由是"那里不仅有大量日本军用及民用的药品,还有供出口用的药品","也许打的就是那些贮存药物的算盘"。① 对照战后复原绘制的地图,可以发现,对日文化工作委员会所在的昆山路128号当年确实是一家药房,但店名不是"笠松大药房",地图标示的是"重松药局"。②

(八) 参加及协助其他活动

对日文化工作委员会的工作涉及很广,除了上述几个方面外,也积极参加其他一些活动。例如,1945年圣诞节,委员会与日本徒手官兵管理处以及中华基督教青年会全国协会联合举办日本徒手官兵圣诞祝贺会。罗克典委员出席,并致辞说:"去年我们在日军的进攻和空袭下度过了悲惨的圣诞,如今,我们要忘却过去,中日两国在和睦的关系下,迎来今年的圣诞节。"③此外,委员会还派员参加战后头一个新年举办的日侨儿童文艺演出会,并赠送红白年糕作为新年礼物,勉励日侨儿童今后多多举办这样的活动,为民

---

① 堀田善卫:『めぐりあいし人びと』,第43页。
② 『上海在留邦人が造った日本人街 昭和17年の日本人商店・会社・工場の復元地図:懐かしい写真アルバム集』,日中両国人民朋友会1996年5月部分修正增刊,第39页。
③ 『聖書の贈り物 江湾集中営の降誕祭』,《改造日报》1945年12月27日。

主日本的再建努力学习。① 从报纸报道的字里行间,可知对日文化工作委员会对日侨孩童也煞费苦心地加以引导,以促进中日两国的相互理解。

1945年12月至翌年3月,是对日文化工作委员会活动最活跃的时期。为加强委员会的活动,日本民主革命同志会的榛叶修、加藤次郎、森山末彦三人于1946年1月20日从重庆抵达上海,加入对日文化工作。② 为介绍榛叶修等三人,委员会上海分会于3月30日举办了记者招待会。罗克典在会上介绍了从对敌文化宣传工作委员会到对日文化工作委员会成立的经过,并说明了目前的活动情况和今后的方针。③ 记者招待会过后,罗克典特地就日本民主同志会发表谈话,强调:"同志会成立后,本人受宣传部之命,支援同志会的工作,有关'日本天皇制问题',正如蒋主席在开罗会议上所述,是日本人民自身的问题,我们遵循蒋主席的训示,希望通过日本人民的共同努力和同盟国的协助,日本能成为真正的民主国家。天皇制的存废,今后应该依照全体日本人民的意志来决定。"④罗克典的谈话表明,在天皇制问题上,对日文化工作委员会依照中国政府的主张行事,与日

---

① 『日僑児童の学芸会』,《改造日报》1946年1月4日;『楽しい学芸会』,《改造日报》1946年1月7日。

② 『重慶から三闘士 対日文化工作に挺身』,《改造日报》1946年1月22日。

③ 『新日本文化の創造 対日文化工作委員会が紹介 日本民主同志会の役割』,《改造日报》1946年3月31日。

④ 『日本民主同志会 羅委員談』,《改造日报》1946年4月2日。

本民主同志会立场不同。

对日文化工作委员会尽管存在时间不长,但该委员会在战后承担日侨、日俘教育工作的重责,其活动形式之多样、涉及范围之广泛,相当引人注目。例如,东亚同文书院的事务员,在遣返回到京都后,成立"对日文化工作委员会京都事务所",随后一直等待中方的联系,却杳无音信,最终不得不从事黑市交易以维持生计,也许足以说明该委员会当年在日侨中的影响。① 日侨、日俘遣返工作结束后不久,中宣部对日文化工作委员会改组为亚东问题研究会。

三

对日文化工作委员会改组成亚东问题研究会后,内部机构并无变化,但业务范围计划从日本扩展至整个东亚地区。亚东问题研究会在提交给国民党第六届中央执行委员会第三次全体会议的工作报告中写道:"本会于三十五年(民国35年,即1946年——引用者注)十月成立。"②但1946年9月3日《申报》则报道:"中宣部本月起,缩改编制,设八处及秘书室、摘要室、专门委员室,及亚东问题研究会",③并

---

① 金子贵纯:『元駐ルーマニア大使小崎昌業氏オーラルヒストリー(一):青島・上海・南京時代から外務省入省まで』,『大東法政論集』第26号,2017年3月。
② 《中央宣传部亚东问题研究工作报告》,上海市档案馆藏,档Q130-2-17-19。
③ 《中宣部缩改编制设八处三室一会》,《申报》1946年9月3日。

提及研究会主委由部长彭学沛兼任,表明在正式成立前该研究会的组织业已存在。作为中宣部属下机构,研究会在其《章程草案》中规定:"本会以基于三民主义之原则,联络亚东各民族情感,沟通文化,增进相互了解及研究各种有关问题为宗旨","本会设于上海,在亚东各国重要都市得设立分会或办事处"。① 以20世纪40年代《上海市行号路图录》为素材编辑出版的《老上海百业指南》,在昆山路128号标示"中央宣传部亚东问题研究会",②即以其前身对日文化工作委员会的所在地为总部。研究会的事业内容,在《章程草案》中列出10项,分别为:"一、创办刊物及报纸;二、编译各种书籍及小册;三、介绍各民族固有文化;四、举办定期广播;五、举办各国名人讲演;六、举办各国文艺作品展览;七、筹设俱乐部;八、组织各国观光团;九、设立研究机构;十、其他有关事业。"③研究会名称的"亚东"则定义为:"亚东,是'世界脊梁'以东亚洲大陆和其岛屿群的总称,也就是欧美人士好称为'远东'的东部亚洲。"④尽管在章程中列出了各种计划开展的事业,却一直无法顺利推进。研究调查亚东各国政治、经济、外交等动态,美、英、苏三国对亚东各国之政策以及施行情况,三国彼此间的矛盾冲突及与中国

---

① 《亚东问题研究会章程草案》,上海市档案馆藏,档 Q130-2-17-1。
② 承载、吴健熙编:《老上海百业指南》上册(二),上海社会科学院出版社 2004 年版,第 73 页。
③ 《亚东问题研究会章程草案》,上海市档案馆藏,档 Q130-2-17-1。
④ 『亜東協会縁起』,《亚洲世纪》第 2 卷第 6 期,1948 年 11 月。

的关系,本是研究会工作的重点,无奈当时所能获得的仅限于有关日本方面的资料,研究范围姑且只能以日本为主。研究会编撰、提交各机关以资参考的报告有《日本之现状》《日本教育之现状》《日本之劳动运动》《日本经济之现状》《日本总罢工之经过与其后之动向》等。此外,还编译了一本名为《中华民国之宪法》的日文小册子,内容包括中国宪法的原文翻译以及政府首脑人物对宪法精神的解释等,计划带至日本印发以介绍中国的民主进程。对外广播方面,仅维持每日下午4点至4点30分的对日广播,内容为新闻报道。但研究会"特别注意新闻材料之选择","不使译稿者自行选取"。由此可见,原对日文化工作委员会把对日广播工作交由日籍留用人员处置的状况,在研究会成立之后有了改善。而"联络指导方面",也仅限于"留沪千余人之日侨",通过派遣人员参加日侨团体的活动以及个人谈话等方式,试图"改革日人之思想"。

尽管如此,亚东问题研究会绝大多数计划仍迟迟得不到落实,"未能实行其预定计划之十分之一"。研究会将其原因归咎于"经费困难",曾在工作报告中大叹苦经:"本会并无分文经常费,仅每月事业费五百万元,加之自本部实行缩编后,本会工作人员除正副主任委员外,仅有六名,而其中三名,一名自动请求转业后,迄今尚未递补,二名则业已调他处工作,于是只得雇用雇员及工友,而其月薪,只得自事业费项下开支,每月不下二百余万元,且沪上生活殊高,而雇员待遇菲薄,势不得不津贴其宿食,而此项费用在百万元以上,亦需出自事业费中,再加以其他各项经常开支,故五百万之事业费,除订报纸外,几无有能用于事业方面矣。"此处所谓"津贴",当指战后为应付物价上涨而施行的物价津贴。据《文化人的经济生活》一书所述,当时工薪阶层的工资有"两个反映时代特点的概念,即所谓'底薪'和'实际薪津(金)',意思就是基本薪水加上物价津贴"。1947年夏,上海等城市一个五口之家最低生活费约为法币270万至300万,①由此不难想象研究会每月事业费仅500万元的窘境。为解决因经费问题引发的困局,1947年4月30日国民党第六届中央执行委员会常务委员会第六十八次会议通过了将亚东问题研究会改组为"社会团体"的议案。议案首先说明研究会工作的重要性:"中央宣传部函本部原设有亚东问题研究会,主管对日宣传及研究亚东各民族问题,现各国对日韩菲暹及其他亚东各国之宣传均极重视,我国限于人力财力实较落后,此后该会工作必须设法加强,以增进亚东各民族之友谊。"继而提出对策,改组之后"拟将该会仍用原名,改为社会团体,运用党团力量,领导工作"。议案附有八条改组办法,明确规定改组事宜由中宣部主持,聘贺耀祖、汤恩伯和彭学沛三人为筹备委员,指定贺耀祖为召集人。②

---

① 陈明远:《文化人的经济生活》,文汇出版社2005年版,第269、277页。
② 《亚东问题研究会改组为社会团体》,中国国民党文化传播委员会党史馆藏,档"会6.3/96/20"。

毕业于日本士官学校的贺耀祖,"长期跟随蒋介石,在抗战期间受到重用"。作为"蒋介石身边亲信的属僚之一",先后担任委员长侍从室第一处主任、全国经济委员会秘书长以及负责防止走私和统制物资的国家总动员会秘书长等职。后受其夫人等的影响,逐渐倾向共产党的主张,与蒋介石之间产生间隙。抗战后期,任战时首都重庆市市长,国共两党和谈之际,曾邀请毛泽东到私宅做客。以后,"辞卸重庆市市长职务,移居上海",关心国际形势,准备投身实业界。亚东问题研究会改组案通过后,翌月出任国民政府战略顾问委员会战略顾问,1949年3月任行政院政务委员,但"均属挂名虚职"。①

1947年3月5日,亚东问题研究会在改组之前,尚有"日籍服务员"吉井善吉、塚本助太郎、山田纯三郎、内山完造、林俊夫、室伏克拉拉、影山巍、绪方俊郎等。② 不难推测,该研究会悉数接受了对日文化工作委员会所留用的日侨。另据《上海留用日侨名簿》的记载,研究会留用日侨29人,加上家属和同居者,总人数达91人。留用日侨的职业五花八门,甚至有牙医、厨师等与"亚东问题"研究并无关联的人员。而且有的记载显然存在差错,比如塚本助太郎的"专长技术"写作"棉花",或许是因为塚本曾在丰田纺织厂工作过

---

① 《中华民国史人物传》第2卷,中华书局2011年版,第1087—1091页。
② 《中央宣传部亚东问题研究会工作报告》,上海市档案馆藏,档Q130 - 2 - 17 - 19。

的缘故。① 留用者中,也有因为玩忽职守而遭到中方警告者。在上海市档案馆有关亚东问题研究会的资料里,有这样一份签呈:"查影山巍君迟到早退,对于工作,毫无热忱,职已提出最后警告,而犹不改,深觉将其留用,于本会并无裨益",结论是"准予取消其留用"。②

1947年11月初,日侨留用者的环境骤变,谣言纷繁,内山完造在回忆录中写道:"总之,我们突然收到来自亚东问题研究会的一份解除留用的通知。而此事传到彭学沛副理事长那里,便问是谁下的命令,并立即召集科长会议,不仅斥责此事不妥,还下令亚东协会重新留用(日期标明十一月四日的留用解除通知,却盖着今年四月就已经解散的亚东问题研究会的印章,这一有失体统之事让彭副理事长异常恼火)。"又补充道:"上星期六下午三点,在亚东协会的客厅里,三十来名日侨受贺耀组理事长和彭学沛副理事长之邀,参加一个茶话会。席间彭先生致辞说,(中略)亚东协会尚未开展任何活动,一旦活动开展后,单靠目前的留用人数是远远不够的,还请各位多多关照。"③塚本助太郎也回忆道:"那时,有过打算留在中国的日侨的登记,除了留用技术人员以外,山田纯三郎、船津辰一郎、堀内干城、内山完造和塚本助太郎等少数几个人也被允许留下。(中略)中方有一个

---

① 《中华民国叁拾六年三月拾五日〈上海日侨留用名册〉》,上海档案馆藏,档 Q131-6-478。
② 《签呈五月廿八日》,上海市档案馆藏,档 Q130-2-17-82。
③ 内山完造:《花甲录》,第 326—327 页。

以知日派为中心的亚东问题研究会,干事长张季飞是一个毕业于东京高等师范学校的年轻人,积极地照顾留下的日侨。"对内山完造等人在不被告知理由的情况下突遭遣返一事,塚本猜测其理由"只能是想接收我和内山居住的房子","亚东协会的张季飞来看望我们,含着泪水劝说道,'办法都想尽了,各位只能这样回国了'"。① 但留用者中的绪方俊郎,却一直滞留至中华人民共和国成立后的1954年才得以返回日本。他在日本众议院有关遣返调查的特别委员会上作证道:

> 战争结束后第二年的一九四六年一月,国民党中央宣传部成立了一个叫对日文化工作委员会的组织,因为该组织的再三劝诱,我成为对日文化工作委员会的留用人员,主要工作是对日介绍战后中国的情况。对日工作委员会在这以后多次变更名称,最后成为亚东协会,一直存续到中共的军队即将进入上海为止。在这个机关里,还有十几个日本人参与工作,除我之外的其他人,都在一九四八年十二月被解除了留用,搭一九四九年十二月的船回国了。唯有我,被继续留用,理由我至今也不明白,总之被留下了。亚东协会的干部,也就是中方的干部,随着形势的紧迫,都逃之夭夭,而

---

① 塚本助太郎:『人生回り舞台:大陸に架ける虹』,近江兄弟社、湖声社1988年版,第41—43、45页。

我一个日本人却被扔下了。(中略)一九五〇年四月,人民政府的华东军政委员会(中略)下面成立了一个叫国际政治经济研究所的机构,因为那个研究所的推荐,我参加了他们的工作。在国际政治经济研究所的工作内容,与国民党时期的亚东协会大致相同,将中国的情况翻译成日文,以各种形式向日本介绍。而诸如日本共同通讯社的罗马字电信,中方也会接收,将这些信息适当摘要出来汇报,也是我的工作。①

四

方秋苇曾回忆说:"一九四七年秋,南京的国民党中常会决定:为开展中日缔结和约的预备工作,并以半官方姿态沟通中日两国的民间关系,决定在上海设立'亚东协会'。"回忆中提到的主要筹备人有时任行政院长张群、因台湾"二二八"事件被免去台湾省行政长官转任国民政府顾问的陈仪、贺耀祖以及首都卫戍司令兼参谋本部陆军部司令部副总司令汤恩伯等,与国民党第六届中央执行委员会常务委员会第六十八次会议上决定聘请为筹备委员的人选有所出入。这或许是当事人记忆之误,也可能系后来追加。方秋苇还写道:"一九四七年秋(我记不清具体时间了)某日上午

---

① 国会会议记录检索系统『第十九回国会衆議院海外同胞引揚及び遺家族援護に関する調査特別委員会(第十六号,一九五四年十月七日)』。

汤恩伯等百余人在狄斯威路1123号举行'亚东'的成立大会,并宣布理事会名单,又在花园拍照。"①

但是,如前文所述,亚东问题研究会改组议案是在1947年4月底召开的国民党第六届中央执行委员会常务委员会第六十八次会议上通过的,并非"一九四七年秋",亚东协会的成立大会同样也不是在1947年秋季举行的。1947年6月28日《申报》刊有题为《亚东协会筹备就绪,明在沪举行成立会,具体工作着重研究日本》的消息,摘录如下:"以研究东方问题为目标之亚东协会,经筹备委员会贺耀祖、彭学沛、汤恩伯等两个月之筹备,一切就绪,定于本月二十九日上午九点假本市溧阳路(旧名狄思威路)首都卫戍司令部驻沪办事处举行成立大会。该会章程业经社会部批准,吴开先局长将代表社会部列席大会,许孝炎、雷震等有关人士均将来沪参加。亚东协会由前中宣部亚东问题研究会及改造社合并组成,国际问题研究会因已归并于国防部,暂不在内。"消息引用改造社负责人徐逸樵答记者问,称协会将"罗致对亚东问题有兴趣之人士,参加合作","协会之具体工作,在对亚洲各国作深刻之调查研究,重心则为日本",协会的工作"第一步先求本身基础之巩固,第二步在各国设立办事处及分会,与各国之进步人士及团体取得联系"。表明经过两个月的筹备,"社会团体"亚东问题研究会正式变身为"亚东协会"。6月30日《申报》刊登了亚东协会成立大会的

---

① 方秋苇:《回忆亚东协会》,《档案与史料》1994年第1期。

详细报道,提及贺耀祖、彭学沛、邵毓麟、徐逸樵等有关人士70余人出席大会,但并未出现方秋苇回忆中说的汤恩伯的名字。当时,汤恩伯"因指挥失误",在国共内战中丢失手下的整编74师而受到处分。①

成立大会上,彭学沛"即席致辞",说明组织经过:"亚东协会目前之组成分子,为前中宣部之亚东问题研究会,及汤恩伯将军领导之改造社。前者在抗战时期,致力于对敌宣传,不无贡献,胜利后,任务性质一变,中央认为联络各民族间情感之工作,应由民间团体担任,故决定改组,而改造社亦愿意合作,遂有亚东协会之组织。"继而谈及协会工作中"日本问题之研究最为重要,以现状言,日本必然复兴,亚东协会应研究我国对日之正确政策,以供政府采纳,并对其实施加以监督"。致辞的最后,彭学沛强调:第一,"亚东协会无侵略性,并不要求中国领导亚东各国,如过去日本之研究团体所为者";其次,"协会并无排他性,主张国际合作,而不主张'亚洲人之亚洲'"。贺耀祖在会上报告了协会两个月来的筹备经过,"并表示协会将致力于日本问题之解决,促使日本人民觉悟,不再作帝国主义之迷梦"。专程由南京来沪参加会议的雷震也发表演说,对日本东山再起深表警惕,"希望以后中日两国不再为敌,只须日人放弃侵略观念,我人应充分认识日本之长处,取得其人才及物资之援助"。三人在讲话中分别提及日本,表明对日本的重视,自然而然地

---

① 朱连法:《民国上将汤恩伯》,上海人民出版社2009年版,第177页。

为协会的工作对象定下了基调。①

来宾致辞后,大会通过协会章程草案,选举产生理事、监事以及各部门负责人。理事长贺耀祖、名誉理事长张群,常务理事有贺耀祖、汤恩伯、彭学沛、雷震、邵毓麟、徐逸樵、戴济民7人,包括候补理事在内的34人中,方秋苇、罗克典、邹任之、陆久之等人也在其内。名誉理事陈诚、陈立夫、吴国桢、蒋经国、孔祥熙、王世杰、何应钦、宋子文、陈布雷、孙科、白崇禧、胡宗南等,无不是国民党政界、军界的大人物,可见当局对亚东协会或者说是对日本的重视。协会成立以后,陆续增补政治、军事、经济等各界著名人士为名誉理事,如1947年7至9月,就曾追加程潜、谷正纲、钱永铭等17人为名誉理事。②

《亚东协会章程草案》第二条规定,协会成立之目的"以联络亚东各民族情感促进文化交流并协助国际文教工作为宗旨"。第三条关于协会总部,则是"本会设于上海,在东亚各国重要都市得设办事处"。而协会的工作内容,共有创办杂志报纸及通讯社、编辑各种书籍及小册、举行定期广播、举办各国名人讲演、举办各国文艺作品展览、筹设俱乐部、组织各国观光团、设立学校及研究机构、举办其他有关事业9项。③ 无论协会的宗旨、总部所在地以及事业计划,几乎

---

① 《亚东协会昨成立》,《申报》1947年6月30日。
② 《亚东协会审议会、临时会、常务理事会、留用日侨》,上海市档案馆藏,档 Q130-2-12。
③ 《亚东协会组织概况》,上海市档案馆藏,档 Q130-2-1。

都沿袭了前身亚东问题研究会的章程草案。据上述1947年6月30日《申报》刊载的报道，成立大会上修正通过的章程草案"仅改动两点"，其一是在协会工作中增加"交换留学生及教授"，其二是在亚东各国"重要都市设分会而不设办事处"。而协会会刊《亚洲世纪》第2卷第6期卷末《亚东协会会讯第一号》刊载的《亚东协会章程》中，第三条却明文规定："本会设于上海，在亚东各国重要都市得设联络处"。《亚东协会会讯第一号》还收录了《亚东协会海外联络处组织通则》，其第一条也明文规定："亚东协会海外联络处，依据本会章程第三条之规定（原订办事处或通讯处将予修改）于亚东各国重要都市设置之。"但协会在随后的发展中，除了在台湾成立分会外，仅在东京设立了分会，两处机构均称"分会"，未使用章程所规定的"联络处"名称。另外，亚东协会上海本部所在地溧阳路1177号，是一处与日本很有渊源的场所，战争期间曾是日本特务机关。战后，进驻上海的第三方面军在虹口设立日侨集中区，日侨管理处即设于此。

《亚东协会会讯第一号》另收有《亚东协会征求会员细则》，规定会员分个人普通会员、个人特别会员和赞助会员三种，凡"年龄在二十岁以上"，"思想纯正品性端正"，"对亚东问题有丰富知识或研究兴趣者"，经会员两人以上介绍即可入会。但该会员细则的会费处却未标明金额，而刊于同一会讯的《亚东协会章程》中会费栏也同样空缺。上海市档案馆收藏的《亚东协会章程草案》，在会员纳费处有金额记载："赞助会员及团体会员得自由捐输"，普通会员和特别会员入会费分别为国币1万元和10万元,普通会员和特别会员"当年会费"为2万元和20万元。① 此处使用"当年"一词,似有特别用意,想来是应对通货膨胀的对策,以便根据需要可随时调整。会费的具体金额,得以在协会常务理事会议议决案的第九项议案获得通过。显然,协会是成立在先,而会员募集工作稍嫌滞后。查阅《亚东协会理监事各委员会名单》,可知协会设立之初,有普通会员89人,特别会员19人。② 协会成立后制成的《国民政府文官处社团概况调查表》则显示协会有特别会员32人、普通会员118人,合计150人。该调查表还记载了协会经费来源主要依靠会员的纳费、捐赠以及社会人士的捐助,最后才是政府补助,"每年约计金元三万元"。③

《亚东协会章程》第三章,系协会组织机构,谓协会"设研究、出版、联络、宣传、财务五委员会"。各委员会负责人分别为:研究委员会主任委员戴济民,出版委员会主任委员徐逸樵,宣传委员会主任委员邵毓麟,财务委员会主任委员雷震,联络委员会主任委员刘百闵。塚本助太郎在回忆中提及的为留用日侨尽力的张季飞,任联络委员会的副主任委员。④ 各委员会管辖事务,在《亚东协会各单位业务一览

---

① 《亚东协会组织概况》,上海市档案馆藏,档Q130-2-1。
② 《亚东协会理监事各委员会名单》,上海市档案馆藏,档Q130-2-4。
③ 《国民政府文官处关于亚东协会概况调查表》,上海市档案馆藏,档Q130-2-1-23。
④ 《亚东协会理监事各委员会名单》,上海市档案馆藏,档Q130-2-4。

表》有明确分工:研究委员会负责对日和约的研究,征求亚东各国国际问题的研究员及通讯员,收集亚东问题的资料,购买亚东各国关系的书刊等;出版委员会编辑出版杂志《亚洲世纪》和《亚东丛书》,编印;联络委员会主管在华京沪地区亚东各国官方及民间的联络;宣传委员会承担对日以及对韩广播,前者为每日播放,后者为隔日播音;财务委员会的工作以筹募并保管资金为主。①

第三方面军麾下的改造出版社,在亚东协会成立一个月后,在《亚洲世纪》第1卷第4期上发表了一篇《改造出版社特别声明》:"本社因鉴于亚洲问题之重要,决定自八月一日起,与亚东问题研究会共同参与亚东协会事业之进行。目的为群策群力,扩大对于亚东问题之研究、调查,以及亚东各国文化之交流与发扬。所有过去《亚洲世纪》月刊、《亚洲现代丛书》及其他刊物之编行,不仅赓续进行,且将力图充实,深恐远道传闻失实,特此声明。"早在6月29日成立大会上已经宣布由亚东问题研究会和改造出版社共组亚东协会。照理,这意味着协会成立之日,即出版社解散之时。但从该期《亚洲世纪》的发行日期(1947年8月1日)以及声明的内容来判断,改造出版社在协会成立后依然存在。声明中"深恐远道传闻失实"的"传闻",如今虽难以考证,其内容无疑与合并的延迟有关。而《亚洲世纪》也从第1卷第5期

---

① 《亚东协会分会的组织通则及各单位业务一览表》,上海市档案馆藏,档 Q130-2-1-16。

(1947年9月1日出版)起,出版者由"改造出版社"更改为"亚东协会",作为协会会刊继续发行,改造出版社宣告终结。另外,《亚洲世纪》主编方秋苇也说:"《亚洲世纪》月刊出版三期以后,一九四七年秋某日,徐逸樵约我会晤国民党要人贺耀祖(我们早在重庆有联系),他们告诉我,上海几个研究日本的事业机构要合并成立亚东协会,邀我参加,并主编机关杂志,仍名《亚洲世纪》。"①

从上海市档案馆收藏的亚东协会《临时会议决定事项》,似可看出合并过程中的曲折。其中有关改造出版社的部分写道:"汤常务理事将改造社捐赠本会以本会之资产,但须依照下列办法处理后于8月8日起由本会接管:一、改造社限七月底作一结束,仍向汤常务理事报告过去经营实况、资产负债各情形,同时亚东协会可派员参加以便明了。二、哈尔滨路一号出版社社址由改造社转让于《前线日报》,其价款应拨出5亿元尽先价购乍浦路工厂(指乍浦路455号原《大陆新报》所属的大陆印刷所——笔者注)交由财委会蔡主委办理。三、改造社所有轮转机仍由汤常务理事赠送《前线日报》。四、改造社赠交本会后其机构人事之改组整编由本会自行决定处理"。在此之前,1947年5月22日亚东协会成立前夕,曾经有过一次讨论将哈尔滨路1号及乍浦路455号转售《和平日报》的审议会。《和平日报》原为1932年6月在南昌创刊的《扫荡报》,战后改名,总社设南

---

① 方秋苇:《回忆亚东协会》,《档案与史料》1994年第1期。

京,获中宣部准许发行上海版。据审议会记录,哈尔滨路1号及乍浦路455号房屋地产和机器等分别作价1 558 538 500元和484 710 600元,中宣部欲将两者一并转售《和平日报》。对此,改造出版社提出异议,认为两者系不同机构,"《和平日报》即使可获拨用,亦以哈尔滨路者为限"。① 当事者为资产分配产生龃龉,或许是导致合并迟延的原因之一。此外,合并迫使改造出版社不得不解雇大量员工,也造成了一定的影响。亚东协会总干事廖士翘在给理事长的公函中就提出:"改造出版社交接事宜正在进行,关于该社人员,除分别安置改造印刷股份有限公司及出版委员会任职外,其余(中略)概行遣散。"查阅遣散人员名册,可知遣散是分批进行的,一直持续到当年8月,包括副总编辑在内的职员11人、学徒7人、公役9人。日籍编辑河村义保也在解雇之列,当然,河村的解雇,实际上是留用的解除。遣散职员名册显示,河村1946年6月入职改造出版社时底薪为60元,遣散费发一个半月的工资,却高达213.3万元,当年物价飞涨,由此可见一斑。②

改造出版社所属改造印刷股份有限公司,在合并后"以发展文化事业及经营印刷业务为宗旨"改组为亚东印刷股份有限公司,③并未归属协会出版委员会管辖。对此,方秋

---

① 《亚东协会审议会、临时会、常务理事会、留用日侨》,上海市档案馆藏,档Q130-2-12。

② 《亚东协会改造出版社关于遣散人员的名单》,上海档案馆藏,档Q130-2-16-60。

③ 《亚东协会筹办印刷股份有限公司章程草案》,上海市档案馆藏,档Q130-2-1-38。

苇解释道：改造出版社印刷厂"由于汤恩伯系统的人角逐这项财产的人多，因此合并'亚东'后，就不隶属'出版委员会'。它的财产收入上缴蔡叔厚，作为'亚东'雇员工薪的补充"。① 蔡叔厚时任财务委员会副主任委员，因主任委员雷震身兼行政院政务委员、行宪国民大会代表兼国民大会副秘书长等数职，公务繁忙，因而代为掌管财务委员会日常事务。蔡叔厚曾官费留学日本，回国后投身实业界，并秘密加入中国共产党，后调至中央特科以及设在上海的共产国际中国组工作。抗战胜利后，任国民政府经济部门专门委员和少将参议。②

副主任委员代行主任委员职责的情况在出版委员会也存在。出版委员会主任委员徐逸樵，1946年春任国民政府驻日代表团顾问，10月回国，是年冬季出任改造出版社社长，创刊《亚洲世纪》。亚东协会成立后不久，携创立东京分会的构想再度赴日，复任驻日代表团顾问。徐逸樵留下的协会常务理事以及出版委员会主任委员等职务，就由方秋苇代理。据《徐逸樵旅日随笔及诗稿》卷末《徐逸樵年表》记载，协会东京分会于1947年5月在日本东京成立，③成立时间在上海总会之前，显然有误。事实上，东京分会成立于1948年5月。④ 有

---

① 方秋苇：《回忆亚东协会》，《档案与史料》1994年第1期。
② 《民国人物大辞典》，河北人民出版社2007年版，第2223页。
③ 《徐逸樵旅日随笔及诗稿》，中国文史出版社1993年版，第129页。
④ 《亚东协会东京分会为创办日文〈亚洲论坛〉征稿启事》，上海市档案馆藏，档Q130-2-2-17。

关东京分会的筹备情况,徐逸樵在给理事长贺耀祖的书函中写道:"此间,本会会员八人(在会均有名义者),于本月廿六日集会商讨分会筹备事宜。"信函使用"CHINESE MISSION IN JAPAN TOKYO"抬头的笺纸,附有1947年9月26日召开的《亚东协会东京分机构筹备会议第一次会议记录》全文,详细记载了各项议题。要点如下:"日本分机构"名称"定名为亚东协会日本分会,得在日本其他重要都市设立本分会联络处"。徐逸樵任筹备召集人,分会会所的选定由林定平、谢南光和苗剑秋负责。第一期会员的征求"暂以我国代表团职员为对象",暂定募集分会基金200万日元,由"本日到会人员分别拟具认捐人名单,提下次会议商讨"。分会成立大会"暂定为本年十一月十一日"。徐逸樵在信中还提到,分会工作将在会所落实之后展开,拟创办"使日人了解中国之现状"的日文月刊,系统介绍中国各方面的情况。月刊稿件"希望总会全部供给","翻译当由此间负责",并要求"指定有经验而又负责之同人专司其事,仍请秋苇兄总其成"。①

1948年5月5日举行的上海总会第十六次常务理事会上,有一项"本会东京联谊会申请改称东京分会"的议案。协商的结论是,"仍照常理会决议,在国外仅设联谊会不设分会,以求适合文化交流之原则而避文化侵略之嫌,并派联络委员会张副主任委员季飞飞日口头详释"。② 对国外机构

---

① 《亚东协会日本分会活动记录》,上海市档案馆藏,档Q130-2-2-8。
② 《亚东协会审议会、临时会、常务理事会、留用日侨》,上海市档案馆藏,档Q130-2-12。

名称的使用,协会谨慎有加,刻意规避被误解为"文化侵略"。但东京分会却坚持己见,第四次筹备会通过的《亚东协会东京分会章程草案》第一条即规定:"本分会根据《亚东协会》章程第三条之规定,并斟酌实际需要,定名为亚东协会东京分会。"由于《亚东协会东京分会章程草案》未注明通过日期,故难以断定东京分会第四次筹备会与上述上海总会第十六次常务会举行时间之先后。总之,东京分会最终仍然采用了"分会"的名称。在第四次筹备会上同时通过了《亚东协会东京分会工作计划大纲草案》,开头部分写道:"本分会于抗战胜利两年零八个月后在日本东京成立,亦为我国学术文化团体正式在东邻设会之始。"表明东京分会的成立较之原先预定的1947年11月延迟了半年左右。考虑到对日和会召开无期,中日两国关系尚未正常,该工作计划大纲草案准备从"调查研究""编译出版""对日联络""文物交流""华侨服务"等5个方面来推进分会的事业。①

预定创刊的日语月刊,曾计划用名《亚洲文萃》,②后正式定名《亚洲论坛》,并决定于1949年正月创刊。征稿启事阐述了创刊宗旨:我们不念旧仇,但希望日本能洗心革面,"从事于真正的民主与和平的建设"。为达此目的,必须改革日本人民的思想与精神。"本分会有鉴于此,愿以国民外

---

① 《亚东协会东京分会章程工作计划会议记录》,上海市档案馆藏,档Q130-2-2。

② 《亚东协会审议会、临时会、常务理事会、留用日侨》,上海市档案馆藏,档Q130-2-12。

交的立场,协助我国当局及其他盟国,达成此任务。因此,本分会除了联络与研究二大任务外,决定出版一日文月刊。"征稿内容为以下六项:"一、介绍亚洲各国实情;二、交换亚洲问提意见;三、介绍并宣扬我国文化;四、解释我国国情及政策;五、促进日本民主化;六、研究日本精神思想之改造"。投稿通讯地址为"日本东京都港区麻布本村町三十五番地",①该地址系东京分会办公场所,为一幢意大利古式洋房,由华侨集资于1947年冬购得。②《亚洲论坛》月刊计划为16开本,每期64面,印3万册,并计算出"每期须用白报纸二百四十令"。无奈当时在日本发行刊物,"依照盟总规定,系日人创办者,经核准后由日本政府配给用纸。系盟国驻日机关或盟国人民创办者,经核准后用纸须由举办人自日本以外国家自行输入"。受困于纸张问题,东京分会不得不"拟请总会转呈中央宣传部按月配给,配给代价当由本分会负担"。③ 但国共内战此时胜负已见分晓,中宣部无力定期调配纸张发送日本,《亚洲论坛》创刊最终不见下文。为创设东京分会而竭尽全力的徐逸樵,也于1949年5月辞去驻日代表团顾问一职,同时退出国民党,埋头于日本历史的研究。④ 1973年中日建交,徐逸樵将当年东京分会的房

---

① 《亚东协会东京分会为创办日文〈亚洲论坛〉征稿启事》,上海市档案馆藏,档 Q130-2-2-17。
② 《徐逸樵旅日随笔及诗稿》,第100页。
③ 《亚东协会日本分会活动记录》,上海市档案馆藏,档 Q130-2-2-8。
④ 《徐逸樵旅日随笔及诗稿》,第129页。

屋转赠中国驻日大使馆,后"转为我国远洋航运局驻日办事处之用"。①

1948年12月24日,亚东协会在山阴路290号理事长贺耀祖公馆举行第23次常务理事会,决议每一单位指定一人继续服务酌予津贴,其他所有支薪人员全部留职停薪,每人拨给疏散费45~60倍。至于会刊《亚洲世纪》,仍以协会名义出版,着方秋苇负责,②事实上宣告了持续近两年的亚东协会活动的结束。1949年5月1日,《亚洲世纪》第4卷第1期问世,成为最后一期。事后,方秋苇对此事也有所忆及:"'亚东'的事业开支,主要靠变卖或出顶房屋和捐助来度日。(中略)到一九四九年已经停止办公,通知各部门各奔前程。消息传到东京,徐逸樵即携数千美金赶回上海,继续编印《亚洲世纪》。出版了两期,主要内容为东京审判和天皇制存废问题的讨论。"③此处回忆同事实似稍有出入,《亚洲世纪》东京审判特辑于1948年11月发行,为第3卷第5期,而有关天皇制存废的专论则刊载在更早的第3卷第2、3合期。1949年后,《亚洲世纪》仅出版了第4卷第1期。

综上所述,以日侨、日俘为工作对象的对日文化工作委员会自不待言,亚东问题研究会以及亚东协会也以日本研究、促进日本民主化为工作中心,侧重于向政府建言献策。

---

① 《徐逸樵旅日随笔及诗稿》,第100—101页。
② 《亚东协会审议会、临时会、常务理事会、留用日侨》,上海市档案馆藏,档Q130-2-12。
③ 方秋苇:《回忆亚东协会》,《档案与史料》1994年第1期。

虽然掣肘于经费,原先设想的诸多事业最终不了了之,这些机构仍为战后对日研究和宣传做了大量有益的工作。1947年11月,作为《日本论丛》第一辑,亚东协会发行了《对日和约问题》一书,不仅收录了"对日和约意见",并且汇编了发表于《大公报》等媒体的中国舆论界对该问题的探讨与建议,分为"中国对日和约的态度""盟国对日和约的态度""对日和约的基本问题""对日和约的领土问题""对日和约的经济问题""对日和约的赔偿问题""对日和约的政治问题"等章节,如今读来依然令人不胜感慨。除此之外,亚东协会还编辑、翻译出版了《控诉日本军阀的罪恶》《日本的错误》《日韩纪行》《台湾的高山族》《东京审判内幕》《风雪之碑:日本近代社会运动》《日本天皇制存废问题》等书籍,不仅反映了当年中国国内知识阶层对战后日本的认知,也为有关方面制定对日政策以及促进国人了解日本做出了贡献。

海上盆景专家孔志清小考

邵文菁

海派盆景是在新中国成立以后逐渐发展起来的。在20世纪70年代末,海派盆景已形成较为成熟的艺术风格,成为古老的中国盆景文化中新流派。在民国时期,上海的盆景艺术虽然没有形成相对独立的艺术风格,但也涌现出不少优秀的职业盆景艺术家和盆景制作爱好者。他们对推动盆景文化做出了贡献,为海派盆景艺术的形成和发展奠定了基础。孔志清就是20世纪三四十年代成绩斐然的上海盆景艺术家。他的盆景作品今已不得见,只有当时报刊上几张模糊的照相版,依稀可感受其作品的轮廓。他的事迹也并不彰显,记者笔下的只言片语,为后世勾勒出了这样一位沉迷盆景艺术的恂恂君子。

一、斫轮老手,胸有丘壑

孔志清出身于丹青世家,祖籍浙江慈溪,生长于上海,是孔子后裔。其弟孔小瑜(1899—1984),继承家学,擅绘花鸟、博古,20世纪30年代已名扬海上画坛。孔志清也曾从事绘画,但他生平更爱花木水石,遂以制作盆景为职业。1910年左右①,孔志清开始专职从事盆景艺术。与他同时期的海上盆景专家不在少数,有如徐卓呆、黄警顽、郑梅清、徐子华和徐子龄昆仲等。这些人大多为混迹出版界、教育界、文艺界的文人学者,当然也还有如黄岳渊这样的园艺家。有人善于培植古树,有人收藏怪石,有人布局的盆景结构新奇,各有所长。得益于扎实的书画功底和深厚的艺术修养,孔志清盆景作品中的"画意",是其独立而显著的特征。

中国盆景艺术历史悠久,所尊崇的美学思想与中国传统的诗、书、画同源。盆景不同于盆树、盆栽,明末清初的学者曹溶如此解释"盆景"区别于"盆树"的特点:"盖最似画家小景,所谓寸马豆人者地步之。规模虽隘而意匠之色涵甚弘,是为得之。"②孔氏盆景遵循古意,营造山水意境。同为盆景专家的周瘦鹃夸赞他"有艺术的眼光,富创造性,同时具有熟练的技巧,灵敏的手法,善于把绘画中的一切章法,运用到盆栽、盆景上去;因此他的作品,多半是可以入画的。"③许多人在参观孔氏盆景后都不约而同地给出"饶有画意"的评价。有记者见过孔志清所作名为《访问山村得三

---

① 据谷人1942年的新闻特写记载,孔志清自述在盆景艺术上"已经花费了卅二年光阴"。见谷人:《寄闲情与丘壑——孔志清盆景展览会参观记》,《政汇报》1942年2月5日。

② (清)曹溶:《倦圃莳植记》,《倦圃莳植记总论》卷下《论盆树》第十。

③ 周瘦鹃:《结束语》,周瘦鹃,周峥:《盆栽趣味》,上海文化出版社1984年版,第91页。

友》的盆景,称"装点得好像一幅古画,委实是可爱极了"①。1940年秋,孔志清在中西莳花会上展出的大小盆景,"一盆有一盆的诗情,一盆有一盆的画意,仿佛在国画展览中,看到许多名画家的山水精品一般"②。一位记者曾专访其自办的盆景展览,说其"布置盆景先读画谱","将位置经营得如出名画家的手笔一般"③。在1942年八仙桥青年会举办盆栽展览会中,参展作品100余点。而孔志清的作品"丝丝入画",有名为《山居图》的盆景作品,还原了唐寅画作的风采。④

上海虽地处江南,但境内山林及花木资源都不及苏浙等地。孔志清用来制作的盆景的花材、石料也多从苏浙地区进货。他用于盆景的原材料未必各个都好,但经他独具匠心地改造,便成了一件雅致脱俗的作品。孔志清以制作水石盆景闻名。他爱石成癖,找到一块可塑的岩石必仔细锤凿,直至它符合丑、皱、透、漏的标准。郑逸梅说他总是备一壶小酒和一碟下酒物,兀自在花圃的篱角几边饮凿不止,好几天才琢成一石。置于盆中,自有宋元人画意。⑤ 虽然孔志清以制售盆景为业,但如果遇到难得的奇石,便用于自珍

---

① 黎:《鸟语花香斗室中》,《申报》1939年2月16日。
② 爱农:《莳花会的秋色(下)》,《申报》1940年11月23日。
③ 谷人:《寄闲情于丘壑——孔志清盆景展览会参观记》,《政汇报》1942年2月5日。
④ 棠棣:《观盆栽展览会》,《申报》1943年5月22日。
⑤ 郑逸梅:《水石盆景专家孔志清》,《清娱漫笔》,上海书店出版社1982年版,第60页。

自赏。即使有愿出高价者,都不肯出让。①

孔志清的梅桩盆景也同样出彩。每至岁末年头,中国人的家庭往往会购置一些冬节盆景,为新年增色。"文人雅客"尤其看重这一盆案头清供。孔志清认为梅花是冬季里最高贵的花。1940年的岁末春初,孔志清制作了许多梅花盆景在百乐商场展出售卖,得到了盆景爱好者很高的评价。有人看到百乐商场里孔氏的梅花盆景"最是够味儿",便觉得"无论如何寒酸,总得买一盆回去应应景儿"②。制作树桩盆景不仅要有巧妙的造型,还要精于花木的栽植技术。要让梅花开得健康茂盛,施肥很重要。针对梅花的催开,孔志清用鳝骨、蛋壳、牛骨研磨成粉,埋在梅根四周,不仅助花开,还能防虫侵。③ 这些种植技巧,孔志清毫不"自珍",乐意与人分享。他还发明了专供盆栽之用的"神仙牌肥料粉"④,也会慷慨送给爱花之人。

二、赛会扬名,有声于时

"八一三"淞沪抗战以前,孔志清的花圃位于南市。⑤ 豫

---

① 漫郎:《孔志清奇石自赏》,《真报》1947年5月17日。
② 张孟昭:《家庭年景——果盆与案头清供》,《申报》1941年1月20日。
③ 谷人:《寄闲情于丘壑——孔志清盆景展览会参观记》,《政汇报》1942年2月5日。
④ 爱农:《莳花会的秋色》下,《申报》1940年11月23日。
⑤ 郑逸梅说当时他的花圃位置在"城内孔庙左近"。见郑逸梅:《水石盆景专家孔志清》,《清娱漫笔》,第60页。

园西侧粮厅路上的宛米书房书画会,常年陈列花草盆景。1933年10—11月,宛米书房举办了为期一周的书画盆景展览会。① 会上展出的数十点盆景皆出自孔志清之手。②《赤壁》《蜀道》《吼山》《米芾拜石》等水石盆景,玲珑剔透,雅人逸士争相购买。抗战爆发,南市遇袭。孔志清仓皇逃离,搬至贵州路商界联合会一角的屋顶小花园。此时的孔志清在书画文人圈内小有名气,他的作品也被一些盆景爱好者所欣赏。尽管多年的积累的作品和优良的花材、石材在"八一三"中损失,但没过多久,孔志清就重整旗鼓。这段时间,他的盆景在跑马厅粹华古玩店、江西路广东路口通古斋古玩店、三友实业社花草部、国货公司玩具部以及裕昌祥西服店的橱窗都有陈列出售。③

1939年秋,孔志清在好友周瘦鹃的介绍下,参加了租界西人组织的中西莳花会,并在赛会上得奖。

在孔志清参加中西莳花会之前,周瘦鹃打开了中国盆景在赛会上的格局。1939年春,周瘦鹃第一次参加中西莳花会的比赛。展出的22点盆景一鸣惊人,尤其是几株百岁盆树,令人称奇。然而很多租界西人认为盆景是日本的传统艺术。因为在近代,日本人先把盆景艺术介绍给西方世界。到抗战时期,日商更是在上海新开数十家盆景园。尽

---

① 《新闻报》1933年10月27日。
② 《宛米山房盆景之赤壁》,《申报》1933年11月4日。
③ 青:《东节盆景》,《申报》1938年12月23日;黎:《鸟语花香斗室中》,《申报》1939年2月16日。

管后来人们逐渐知道盆景实则起源于中国,但还是认为日本才是把盆景文化发扬光大的国家。① 而且传统的盆景艺术在中国也确实越来越不受重视,就连周瘦鹃自己都不得不去内山书店购买日文的盆栽图籍学习。② 也因此,有人把周氏的参赛作品误以为是日人所作。1936年,《大陆报》上刊发了一篇 *Dwarf Trees Rapidly Gaining Favor with Shanghailanders*(《盆树迅速获得上海人青睐》)的文章。文中提到在上海各大花店的盆景销量上升,外国居民已成为最大的购买群体,中国人次之。这一时期,西方世界开始懂得欣赏东方艺术的美,购买盆景装点家室,成了租界西人的生活时尚。因此,当周瘦鹃的作品亮相中西莳花会时,广受关注和称赞。他本人也十分振奋,同时也有了宣传中国传统园艺文化的抱负。于是,他很快就介绍了好友孔志清入会。

在1939年的中西莳花会秋季花展上,周瘦鹃拿到了全会第一的成绩,获得了彼得·葛兰大银杯。孔志清名列第二。之后,孔志清与周瘦鹃又连着参加了两年的春秋花展,二人均届届得奖。孔志清参加了5届花展,赢得了在插花、桌上饰花、盆景等领域的奖项。据他自述,因他是以此为职业的,所以只能得一些小奖项。孤岛时期的上海,民族情绪

---

① Garrett P. Serviss. The Psychology of Dwarf Trees, The China Press, 1924-10-11, p.13.
② 《悼念鲁迅先生》,周瘦鹃:《姑苏书简》,新华出版社1995年版,第183页。

暗涌。中西莳花会中的中国籍会员本来就不多,而在这几届花展上,周瘦鹃与孔志清几乎是仅见的两名中国参赛者。① 中国观众对其关注度自然更高。只是周瘦鹃的社会名声更响,所以在有关花展的中英文报道里,对周瘦鹃的着墨也更多。周瘦鹃对记者说,参加比赛,一是为了自己的园艺爱好,"二则因为西方人向来瞧不起中国人的园艺,所以想趁此争回一些面子"②。有了这样的目的,胜负心也更重了。为帮周瘦鹃赢得大奖,孔志清一面要给好友出主意,同时自己的作品也不能逊色。他在1940年秋季花展上展出的水石盆景《黎明》给人留下了深刻的印象。这幅作品以万里长城为背景,小小的盆中可以看到中国大好河山依旧无恙。③ 在抗日战争时期,尤其令国人动容。1941年的春季花展上,孔志清展出的作品中有一半为水石盆景。有禅意空灵的《紫竹林》,有淡泊悠然的《渔乐图》,还有农家风味的《香雪海》等佳作,④再一次在西方园艺为主导的赛会上,展现了东方情调。

中西莳花会提升了孔志清的社会知名度,此后,媒体对他的关注也自然更多了。1940年1月,孔志清在亚而培路(今陕西南路)362号开了个"小小梅花展览会"。他在庭院里摆上一张板桌,陈列大大小小的梅桩盆景,每幅盆景标有

---

① 1941年秋季花展上,黄家花园有作品参赛并获奖。
② 陆青:《从中西莳花会归来》,《申报》1939年11月24日。
③ 爱农:《莳花会的秋色》(下),《申报》1940年11月23日。
④ 爱农:《春季的莳花会》,《申报》1941年5月26日。

价格,可出售。访者对这位去年秋天参加花展的盆景专家多有耳闻,自然有助于孔氏梅桩盆景的出售。①

三、隐世养树,见养人术

普通上海市民的居住空间十分狭小,家中难得有花草点缀。一幅盆景,便能让人怡情悦性,带来精神上的慰藉。此时孔志清的盆景在沪上独步一时。1940—1942年,"孔志清盆景展览会"的信息频频见报。他的展览会办在自己的花圃,先是在南洋医院,后在海格路(今华山路)的花圃。展览里花木水石应有尽有,方便了有心请他制作盆景的客户上门参观。

南洋医院在1938年迁入萨坡塞路(今淡水路)1号,沿用尚贤堂大楼为院舍,有开阔的庭院。孔志清的花圃也设在里面。1940年6月1日起,孔志清先在南洋医院办起了免费参观的展览会。到了9月左右,孔志清在愚园路口的百乐商场徐昇昶陶器号展出盆景作品。徐昇昶陶器号是上海经营花盆的一大商号,与盆景名家孔志清合作,不失为一桩双赢的买卖。

1941—1942年,"孔志清盆景展览会"开设于海格路165号即善钟路(今常熟路)尽头。与南洋医院的展览一样,展览免收门票。孔志清设圃于此地的时间较久,往来探访

---

① 哀黎:《亭子间里赏梅花》,《申报》1940年1月29日。

者也更多了。花圃面积不足一亩,一入园,便觉花木清香沁脑,四周盆景盆栽罗列无遗。花圃中间立一茅亭,亭上有"寄情丘壑"的匾额,此处供主客休息交谈。园中还有三五个园丁,帮着削竹片、搟泥、烧茶。孔志清则和园丁们一起劳作,时不时地招待往来的宾客。除了周瘦鹃外,吴开先、贺天健、郑逸梅等沪上名士,都常来赏览。1942年的中西莳花会春季花展因太平洋战争的爆发停办。周瘦鹃与孔志清不愿辜负春色,在海格路的孔氏花圃联手举办了盆景展览。4月26日起展出7天,不收门票。① 孔志清的盆景展览会,不仅是盆景同好的交流之地,也积极向大众普及了盆景这一高雅文化。

在经营花圃的同时,孔志清也参加其他社会活动。1942年4月中旬,周、孔二人受震旦大学博物馆院之邀,出品名贵药物及药用植物盆景参加震旦药物展览。参观者赞叹不已。在他们的带动下,黄岳渊等沪上园艺名家也纷纷拿出名贵药用植物参展。② 这年年底,八仙桥青年会为"提倡高尚艺术",敦请孔志清开办盆景学系统讲座。每周四下午5点在八仙桥会所开讲,教授盆景布局及盆景松柏榆等栽培方法。各界人士均可往听,不收门票。③ 6次讲座,观众兴趣盎然,极其踊跃。于是,青年会在1943年1月1日至3日举办为期三天的盆栽展览会,不收门票。展览会上徐卓

---

① 《周瘦鹃孔志清盆景展览今日开始》,《申报》1942年4月26日。
② 《震旦药物展览日期展长增加名贵药物》,《申报》1942年5月9日。
③ 《孔志清盆景演讲》,《申报》1942年11月13日。

呆、袁兆兰、黄警顽、刘英麟、姚企元、郑梅清等中国盆景名家作品纷呈,孔志清展出的作品有《桃源仙迹》《鹅浴芦丛》。三天里,莅临参观者达数千人,鉴于民众对盆景艺术的热情高涨,展期又延长了三天。①

孔志清在 1943 年举办的数次展览,几乎都以慈善为目的。2月,孔志清照例制作了蜡梅、天竹、水仙等岁时清供,在海格路的花圃里展出。此次展览中的梅花盆景依然令人称道。而孔志清将此次卖出盆景所得钱款的三成,计有百元,捐助生活在上海的贫苦百姓。② 4月25日,孔志清再办盆景展览会,卖花所得钱款同样抽成济贫。③ 也因此,孔志清赢得了更多的关注。1942—1943 年,华北发生极为严重的旱情,仅河南一地灾民就达 3 000 万人。1943 年 5 月,上海市伪政府开始动员社会各界筹赈,支援华北。面对华北同胞的疾苦,上海社会各界人士和社会团体积极组织义赈活动,成效显著。八仙桥青年会为此举办了第二次盆景展览会,筹款赈济华北灾民。此次参展的盆景不下数百点,原计划展期三日。孔志清先拿出了《澹烟疏雨》《群仙祝寿》《古柏参天》《山居图》等作品。④ 为募集更多赈款,展览延期三日。孔志清又添 4 幅盆景,价值万元,全部被锦江川菜馆

---

① 棠棣:《观盆栽展览会》,《申报》1943 年 1 月 5 日。
② 《盆栽济贫》,《申报》1943 年 2 月 1 日。
③ 《孔志清卖花济贫》,《申报》1943 年 2 月 26 日。
④ 棠棣:《观盆栽展览会》,《申报》1943 年 5 月 22 日。

购去。① 上海民众救济华北灾民心切,但是,这场由伪政府倡议的赈灾运动最后被证实不过是一场政治作秀。上海各界募集捐赠的粮款经过几层官员的私占,最后分配给灾民的寥寥无几。

这次展览以后,关于孔志清的消息几乎在媒体上匿迹了。直到1946年11月,工务局园林管理处在复兴公园筹备菊花盆景展,特地登报宣传,并预告孔志清的盆景作品也会展出,供爱好者评赏。② 1947年春天复兴公园的莳花展览会上,孔志清亦携作品参展。③

四、结　　语

"巧夺天工孔志清,栽花斫石自怡情。愿君一试春风手,装点河山照眼明"④。这是周瘦鹃在1940年所作的绝句《赠孔志清》,表达了对好友的赞美和祝福。

盆景艺术在上海地区的传统并不如扬州、岭南等地区般深厚。随着近代上海城市化进程的加快、社会新思潮的迭起,传统的东方艺术在商业社会风气和西方流行文化的浸润下,做出了适时的变化,也呈现出了不同的走势。在上海本就未进入主流文化的盆景艺术,仅仅依靠几位行家和

---

① 《盆栽书画展览》,《申报》1943年5月24日。
② 《复兴公园暂停开放　筹备菊花盆景展》,《申报》1946年11月6日。
③ 漫郎:《孔志清奇石自赏》,《真报》1947年5月17日。
④ 瘦鹃:《赠孔志清》,《新闻报》1940年7月8日。

同好在圈内自娱,发展空间更加逼仄。相比较下,在沪日人对盆景艺术的宣传和经营不遗余力,以此为途径,不断试图在意识领域改变人们对东方文化的认知。孔志清作为当时为数不多的职业盆景家,坚持传扬中国的传统审美,几乎以一己之力延续着中国盆景在上海地区的微弱文脉。他有着中国传统文人的秉性,对艺术专注而热爱,对世俗清高又怜悯。他同时也是个地道的上海人,在城市的夹缝中游刃有余地开辟一方天地,在纷繁的社会活动中发挥自己的光热。

可惜,孔志清在有生之年,未能看到海派盆景艺术的成形。1952年,孔志清的花园"营业清淡,无法继续维持",解雇了几名员工。① 1958年,周瘦鹃在为《盆栽趣味》写后记时,不禁怀念起4年前去世的老友孔志清。"从此上海方面的盆栽盆景,富有艺术性和创造性的新作品就少了;幸而上海市园林管理处历年向各方搜罗了不少好盆栽,还可供人欣赏,而盆景则终觉继起无人,有才难之叹!"② 1954年,上海龙华苗圃(上海植物园前身)开始建园,并开辟盆景园,向全国各地收集名品盆景,后成为国内最大的国家级盆景园。1962年上海市盆景协会成立,在协会与上海植物园的共同努力下,海派盆景人才队伍日益壮大,海派盆景艺术也迎来了发展的春天。

---

① 《孔志清花园解雇协议书》,上海市档案馆藏,档 B128-2-981-21,1952年6月28日。
② 周瘦鹃:《结束语》,周瘦鹃、周峥:《盆栽趣味》,第91页。

铁路联通的沿海与内地

——以民国时期的上海与金华为中心(1932—1949)

杨嘉诚　田中初

随着长三角一体化发展成为国家战略,以上海为龙头,带动浙江、江苏、安徽全域发展的格局日益凸显。金华地处浙江中部,历来是承东启西、连南接北的重要交通枢纽。在地方政府明确提出"金华是长三角一体化的重要参与者、积极推动者,更是直接受益者"的背景下,金华立志以全国性综合交通枢纽建设为机缘,统筹推进铁路、公路、航空、水运等重大工程,北向全面接轨上海、杭州。交通的变革带来了时空的"压缩",借助高铁,金华已经融入上海2小时交通圈,而正在谋划的"上海—杭州—金华"磁悬浮火车项目,将为两地一体化发展提供更大的想象空间。

纵观历史,我们发现区域间的沟通和流动能够带给人类便利与进步,而孤立和断裂是社会发展中需要跨越的障碍。20世纪以来,中国经济社会发展与新式交通的革新存在密切关联,铁路则是其中的显著代表。回溯时光,铁路连接上海、金华两地已经有将近百年的历史。20世纪30年代金华开通铁路之后,火车便成为区域互动的重要媒介。那么,铁路如何连接了上海与金华?铁路如何促进了两地之间物的流通?铁路如何促进了两地之间人的互动?对这些问题的回观,将更有助于理解交通之于区域一体化发展、交通之于地方现代化等问题的理解。

一、交通制约下的金华与上海

上海作为中国近代以来最大的通商口岸,常在引入西方科学技术方面得风气之先,铁路便是其中之一。虽然铁路在上海出现的初期费了一些周折,但在20世纪初,连接上海至南京的沪宁铁路与连接上海至杭州的沪杭铁路先后通车。沪杭铁路开通之后,以上海为中心的近代市场体系与信息网络,凭借其优越的区位条件、发达的服务设施以及广阔的市场需求,开始向浙江地区辐射,逐步体现出中心城市对浙江地区的主导性作用。"在浙省,上海近在咫尺,因而其强大的辐射力能遍及于浙江全省。"[①]但这种辐射力也并非无所差异,与上海的空间距离远近,直接影响着辐射力的强弱,因此交通条件就成为其中的重要变量。金华位于浙江内地,与上海有400千米左右的距离。在20世纪30年代之前,金华的交通发展极为缓慢,虽有几条汽车公路,但也仅仅局限于连接周边县市,尚无能力向上海延伸,故而人

---

① 李国祁:《中国现代化的区域研究:闽浙台地区(1860—1916)》,台湾"中研院"近史所1982年编印,第257页。

们出行大多依赖水路。从金华到上海,通常的线路就是通过水路前往杭州,再经沪杭铁路抵达上海。这样的交通条件难免给两地互动带来诸多制约。

交通不便制约了人员的流动。在浙赣铁路尚未开通之前,金华人前往上海、杭州颇为不便。金华人外出大都需乘船,途中需要花费大量的时间。"金华素称浙省奥区,三山环抱,行旅维艰,仅恃婺港西行,为唯一交通孔道。在昔浙东人士之赴杭者,或遵海而行,或沿江以赴,取道金华以入省者,限于少数之临县而已;其由杭垣循江上溯,以临兹土,舟行延缓,须四日程。"①到杭州已是如此,到上海自然就更为不易。因此,金华籍著名记者曹聚仁曾经调侃:"那些到过上海的商人,一回来就得写天方夜谭了。"②交往不便当然是双向的,上海人前往金华,亦需先乘车前往杭州,然后再乘船至金华。1925年,上海中华书局刊印的《全国都会商埠旅行指南》在介绍沪杭甬铁路的沿线旅行景点时,将金华、兰溪也列入其中,并注明前往的交通方式均为乘船。③ 但是乘船出行,一来速度慢,二来还需看天气,这两项因素都会使出行时间延长。"大家都知道,要是从杭州到兰溪(金华地区的一个县),往往要半个月的时光,方始达到……靠天意的交通,是要快也快不起的,那旅客们长途困闷,蜷伏舟

---

① 赵情之:《金华北山之环境与名胜》,《浙江青年》1935年第1期。
② 曹聚仁:《我与我的世界》,三育图书文具公司1973年版,第56页。
③ 喻守真编:《全国都会商埠旅行指南》下卷,中华书局1925年版,第150—151页。

舱,当然是倍觉无聊,尤当那月白风清的时候,更不免渔火添愁。"①不便的交通,使得上海人难以轻易前往金华,故而在铁路开通之前,上海的各大报刊反映金华的文章少之又少。有人这样感叹:"金华,在浙赣铁路未完成的时候,是很少有人注意的。这不为人所注意的原因,并不是金华本身没有价值,完全因交通不便之故。假如杭州为出发点的话,至少也要三天两夜的功夫才可以达到。中间要是遇到逆风,遇到天旱江水涸浅的时候,那就连时日都无从计算起了……于是金华竟渐渐地不为世人所注意了。"②

交通不便也制约了物资的流通。"浙江之重要都市均以国际市场之上海为总汇之枢纽,土产即运上海出口,外货亦由上海购入。"③在铁路尚未通车之前,金华当地有许多货物均运往上海出售,但金华和上海之间的物资流动受制于金华与杭州之间的水路运输。此种情形下,只能限于一些易于长途运输或是对时效要求不高的物品。以1930年的兰溪县为例,该县当年从上海输入的多是些布、袜、干货,"采自上海者,有各种布匹值洋四十万元……南货业所交易之货品,本地品占三成,外来品占七成……外来品多购自上海,计有红白糖四千余包,值八万元;海味、南北货及其他约

---

① 南肃:《江山船考略》,《东南日报》1935年4月3日,第13版。
② 黄萍苏:《金华特写》,《浙江青年》1934年第2期。
③ 实业部国际贸易局编:《中国实业志·浙江省(第三编)·商埠及都市》(1933年),第1页。

值二十万元"。① 金华销往上海的产品亦多是些耐储藏不易腐烂的货物,如火腿、咸肉、干枣之类。以闻名全国的"金华火腿"为例:"兰溪之火腿年产二十五万只以上,皆运销上海……金华火腿多以民船运至临浦、杭州。销宁绍者多运至临浦。销沪者,皆直接运至杭州。"② 金华还盛产自然资源萤石,"浙省弗石,什九售之日人,美、法、德亦购买少许,此外鲜有问津者。出品几全由上海出口"。③ 此外还有一些小宗商品,"南枣多以木桶装置,每桶约盛百斤,以民船运至杭州改装火车或小轮往上海,然后再由公司或商号分销全国"。④ 但是,依赖水路运输的结果是,"金华僻处上游,水道浅狭,陆路崎岖,交通阻梗,商业未免减色"。⑤

交通条件的限制,使得金华与上海之间的区域互动远不及宁波、杭州等地,来自上海的现代化"新风"对金华的影响自然也要减弱。时人有做对比:"浙东则宁绍温台滨海之区,尚擅鱼盐之利,贸迁有无赖有轮舶益以,甬绍之间已筑铁路,商旅往来货物,辐辏亦颇发达。惟金衢一带,则山岭

---

① 铁道部财务司调查科编:《京粤线浙江段经济调查总报告书》(1929年),第366—369页。
② 《金华火腿》,《工商半月刊》1929年第13期。
③ 实业部国际贸易局编:《中国实业志·浙江省(第六编)·矿产》(1933年),第134页。
④ 《金华一带南枣蜜枣产销状况》,《工商半月刊》1929年第21期。
⑤ 铁道部财务司调查科编:《京粤线浙江段经济调查总报告书》(1929年),第376页。

环绕,水流狭隘,交通困难,文化闭塞。"①

二、铁路连通了金华与上海

20世纪20年代,金华地区迎来了交通发展的契机。当时张静江主持浙政,"鉴于国计民生的凋敝,非厉行建设不足以资改进,而建设首要,端赖交通,遂发动杭江铁路之议"。② 杭江铁路的路线从杭州江边出发,途经诸暨、义乌、金华、江山,终于江西玉山,并于1934年1月1日全线通车,随后向南昌方向延伸,拓展为浙赣铁路。随着钱塘江大桥的修建,沪杭铁路与浙赣铁路的接轨工作也提上了日程,③"京沪杭甬路与浙赣路杭江段接轨问题,预定大桥完成之日,即为接轨开始之时"。④ 于是,"这一条横贯东南的大动脉,自全国政治经济中心区域的京沪、沪杭两路延伸,由杭州出发经钱江大桥,蜿蜒向南折西至赣省"。⑤ 这样,通过浙赣铁路以及沪杭铁路,金华与上海就可以直接通过铁路发生联系。1936年,当浙赣铁路延伸至南昌后,金华居于这段铁路的中点位置,"已成为东南道路交通之中心点,南与粤

---

① 杭江铁路工程局工务课编:《杭江铁路工程纪略》(1933年),第1页。
② 行政院新闻局编:《浙赣铁路》(1947年),第1页。
③ 沪杭铁路的终点为杭州南星桥站,位于钱塘江以北,而浙赣铁路的起点站为钱塘江南岸的西兴江边站,钱塘江大桥未通之前,沪杭路转浙赣路时需轮渡钱塘江。
④ 《各路纪要:沪杭、浙赣进行接轨》,《改进专刊》1936年第16期。
⑤ 行政院新闻局编:《浙赣铁路》(1947年),第1页。

汉铁路啣接,东与沪杭甬铁路联络",①其枢纽地位更为凸显。

虽然杭江铁路是1934年才全线通车,但在1932年2月15日杭江铁路已经通车至金华,金华火车站也于1932年3月开始投入使用。对于久居闭塞之地的金华人来说,看到铁路上奔跑的"火龙"自然感到新鲜与好奇。一些妇女以为火车会如龙灯一般,便拿着板凳去铁路边翘首等待。"远远的呜呜几声,火龙叫了。一篷烟一篷烟的,火龙喷火了。正当她们心里砰砰跳着准备怪物出现的当儿,火龙已到面前了——气咻咻的一双独眼黑头的怪物。于是她们瞠目结舌,颠脚尖儿,伸长颈脖,等待着火龙玩个把戏给她们看。"②金华的人们对于火车这种新式交通的到来充满了期待。很快,铁路就给地方人士带来了一件"空前绝后,实为金华未有之盛况"的大事,而这件大事则一下子拉近了金华与上海的关系。

1934年1月1日杭江铁路全线正式开通前,杭江铁路工程局决定于1933年12月28日在金华站举行通车典礼。为提高本次典礼的影响力,主办方特别邀请上海新闻界组成记者团,前来报道此次通车典礼。12月22日,浙江省建设厅厅长曾养甫等一行在上海举行记者招待会,"报告杭江铁路建筑经过,并邀请新闻界前往参加通车典礼,并游览沿

---

① 《各路纪要:沪杭、浙赣进行接轨》,《改进专刊》1936年第16期。
② 傅东华:《山胡桃集》,生活书店1935年版,第30页。

线名胜"。① 12月27日上午,上海记者团开始动身前往杭州,第二日记者团从杭州乘火车前往金华。该记者团包含以下成员,其中不乏业界名记者:②

表1

报纸名称	参 加 记 者
《申报》	张叔通、武廷琛、胡仲持、金华亭、顾昂若、钱华、孙恩霖、徐天章、白星舟
《新闻报》	汪仲韦、陈达哉、程寅生、陈雪岑、薛仲鹿
《时事新报》	项远村、吴实基、刘彤、蒋观华
《时报》	胡憨珠、蒋宗逌、邵翼之、张友德
《晨报》	潘公展、何西亚、王启熙、毛仿梅、丁侠生
《民报》	管际安、钱沧硕、吴仲杲、周因心
《大晚报》	曾虚白、黄震遐
《大陆报》	董显光

记者团中的大多数人对金华并不了解,一路的所见所闻对他们而言既熟悉又陌生,熟悉的是火车出行的方式,陌生的是沿途的所见所闻。有记者对沿途的景致颇感新鲜:"从诸暨直达义乌一段,两面山色,有时远得淡灰色一片,有时近得好像伸手可以撩得着似的……随处都有好油画可

---

①② 《杭江铁路全线完成 定期在金华举行通车典礼》,《申报》1933年12月23日,第11版。

看,随处嫌着火车驶行太快,随处都使人流连忘返,及至兴归来,那影像还深深地印在每一根脑痕里呢。"①有记者感怀于沿途群众欢迎火车的热闹情景:"达义乌县,警队站立迎候,民众亦散鞭炮,表示欢迎……达到金华县,计程一百七十一公里,约需四小时。车站上万头攒动,彩旗飘扬,警队举枪示敬。"②

通车典礼上,浙江省主席鲁涤平、上海新闻界代表陈达哉等人先后发言。陈达哉在会上对杭江铁路的建设以及铁路的意义大加赞扬:"因为这一条路,不但关系浙东文化和经济的发展,而且关系中国建设前途很大。"③在发言的最后,陈达哉代表上海新闻界祝愿杭江铁路"在业务方面,一天一天的发展,一天一天的伟大"。④然而,对这些见过世面的上海记者来说,再盛大的仪式也不过是一个走过场,反倒是主办方安排的其他活动,更能满足他们的"猎奇"。

预期到铁路将给物资流通带来推动,与通车典礼一起举办的还有"杭江铁路沿线物产展览会"。杭江铁路局对此次展览会极为重视,在铁路尚未修筑完成之际,便已发出公告征集沿线物产。⑤《申报》还专门为此预告:"杭江铁路自

---

① 元都:《杭江铁路归来》,《杭江铁路月刊》1934年第1期。
② 《申报:杭江道上回来,浙省辟一新交通》,《杭江铁路月刊》1934年第1期。
③④ 《上海新闻界代表陈达哉先生演词》,《杭江铁路月刊》1934年第1期。
⑤ 《为征集览物品由》(1933年),金华市档案馆藏,档 L002 - 001 - 4227 - 006。

杭州至玉山全线,定十二月二十八日举行通车典礼,并为发展沿线各县实业起见,同时在金华举行沿线物产展览会,派员向各市县征集物品。"①展览会设在市区横街越郡会馆,距离金华火车站仅一里远。许多参加完通车典礼的记者前往参观,并引发他们啧啧称赞:"杭州之绸缎,尖山之陶器,东阳之火腿,诸暨之竹纸,玉山之磁货,无不具备,搜罗不可谓不禁矣。"②每一个陈列架上,都标有说明,使得参观者能了解每一件物品的出处及销售情况。会上展出的火腿、纸张、萤石等,都是金华的地方特产,并"多销上海"。

为给通车典礼助兴,铁路局还特意在火车站附近组织了一场金华斗牛。金华斗牛是一项颇有知名度的地方风俗,引得许多记者前往一睹风采。"西班牙的斗牛,在影戏中看过,那是人与牛斗。金华的斗牛,却是牛与牛斗。杭江铁路全线通车典礼,因在金华举行的缘故,所以将多年例禁的斗牛,特别是来一下,大概去参与典礼的来宾们,没有一个不注意要看一看斗牛罢。"③一些记者拿着相机,拍下了一组组照片,此后,关于此次斗牛的报道和照片刊登在报纸、杂志上,金华斗牛一时传遍上海。难怪事后有人回忆:"故乡金华的斗牛,由来已久。但引起外人的注意,似乎是在那次杭江浙赣铁路通车典礼以后。原来那次通车典礼在金华

---

① 《杭江路沿线物产展览会》,《申报》1933年11月20日,第7版。
② 秦思沛:《在金华:参观杭江铁路全线通车典礼记之二》,《京沪沪杭甬铁路日刊》1934年第867期。
③ 达哉:《记金华斗牛》,《新闻报》1934年1月10日,第14版。

举行,其中有个节目是'斗牛',博得来自各地参加典礼的人士们的喝彩,于是金华的斗牛遂传遍沪杭各地了。"①

因时间关系,记者们需要留宿一夜,于是就对金华有了更深的了解。相比大上海的五光十色,小金华的城貌自然难以入目:"金华市况殊行萧索,较之苏杭固不逮,即较常州嘉兴,亦尚有逊色。"②特别是金华住宿条件之艰苦,更让记者们尝受了尴尬的体验:"当晚又蒙杭江铁路的招待,宿在金华首屈一指的大旅馆——中南旅馆里,所见到的都是纸糊的窗,仿佛随时都可以坍下去的楼板,木架子的床板硬得像水门汀一样,酱色的被褥发出一阵阵的火腿气味来。"③以至于几年后,秦瘦鸥先生还念念不忘此次金华之"宿":"仆本寒士,自信为非纨绔之流,不幸因求学及职务之关系,旅沪已将二十年,酖安逸乐,平时亦若不觉,惟旅行内地时,遂常感其苦。犹忆二十二年之冬,旅行金华……"④当然,抱怨归抱怨,不屑归不屑,记者们还是发现了金华人的一丝丝"现代"气息:"虽然金华的男人十九还是穿着长袍大褂,甚至穿的多是土布制的衣服,朴质得像庄稼人一样,然而女人都已很普遍地摩登起来了,长得拖地的旗袍,曲得像蓬头鬼一样的头发,以及高跟鞋、黄胭脂,简直是触目皆是。不错,

---

① 邢新广:《金华的民众娱乐:斗牛》,《民众教育月刊》1936年第3期。
② 秦思沛:《在金华:参观杭江铁路全线通车典礼记之二》,《京沪沪杭甬铁路日刊》1934年第867期。
③ 秦瘦鸥:《杭江路走马看花记》,《旅行杂志》1934年第3期。
④ 秦瘦鸥:《金华旅邸》,《旅行杂志》1937年第1期。

中国的女人的确是在进步了!"①

通过此次通车典礼,各位记者将前往金华的所观所感写成新闻报道,刊登于上海各大报刊,并附上了有关典礼、展览会以及斗牛赛的照片,让金华这个名不见经传的地方,一下子进入到上海民众的视野。

三、铁路推动两地之间的物资流通

铁路的开通使金华成为一个铁路交通中心,并一跃成为浙中地区重要的商业城市,铁路沿线的金华各县也抓住铁路开通的机遇,加强与上海之间的物资流通。

铁路给金华带来上海的物资。铁路开通之后,许多来自上海的商品通过铁路运至金华,渐而形成了一定的规模。"在金华称百货业的首推姜元昌,原开设在后街,专营批发。自浙赣铁路通车后,上海货物不必由杭州经水路,可以从上海直达金华。姜元昌利用这个有利时机迅速发展,除金华城乡外,又向邻县义乌、东阳、武义、宣平各城乡集镇发展,成为浙东百货店的权威。"②又如钟表、相机等洋玩意儿,也随着铁路逐渐进入金华人的视界。德国、瑞士、日本等国的钟表,还有上海本地产的台钟和闹钟源源不断地从上海销

---

① 秦瘦鸥:《杭江路走马看花记》,《旅行杂志》1934年第3期。
② 倪俊:《金华百货业今昔》,载《金华县文史资料》第5辑,1992年编印,第172页。

到金华。① 到1935年,仅金华城区就有5家提供手表维修的店铺。② 1934年,金华商会下登记的照相馆仅两三家。③ 而到了1942年前后,小小的金华城先后冒出了佛国、留影、三友、东南、安乐、亦如等一批照相馆。来自上海等地的商品和生活方式,给金华这座封闭的小城市带来不少"洋气","自从浙赣路通车以后,金华的一切似乎都在摩登起来了"。④

铁路让宛如"天方夜谭"的上海不再遥不可及,一些金华人能够坐上火车前往上海,带回许多新奇的玩意。像冰激凌、雪糕这类时新却不易储存的食物,居然能通过火车出现在金华人的面前。据曹聚仁回忆:"我们把雪膏(糕)在上海装进暖水壶,第二天下午到了家乡,跟亲友们吃了个时新,真的开洋荤了。"⑤在金华浦江的乡下,一位曾坐火车前往上海的女性邀请亲友来到家中,打开两只热水瓶,给每人掏上一碗粉红色的又似浆糊又带颗粒的东西,让在场的亲友们感到意外的刺激,哗然大笑并大声叫道:"西瓜冰忌淋!还是上海南京路冠生园的制品。"⑥从这个小小的细节可以看出,铁路给封闭的金华注入了时新的气息,更多的现代元

---

① 崔绍忠:《兰溪第一家钟表行的历史概况》,《兰溪文史资料》第16辑,2005年编印,第166页。
② 金华县商会编:《金华县经济调查》(1935年),第25页。
③ 金华县商会编:《金华县经济调查》(1935年),第48页。
④ 薛裕生:《破产中的金华农民》,《东方杂志》1936年第10期。
⑤ 曹聚仁:《我与我的世界》,第50页。
⑥ 曹聚仁:《我与我的世界》,第51页。

素开始进入人们的日常生活。

能够带来新鲜感的不仅有吃的、用的,还有大量可供看的——报刊。"先前,我们的申报,从上海来至少得经过半个月的转折递送,才到了育才学园。"①等上海的报纸到了手上,很多新闻都已过了时效,使金华人不能及时地了解到外部世界所发生的事情。自从铁路开通后,来自外地的报纸派送大为加快:"至于外埠报纸在金华的销路,仅限于京、沪、杭三地各大报。杭州报纸当天午后可以看到。上海报纸需凑浙赣铁路的车次,或当天晚上,或隔日可到……上海中华时报因其廉价推销,亦曾一度越过三百份……其他如上海本报②及新闻、益世、商报、前线、中央、和平、新民、杭州正报、天行等,又有五六十份或一二十份不等。总计京、沪、杭三地报纸,在此总销数约在二千份左右。"③各大报纸源源不断地传来有关上海等地的信息,有助于金华人在自己的脑海中慢慢地形塑"想像的上海"。

铁路又给上海带来金华的物资。"交通是实业之母,铁路又为交通之母,丰富的农矿产品是经济发展的基础,但是唯有便利的交通才能将产品方便地运销出去,从而带动地方经济的发展。"④铁路开通便利了金华的物资源源不断地

---

① 曹聚仁:《我与我的世界》,第50页。曹聚仁曾于1904年至1911年就读于其父在浦江县(今兰溪市)蒋畈村创办的育才学堂。

② 此处本报指《申报》。

③ 蒋风:《金华报业的过去与现在》,《申报馆内通讯》1948年第6期。

④ 张卫东:《粤汉铁路与近代湖南经济社会变迁研究》,人民出版社2020年版,第328页。

运往上海。

民国期间,金华往外输送的大宗物资主要是萤石,它是金华地区闻名全球的自然资源。原来的运输因以水运为主,受制于河流水流量而无法常年运输,由此也就限制了萤石的开采。"在近年武义硔石的出产,因为这是极笨重的东西,为了省下运费起见,雇筏代运,由武义至金华、兰溪直达杭州,在时间上说,差不多要有半月的工夫,才可到上海。"① 铁路开通之后,金华萤石的运输方式出现变化,铁路成为萤石运输的新选择。萤石装火车从金华站出发,经杭州中转,转装至沪杭铁路的联运火车后,前后花费一天的时间便可运抵上海。② 由此,金华地区的萤石外运大为方便。义乌东乡一带的萤石经过公路就可运至义乌火车站。金华县南乡一带萤石可经公路运至金华火车站。浙赣铁路虽未直接经过武义县,但可将萤石运至金华后,再装火车转运杭州、上海,故运输方式"自浙赣路通车后,水陆并进"。③

金华最有特色的火腿也凭借铁路进一步扩大了行销范围和销售数量。"战前金兰等县之各火腿栈,大都在上海或香港设有分店或联号。以便推销该号自产之火腿。同时东阳、义乌等县各散户所产之火腿,以数量不多,大都近售于

---

① 何霜葵:《武义的宝藏——硔石》,《浙江省建设月刊》1936年第10期。

② 关于浙赣铁路火车出行时间,参见《浙赣铁路简明行车时刻表》,《浙赣铁路月刊》1936年第2期;关于京沪杭甬铁路出行时间,参见《沪宁沪杭铁路联运时刻表》,《国民快览》1929年第18期。

③ 《武义县硔石矿产调查报告》(1946年),武义档案馆藏,档L105-004-0171-043。

杭州之各腿行。遇俏风时沪杭腿商亦迳来金兰等产地采办者……战前金华火腿运售于沪杭及香港各地者,估计当在七十万至八十万只之间。"① 不光是火腿,浦江、东阳等地的腌肉,此前多靠船只运往杭州、嘉兴、上海一带销售,但因为路途所需时间较长,许多腌肉在途中便腐烂变质。铁路开通改变了这一窘局:"此项腌肉,易于腐坏,在昔日火车未通之时,船运经由金兰至杭,动需六七日,故出口较少;现在铁路通车,运输迅速,一日可达,故出口数量大增,形将成为本区大宗出口之一矣。"②

义乌县的许多商品因为铁路经过而搭上了"便车"。当地盛产红糖,被认为是"浙江仅有的一个产糖区",③但此前因交通不便,红糖均销于省内。铁路开通后,浙江省建设厅借机大力宣传义乌红糖,希望扩大销路。1936 年,上海市商会与义乌县佛堂镇商会协商推销红糖事宜,认为杭江铁路开通有利于义乌红糖在上海的销售,"运输由杭江铁路直达,亦甚便利"。④ 依靠铁路,义乌红糖"销路甚畅,业务亦蒸蒸日上"。⑤ 除红糖外,义乌县的南枣也享有盛名。1933年,义乌县蜜枣合作社发现铁路开通之后枣制品运输更为

---

① 杨万周:《经济调查金华火腿》,《浙江经济》1948 年第 5 期。
② 金士宣:《杭江铁路沿线物产暨水陆运输概括》,《浙江省建设月刊》1933 年第 9 期。
③ 《义乌红糖》,《新闻报》1947 年 12 月 23 日,第 1 版。
④ 《市商会再提倡国产义乌红糖》,《新闻报》1936 年 2 月 27 日,第 13 版。
⑤ 张理文:《浙江新糖厂之创设与甘蔗之改良》,《浙江省建设月刊》1935 年第 1 期。

便捷,就开始指导枣农扩大生产。①

时局的巨大变动也曾影响了两地之间的物资流通。抗日战争全面爆发后,金华因为得天独厚的交通优势,与上海之间的物资往来更为繁密。1937年11月,淞沪会战结束,上海沦陷。12月,南京、杭州相继沦陷,浙江省政府迁至金华。随着战局的恶化,国内多段铁路线受到日军控制,浙赣铁路成为当时东南地区唯一还能运行的铁路线,"政府物资,人民财物经本路撤至安全地带者为数至钜"。② 在纷乱的时局中,金华作为尚未沦陷的城市,成为一个重要的物资中转站,尤其是1938年至1941年期间,"许多抗战物资、商品,从上海、杭州、宁波以至其他敌后的地方,通过了封锁线,集中在这里,再流散到西南大后方"。③ "上海的工厂、杭州的商店,都在金华设办事处或分店,东南各省原向上海采购货物的客商,也都转向金华采购。当时的金华真是万商云集,旅馆林立,且家家客满,大街小巷可出租的房屋被外地客商租赁一空,原仅万余居民的金华城顿成十余万人口的都市。"④

1942年5月,日军发动浙赣战役,金华沦陷。作为此次日军作战的重点目标,浙赣铁路也在战争中损毁严重,上海

---

① 《义乌县之蜜枣合作社》,《浙江合作》1933年第5/6合期。
② 浙赣铁路管理局编:《浙赣铁路复路通车金华纪念册》(1947年),第5页。
③ 陈其英:《浙赣路杭金段考察记》,《旅行杂志》1947年第6期。
④ 倪俊:《金华百货业今昔》,《金华县文史资料》第5辑,第172页。

与金华之间的铁路联系一度断绝。日军占领金华后,便开始大肆掠夺萤石资源,而负责开采的便是总部设于上海的华中矿业公司。1942年6月,日本企画院、兴亚院与陆军、海军各省联合决议,计划在上海寻找一处地点,建立选矿厂。① 到了8月,日方选定在上海黄浦江浦东侧江岸修建一座选矿厂,并要求在1943年9月前完成建造任务。② 这样,从金华开采的萤石,就需要直接运往上海,于是日军意识到"对于新占领地的萤石运输,必须指出铁道建设的必要性"。③"为谋上海与金华间物资流通",④日本方面派遣上海华中铁道公司于1942年10月着手修复浙赣铁路杭州到金华段,并于次年4月恢复通车。此后,大量金华萤石运到上海加工后流向日本,日方认为"铁路贯通后,对开发浙东地区资源上当大有裨益"。⑤ 抗战胜利前夕,金华与杭州、上海间的铁路联系再次被切断。直到1947年3月,地方国民政府主导下的浙赣铁路修复工程才得以完成,上海与金华之间的铁路再次复通。⑥

---

① 《中支に於ける螢石選鉱場設置に関する件》(1942年6月17日),日本防卫省防卫研究所馆藏,档"陆军省S17-27-64"。
② 《螢石浮遊選鉱場建設要綱に関する件》(1942年8月21日),日本防卫省防卫研究所馆藏,档"陆军省S17-32-69"。
③ 《浙赣(せ号)第4期作戦経過ノ概要》(1942年10月15日),日本防卫省防卫研究所馆藏,档"支那-大东亚战争上海南京-7"。
④ 《上海金华间贸易将见繁盛》,《中国商报》1943年1月23日,第2版。
⑤ 《杭州金华间铁路修竣》,《申报》1942年12月16日,第3版。
⑥ 《浙赣铁路铺轨至金华廿五日正式试开客车》,《申报》1947年3月22日,第2版。

四、铁路与上海人的金华之旅

英国学者霍布斯鲍姆将铁路视为辐射和流动的新象征,在此基础上认为旅游从本质上说,乃是铁路、汽船和邮递事业达到新规模、新速度后的产物。[①] 开通铁路之后,金华渐渐成为上海人的一个旅行目的地。

在传统的旅行中,游客往往因路上消时过长而感无奈,"国人心理视旅行为苦事。尤惮于长途跋涉"。[②] 因此,虽然"浙东景物之胜,实冠东南",[③]其中金华地区的名胜亦更不胜枚举,但是先前不便的交通,使得"金华虽有瑰奇的古洞,秀伟的北山和清柔的婺水。但是总无法把京沪苏杭这方面的游客吸引过去"。[④] 直至1930年,来金华北山的游客仍在游记中写道:"(金华)民众的交通全靠这条水道。只因交通不便,所以外来游客稀少。"[⑤]

有了铁路,火车提供的速度便于打消路程时间长的顾虑。"在相同时间里,一个人能走的空间距离比原来多了好几倍。"[⑥]

---

① [英]霍布斯鲍姆:《资本的年代 1848—1875》,张晓华译,国际文化出版公司2006年版,第249页。
② 《中国旅行社社史》(1950年),上海档案馆藏,档 Q368-1-36-18。
③ 陈其英:《浙赣路杭金段考察记》,《旅行杂志》1947年第6期。
④ 黄萍荪:《金华特写》,《浙江青年》1934年第2期。
⑤ 陈逞雄:《金华北山六仙洞游记》,《友声旅行月刊》1930年第7期。
⑥ [德]沃尔夫冈·希弗尔布施:《铁道之旅:19世纪空间与时间的工业化》,金毅译,上海人民出版社2017年版,第57页。

铁路导致"时间与空间的湮灭",人们的旅行空间随着铁路的延伸大大扩展。铁路疏通了金华与上海之间的交通隔阂,使得两地之间的旅行消费于20世纪30年代开始逐步发展。1936年中华书局增订了《全国都会商埠旅行指南》,其中关于前往金华的方式,也由十年前的"水路前往"变为了"乘火车前往"。①

开通铁路之后,金华地区的风景名胜吸引了外地人的目光。"通车以后,浙东西交通一日夜可以往返,浙赣路当局鉴于该山之奇胜异迹,为之宣传介绍,中外人士慕名前来游览者,日渐众多。"②许多外地游客将金华设为铁路旅行的目的地:"我们不敢作遍游全国名胜的妄想,那末近在咫尺的浙东,自然成为我们昕夕幻想着的旅行目的地了。去年杭江铁路很迅速地完成了,从前视为交通困难的地方,竟被它一线贯通,于是乎更引起了我们的游性。"③一些热衷旅游的上海人开始利用空闲时间安排前往金华的出游。"金华兰溪之山水,……余震于其名久矣。屡拟往游,苦无机会。今春沪上友声旅行团发起金华兰溪之游,适值清明之假,余乃欣然参加,以偿宿愿……三月廿九日下午,由沪乘六时中国旅行社专车赴杭,至十时二十分抵南星桥,当晚宿于鹤鸣

---

① 葛绥成编:《增订全国都会商埠旅行指南》上卷,中华书局1936年版,第163—164页。
② 宣:《金华北山导游后记》,《浙赣月刊》1940年第3期。
③ 高葆棣:《旅行杭江路五日记(一)》,《京沪沪杭甬铁路日刊》1934年第1011期。

旅馆……卅日晨八时半渡钱塘江,至杭江铁路之起点江边站……四时三刻抵金华。"① 上海各大高校的青年学生是出游金华的主要人群。1932年秋,上海国立交通大学的部分学生曾乘坐杭江铁路的火车前往金华游玩。② 1936年,上海同济大学在其校刊《国立同济大学旬刊》中刊登了一则浙赣铁路局春季旅行学生团减价办法的信息,其中的旅游目的地就包括金华。③ 如此看来,《申报》上的类似报道当非虚语:"时届春和日暖,沪上中西人仕,多作浙东之游,因此浙赣铁路客运,倍极拥挤,细查游客中什九均赴该路义乌或金华两处。"④

抗战胜利后,金华恢复了与上海的铁路交通,上海的部分旅行社对金华表现出浓厚兴趣。1947年4月,友声旅行社在派代表前来考察金华北山名胜之后,⑤ 随即组织四五十人的旅行团来到金华游览,并表示愿意出资一百万元修葺北山的冰壶洞。友声旅行团还与浙赣铁路局达成协议,加挂旅游专车,从上海出发,"旅行金华北山,游览朝真、冰壶、双龙等洞名胜"。⑥ 太平洋旅社也组织了到金华的旅行团,

---

① 李玉如:《金华兰溪游记》,《旅行杂志》1934年第7期。
② 朗秋:《金秋杭江行杂韵》,《交大周刊》1932年第2期。
③ 《浙赣路局春季旅行学生团减价办法》,《国立同济大学旬刊》1936年第91期。
④ 《中国旅行社招待浙东游客》,《申报》1935年2月2日,第14版。
⑤ 《上海友声旅团游览北山名胜》,《益世报》1947年4月30日,第7版。
⑥ 《友声旅行团十五旅行金华北山》,《大公报》1947年5月30日,第5版。

1947年6月,旅行团"二十日出发,廿一日由杭取浙赣路去金华,廿三日至兰溪"。①

上海人来金华旅游客观上也推动了地方建设。在铁路初通之际,金华没有专门负责旅行的机构。1932年,总部位于上海的中国旅行社社长陈湘涛乘坐杭江铁路来金华旅行时,"无相当旅社,欲求茶饭而不可得",②使得游兴大减,但也从中悟得商机,决定将旅行社和招待所业务拓展至金华。"吾社为辅助铁路招徕游旅及增加为社会服务之需要,乃先后在金华设立社所。"③1933年7月2日,中国旅行社金华支社成立。④ 此后,鉴于"久闻金华旅馆不佳",⑤又决定将招待所业务拓展至金华,1935年1月1日,金华招待所开业。中国旅行社在金华开办支社和招待所,进一步吸引了上海等地的外地人前往金华,"春秋佳节,京沪杭各团体及学校组织游览团来金游览者接踵而至,其吸引力之大,概可想见"。⑥

上海旅行者的到来,有利于借助大众传媒传播金华的形象,此中由中国旅行社创办的《旅行杂志》厥功至伟。中

---

① 《太平洋旅行社旅行金华兰溪等地》,《大公报》1947年6月8日,第5版。

② 陈湘涛:《杭江铁路旅行日记》,《旅行杂志》1933年第4期。

③ 《中国旅行社金华分社1946年该社及招待所结束报告》(1946年),上海档案馆藏,档Q368-1-821。

④ 《中国旅行社社史》(1950年),上海档案馆藏,档Q368-1-36-18。

⑤ 非衣:《金衢采风琐述》,《旅行杂志》1934年第7期。

⑥ 宣:《金华北山导游后记》,《浙赣月刊》1940年第3期。

国旅行社的创始人陈光甫认为"中国旅行社是文化机关"。①1927年,该社创办《旅行杂志》作为文化宣传阵地,深受各界民众喜爱。杭江铁路开通之后,该杂志不断刊登游客撰写的文章,其中不少是上海游客写金华的,如华卫中②的《金玉游踪》、秦瘦鸥的《杭江路走马看花记》、李玉如的《金华兰溪游记》等。这些文章让许多上海人通过《旅行杂志》对金华有了更多的了解。此外,1933年铁路开通之际,中国旅行社还与杭江铁路局合作,出版发行旅游刊物《浙东景物纪》介绍金华地区的风景名胜,以此吸引更多沪上游客。上海是近代报刊之都,当时的一些报纸上也出现了许多与金华旅游相关的报道和广告。如1936年3月13日的《申报》刊登了一篇名为《经济社春假旅行》的报道,文中提到经济社在春假开辟的7组旅行路线,其中有一组路线便是"杭州西湖-金华兰溪"。③ 在同一天报纸的左下角则刊登了一则友声旅行团春节旅行的通告,通告里有一部分内容用黑色粗体字突出:"本团求时间经济起见,特商通京沪、浙赣两铁路局,暨浙江省公路局,开驶专车,直接往返。"在通告介绍的16路线路中,有两条线路涉及金华,而且特别强调浙赣铁路局开驶专车,方便大家出游。④ 同一时期的《民报》亦曾刊载相

---

① 《中国旅行社社史》(1950年),上海档案馆藏,档Q368-1-36-18。
② 陈湘涛在其《杭江铁路旅行日记》中写道:他从上海出发,"随总经理及华卫中先生,参观杭江铁路"。可见华卫中亦是从上海出发前往浙江旅行的。
③ 《经济社春假旅行》,《申报》1937年3月13日,第4版。
④ 《友声旅行团春节旅行通告》,《申报》1937年3月13日,第4版。

关信息:"京沪、沪杭甬铁路管理局暨浙赣路局,为利用节假鼓励沪上人士探揽浙东胜迹,藉以倡导郊外生活,增进身体健康起见,合办自上海至诸暨五泄、金华北山旅行。"①

五、结　　语

美国学者库利把铁路视为重要的传播手段,在他看来,铁路交通是人和物的流通,这种流通也必然伴随着人与人的交往或以物为中介的精神交流和社会互动关系。② 铁路的出现改变了空间与时间的体验,同样也改变了人与物流通的体验。从此,区域内的城市就不再是具有空间性的实体,它们在铁路的连接下变成了流通中的一个个点,呈现区域一体化的趋势。正如希弗尔布施所说:"我们已经看到,交通就是商品流通的具体体现。从那时起,旅客们所游览的地方就越来越像同处一个流通系统中的商品。"③所以铁路是联通不同地方的一种媒介。铁路作为现代交通的代表,通过不断扩大的物资流通和人员流动来实现对不同区域的融合,也互为驱动地影响各自的变化,这种互动在民国时期仍旧处于传统农业社会的金华与已经比较现代开放的

---

① 《京沪沪杭甬浙赣合办五洩北山旅行》,《民报》1936 年 6 月 18 日,第 8 版。

② [美] 查尔斯·霍顿·库利:《Social Organization(社会组织)》,飞天电子音像出版社 2004 年版,第 83 页。

③ [德] 沃尔夫冈·希弗尔布施:《铁道之旅：19 世纪空间与时间的工业化》,金毅译,第 271 页。

上海之间显得尤为明显。传统与现代的互动,自然会产生奇妙的反应,传统的社会将逐步被拉扯进现代性的轨道中。

不过,这种变化不是一蹴而就的,而是一个润物无声的过程。1932年,在上海工作的金华人傅东华受"一·二八"事变影响乘坐火车回到故乡。他觉得:"事实上,故乡的气象并不如我想象中那样变得快,因为我离开他本来不过五年,而一条铁路的效力未免被我想得太神奇了些。铁路并不曾把应有的紧张带到故乡,故乡依旧保持着它固有的雍容风度。"①不过,傅东华的感受毕竟发生在1932年,那仅仅是金华通火车之始。虽是如此,但他也还是承认"城里确比从前繁荣得多了",甚至有不少金华人因为铁路,有了新的营生。② 不过,几年之后,铁路给金华带来的变化已经可感可见:"自浙赣路通车以后,往昔局处一隅,一变而为浙江省门户。"③

铁路是一种"机器集成",但又不仅仅只是"机器集成"。在那个传统与现代交织的时代,也许没有什么比得上类似于铁路、火车这样的器物,能够让金华人更为直观地感受到实在的"现代"。在铁路的触发和协调下,人们的时空感知和现代主体的形成均被施予影响。铁路不只是连接,"更是交接引领人们通达彼岸。而在通达过程中周边的景色和诸种关系得以汇聚和展开。因此,凡有媒介(比如铁路),就有

---

① 傅东华:《山胡桃集》,第40—41页。
② 傅东华:《山胡桃集》,第42—43页。
③ 葛绥成编:《增订全国都会商埠旅行指南》上卷,第163—164页。

发生,就有事件,就有变动,就有新的进展"。① 姑且以一个小故事结尾:20世纪40年代,有一位身居金华的青年,在《申报》上看到梅兰芳在上海演出以及上海的电影院上映美国电影《飘》的消息时,曾两次乘坐火车前往上海观看,看完之后又选择火车返回金华。②

---

① 黄旦:《理解媒介的威力——重识媒介与历史》,《探索与争鸣》2022年第1期。

② 2021年11月26日,笔者曾对著名儿童文学学者、浙江师范大学前校长蒋风教授进行访谈。蒋风先生20世纪40年代从国立英士大学毕业后,担任过《申报》驻浙江地区的记者。

上海地区中医药遗址遗迹保护现状分析

——以浦东新区为例*

俞宝英

一、问题的提出

上海地区中医药发展有着悠久的历史。1987年,上海博物馆考古工作者在青浦崧泽遗址清理到的两口6000年前的水井,是上海先民讲究卫生的重要佐证。同时,上海考古还发掘出先民用于防止尸体腐烂的玉晗、杀灭蚊虫的熏炉、储存酒的陶盉等酒器。而藏于北京故宫博物院的镇院之宝、西晋陆机《平复帖》则清晰地记录了"瘵"这种肺部疾病;藏于上海博物馆的元代赵孟頫手书《道德经》《黄庭经》中有非常丰富的养生内容;再则,位于松江的唐代陀罗尼经幢、青浦朱家角的放生桥和青浦镇南的万寿塔等地面文物表达了人们祈求消灾得福、健康平安的美好心愿。

---

* 本文为上海市哲学社会科学规划课题"上海地区中医药文化遗址遗迹调查研究"(项目批准号2019BLS010)阶段性成果。

又据文献调查,上海地区古代医事管理制度的演变和上海地区的建置沿革有着密切的联系。自秦代确立中央集权以来,上海地区的医事管理归属其所在的地方政府。上海地区于南宋咸淳元年(1265年)设上海镇,元至元二十八年(1291年)升为县制,迄今已有750多年历史。而上海境内最早的卫生管理机构当推元至元十四年(1277年)设立的负责管理当地卫生行政和医学教育的机构崇明官医提领所。

另外,上海地区名医辈出。从唐代陆贽起,历代地方志等文献记载的医家有数百人,他们中有青浦竿山何氏、南桥与龙华徐氏、外冈郁氏、龙华张氏、浦东秦氏、江湾蔡氏等中医世家,体现出上海中医悠久的历史底蕴。上海开埠后,西学东渐,中西医汇通,在太平天国、抗日战争两次大的移民潮中,迎来全国各地诸多中医医生。据上海社会科学院对上海名医的调查资料显示:来沪行医者占41.3%,避祸来沪定居行医者占25.4%;求学来沪,然后行医者占22%;其他11.1%[①]。至1948年3月,上海市中医师公会登记在册的中医会员有3299人,大多来自全国各地,这为近代海上中医的蓬勃发展提供了优质人才优势。清政府推翻后,由于北洋政府和国民政府实施打压中医的政策,迫使中医界打破地域界限和学科壁垒,相互切磋、取长补短,仿效西医

---

① 张文勇、童瑶、俞宝英:《上海中医药文化史》,上海科技出版社2014年版,第6页。

组社团,办杂志,建学校和医院,组织全国中医界与政府的"废医"政策抗争,在近代中医史上留下浓墨重彩的一页。

时过境迁,试问上海这座城市还留下多少与中医药发展相关的记忆呢?笔者在参与完成了《海上名医——张氏中医世家》(2008年版)、《上海中医药文化史》(2014年版)研究的基础上,发现对上海地区中医药文化遗址遗迹的调查研究到了刻不容缓的地步。早在2010年第22届国际博协大会上,笔者曾递交论文"挖掘海派中医药文化遗产,促进上海城市医学发展"[①]的文章,并在此基础上,请市人大代表、市政协委员在两会上分别提交议案、提案,得到相关职能部门的书面回复。然而,在之后的城市大规模改建过程中,与中医药文化相关的遗址遗迹保护利用工作并没有得到相应的关注和重视,除了极少数挂牌的建筑和设施之外,绝大部分是在毫无论证的情况下被拆除。这种现象不唯中医药的遗址遗迹独有,其他行业也大抵如此,因为在认定历史建筑或者文物保护单位(点)时,我们更多会从建筑本身的品质出发来加以认定,而很少会从上海城市发展中各个行业曾经对城市建设的影响和由此带来的历史文化沉淀来考量问题。城市历史风貌保护和城市快速演进之间似乎是天生的一对矛盾,直至2021年8月才有"住房和城乡建设部关于在实施城市更新行动中防止大拆大建问题的通知"出

---

① 《迈向更美好的城市——第22届国际博协大会城市博物馆专业委员会论文集》,上海世纪出版股份有限公司2010年版,第231页。

台,城市文化生态保护有望得以改观。

从中医药发展前景来看,目前中医药文化遗址遗迹研究保护工作的现状,和国家提出的《中医药发展战略规划纲要(2016—2030)》以及上海市卫健委、上海市中医药管理局提出的进一步加快中医药传承创新所制定的目标存在较大的反差,重视对中医药文化遗址遗迹的研究保护,对提升公民中医健康文化素养具有积极意义,对中医药事业发展也有良好的支撑作用。

鉴于上述情况分析,本人于2019年申请了上海市哲学社会科学规划课题并得到立项支助,目的是对上海地区现有的中医药文化遗址遗迹做全面调查研究,为后续保护提供参考意见。下文即是以浦东新区为例,对调研工作的阶段性总结。

二、问题的切入

本次调研的第一篇调查报告之所以以浦东新区为例,有如下几种原因。其一,基于浦东的历史发展。浦东地区历史有据可寻。"浦东一词出现得晚,但绝不是没有来历。浦东和古老的上海、松江以及江南一起发展,是由长江、钱塘江携带的泥沙,与东海海潮的冲顶推涌,在唐代以后才形成的。""这里的土地、人物和历史,与上海县、松江府和江苏省相联系,是江南地区吴越文明的繁衍与延伸。经过唐、宋时期的繁殖、开发和耕耘,浦东地区的经济、社会和文化在明、清两代登峰造极。川沙、周浦、横沔、新场这样的乡镇日臻发达,绝非旧时的一句'斥卤之地'所能轻视。"①其二,浦东新区的文保工作匹配浦东的经济发展,具有典型性。自1992年10月起,在国家"浦东开发"战略的引领下,浦东新区以川沙全境为主体,将上海县位于浦东的三林乡,以及分属杨浦、黄浦、南市的浦东部分合并,成立浦东新区。2009年,又将同属黄浦江以东的南汇区(县)全境划入,从而成为拥有1 429.67平方千米的副省级行政单位。这也是本调研报告涉及的地域范围。近30年来,浦东新区在经济建设、城市规划和管理等方面取得突出成就,赢得中国乃至世界的瞩目。表现在文化建设领域,各种高层次、地标性公共文化设施落户浦东,历史文化研究逐步深入,文旅事业蒸蒸日上;传统中医药在浦东这片热土上获得生机,2003年起,上海中医药大学、上海中医药大学所属上海中医药博物馆、上海中医药大学附属曙光医院东院等落户浦东张江。在此基础上,中医药文化建设工作得以推进,曙光医院东院对浦东民间验方征集整理,2010年出版了《上海浦东名方集萃》(第一辑);上海中医药博物馆作为3A级旅游景点全面对社会开放,其参编的《上海中医药文化史》于2014年出版;浦东新区地方志办公室主持的"浦东文化丛书"之一《浦东中医史略》《李中梓集·李中立集·李延昰集》(上中下)分别于

---

① 李延昰:《李中梓集·李中立集·李延昰集》,复旦大学出版社2020版,第6页。

2019年、2020年出版;浦东图书馆"地方文献与信息咨询中心"建设工作也已初见成效,该中心对浦东地区自古以来与中医药相关的文献进行征集,包括医生的医著、手稿、处方等。上述这些工作都已经和将会助推浦东新区中医药行业和中医药文化的发展,也为本次调查研究提供了良好基础。

三、调研内容和方法

调研内容:第一,对浦东新区重点街镇与中医药文化相关的遗址遗迹进行考察、梳理和研究,特别关注中医诊所或旧居、药店老字号、时疫医院、施医局、中医团体会址、20世纪50年代联合诊所、水井、寺庙道观、地名路名,对碑刻资料、民俗等做一般了解;第二,拍摄遗址遗迹现状,分析现状背后的原因;第三,提出进一步保护和利用的建议。

调研方法:其一,文献查阅,挖掘中医药文化遗址遗迹的丰富文化内涵,追溯其历史变迁;其二,利用田野调查的方法,踏勘浦东新区中医药文化遗址遗迹,用图片、文字等手段记录现状,综合分析其历史价值,评判其保护的必要性和紧迫性;其三,走访政府职能部门或相关专家,了解政府对遗址遗迹的保护或利用所持的观念和态度,找出遗址遗迹保护和利用中的困难瓶颈所在;其四,参照境内外对医药类遗址遗迹保护和利用的成功案例,召开专家咨询会,提出建设性建议及可行性方案。

四、调研结果

(一)"浦东新区不可移动文物统计表"中的中医药遗址遗迹

在查阅《川沙县志》《南汇县志》以及浦东新区大部分街镇志的基础上,对照区域内1处全国文保单位、9处市级文保单位、53处区级文保单位、371处文保点共434处不可移动文物,从中梳理出中医药遗址遗迹18处,含区级文保4处,文保点14处,其中涉及私宅诊所5处,药店店主私宅1处,药店4处,医生墓地1处,会馆1处,善堂1处,水井1处,药店店主、医家出资所建桥梁2处,道观2处。18处遗址遗迹的年代从明清至民国。具体见表1、表2:

表1 区级文物保护单位

文保序号	名称	现地址	年代	备注
7	钦赐仰殿大殿	陆家嘴街道源深路476号	清乾隆	道观
26	李平书墓纪念地	高行镇高西村(航津路316号西侧绿化地)	1927年	医生墓地
46	千秋桥	新场镇洪东街4号	清乾隆	奚长生药店,奚廷桂等重建
49	浙宁会馆	周浦镇川周公路4482号	清末	会馆

表 2 文物保护点

文保序号	名 称	现 地 址	年 代	备 注
9	高桥至德堂	高桥镇石家街12号	清后期	私宅诊所
45	季景北路黄氏宅	高桥镇季景北路772—780号	清末	药店
48	季景北路黄氏宅	高桥镇季景北路782弄1—5号	清代	私宅诊所/联合诊所
49	宝莲庵井亭	高行镇解放村	明万历五年	水井
117	崇福道院双碑	三林镇杨南路555号	当代	道观
127	沈氏私人诊所旧址	陆家嘴街道商城路679号	清宣统三年(1910年)	私宅诊所
165	同善堂	三林镇东林街157弄1—9号(待考证)	民国	善堂
184	惠南鹤令堂	惠南镇黄路六灶湾村	清同治	药店
202	大团龚家宅	大团镇北大居委永春北路202号	清末	私宅诊所
306	奚家厅	新场镇洪东街122号	明末	药店店主私宅
313	新场受恩桥	新场镇新场大街145号	明代	御医沈文正始建
338	新场大本堂	新场镇新场大街331号	清咸同年间	药店

续 表

文保序号	名 称	现 地 址	年代	备 注
347	新场奚长生药材店	新场镇新场大街432—434号	明末	药店
355	棋杆村顾家宅	周浦镇棋杆村18组	清道光	私宅诊所

(二) 重点街镇中医药遗址遗迹调研

浦东新区调研以新场、大团、惠南、高桥、周浦、三林等6个镇为重点。下面就每个镇的具体情况做介绍。

1. 新场镇

新场成陆于唐代中、后期,距今约1 300多年。南宋建炎二年(1128年)建镇。《两浙盐法志》载:"元迁盐场于石笋里,名新场"。元明时期,新场凭盐场税收而富甲一方,有"浦东十八镇,新场第一镇"之说,之后因海岸线东扩,盐业渐衰,但凭几百年积淀下来的古镇风貌,依然能感受古镇的人文气息,包括深厚的中医药文化底蕴。据《新场镇志》记载,清宣统三年(1911年),新场镇上有中医内科、外科、儿科、伤科、齿科等私人诊所5家,有医生7人,均属祖传。民国9年(1920年),法国留学生俞志梅到新场镇开办第一家西医诊所。民国时期,新场镇医学界素有在夏令疫情蔓延季节开设施医局、施医给药的义举,每次1个月左右,邀请本镇中西医生外,还特邀外镇、外县名医来镇上义务施诊,就诊只收号金,免收诊费,外科、伤科、眼科等免费施送自制丸、散、膏药等。1949年初,新场镇有中西医私人诊所7家,医生35人,中药店多家。1949年后,私人医生大多参加联合诊所,诊所逐渐消失。改革开放后,私人诊所重新出现,至2001年,新场镇有私人诊所3家。如今,新场镇正申报世界非遗项目,自然成为本课题调研的重中之重。

(1) 奚长生药店、奚家厅和千秋桥

此三处都是挂了牌"有身份"的保护建筑物,均与奚长生药店有关。奚氏于明正统(1436—1449年)年间从南京江宁县秣陵关迁居川沙,以卖草药和游医为生。明万历三年(1575年),第六代孙奚懋儒始创奚长生药店于川沙,明末迁至新场,是原南汇县最早的药店之一。其秘制"紫金锭"曾销往江浙两省,另据1918年倪斗南《南汇县竹枝词》描述,"长生石臼异香飘,躺过仙童捣药苗。报道新场紫金锭,驰名中外注商标",并解释"紫金锭匪特京省驰名,近有刘紫升公使式训带至法英美各国,每获奖赏,且注商标"。至于紫金锭荣获1915年首届巴拿马万国博览会金奖,只是口传,证据不足,这里不做定论。调研发现,奚长生药店旧址位于新场大街432—434号,现用作玉器古玩店,店铺显杂乱,天花板用塑料扣板护着,对建筑保护倒没有实质危害。奚氏家族明清十分繁盛,这里说的"奚家厅"包含新场镇洪东街122号奚家西厅和洪东街116号的奚家东厅,分别为明、清两代建筑,东厅因申报了优秀历史建筑,所以没被列入文物保护点。奚家西厅多外来人员居住,显得凌乱些,但建筑原貌保留;东厅至今有奚家后人居住,房屋看上去整洁许多。

通过调研,还了解到奚家厅往东、洪东街东端的千秋桥也与奚氏有关。据《话说新场》记载,"千秋桥"由钱建章于康熙年间(1662—1722年)倡建,乾隆五十一年(1786年)奚廷桂、杜松泉等重建,同治二年(1863年)奚廷桂曾孙光祐、光祖倡修,桥南侧镌有对联"愿天常生好人,愿人常行好事",北侧为"济人即是济己,种福必须种德"。1983年该桥用水泥制品代替石材修理,2006年元月依原样用石块青砖再修,使之恢复传统风貌。千秋桥原名仗义桥,又名八字桥,据奚氏后人说,当年奚长生药号出资1/3建造此桥。以上与奚氏有关的遗址遗迹,位于新场大街和洪东街,属同一街区,历史记载确切,建筑物完好,是不可多得的中医药文化遗存。

(2)泰山堂药店

位于洪东街108弄。泰山堂药店由唐成奎开设于清光绪年间,1940年唐成奎病逝后由其子唐有麟继承家业。1952年泰山堂、吴长生、存德堂三家合并组建大药房,地址在镇上洪福桥北,原址的泰山堂关闭。1956年,组建的大药房公私合营。唐有奎曾取了三房太太,大太太、二太太没生子,唐有麟是大太太从氏族中抱养来的,第三房太太生了唐有祥、唐有祺。唐有祥毕业于上海交通大学,抗战时期参加革命,后任东北石油学院院长等职;唐有祺毕业于上海同济大学,并留学美国加州理工学院,曾任教于清华大学和北京大学,是中科院院士。所以"泰山堂"旧址既是国药店旧址,也是院士故居了。

(3) 水井

位于新场大街367号、新场历史文化陈列馆院内。保存完好。

(4) 大本堂药店

位于新场大街331号,实际从牌楼西路27号上海震达药材医药有限公司绕行进入。房屋屋顶情况良好,内部破旧。此处遗址作为文保点已被列入修缮计划。据浦东文保所提供的资料,大本堂建筑是清咸丰、同治年间(1851—1874年)茶瓷商胡镕熙所建,原为两进四合院,今仅存大本堂一进。大本堂解放后开药材公司,之前和中药店无关。

(5) 南汇药材公司新场药材收购站

位于新场大街324弄1号。20世纪70至90年代,该收购站收购方圆几里农民采摘的野生药材,如蒲公英、夏枯草、葛根、车前草、金钱草、紫苏、薄荷等,大部分为野生;另有蚯蚓干、蟾酥等动物药。如今,这个收购站遗址成了见证那个年代上海郊区充分利用本土中医药资源的最好例证。当然,伴随上海城市化进程的加速,上述野生中药资源日益稀缺,从中引发的生态保护问题让人三思。

(6) 夏万庸伤科诊所

位于新场大街218号。电话采访夏万庸儿子夏家池得知,南汇新场夏氏伤科、川沙黄冈朱氏伤科、南汇六灶卢氏(卢小毛)伤科曾被称为"三大伤科",六灶卢氏伤科至今有传人。夏家最早从江苏盐城迁沪,至夏万庸三代伤科。夏万庸早年跟随叔父夏茂林（住高桥镇义王路口,老房子已拆除）学医,夏茂林两个儿子夏万松、夏万春承父业,也在高桥镇行医;姑父姓朱,在南汇大团行医开业。夏万庸私人执业整整半个多世纪,病人多为新场南端及奉贤头桥、奉城一带人,治愈无数。苏局仙 107 岁曾题"伤科夏万庸"。2020 年 4 月走访调研时,90 多岁的夏万庸遗孀居住在老房子内,房屋保持原貌。

（7）张氏针灸诊所

位于新场大街 165 号。医生叫张志明（民?）,诊所现为经营数码产品、收音机、扩印照片的商铺,店主是张志明的儿子张荣,其母亲是中医眼科医生。房屋基本保持原貌。

（8）陈卫生堂（桂记）药店

位于新场大街 162 号。现为"果坚莲心"土特产商店。房屋基本保持原貌。

（9）新场受恩桥

位于新场大街 145 号。受恩桥也名包家桥,为单跨平梁桥。明正统年间（1436—1449 年）御医沈文正始建,资金来自沈文正给皇后治病得到的皇上赏赐。清乾隆四十三年（1778 年）方景渊重修石桥。

（10）陈卫生堂（老店）药店

位于新场大街 143 号,受恩桥（也称包家桥）南首,正顺酱园对面,店主陈仲权。

（11）李回生堂药店

位于新场大街 82 号,店主李祖德,现房屋空置。

(12) 沈俊德堂药店

位于新场大街 77 号,沈一鹏、沈二鹏开设。沈氏兄弟曾经居住的 71 弄 9 号朱氏住宅至今也保存。

(13) 新场联合诊所(血防站)遗址

位于东后老街、新场中学对面的沁鹤园内,没有门牌号,房屋空置。1950 年 8 月,医师王道带头发动地方上开业医生周导、张荣伯等创建新场联合诊所,10 月正式挂牌成立,所址设于原向阳路 44 号,有平房 7 间,占地面积 150 平方米左右。初时入所医生有 35 人,设中医、西医、内科、外科、儿科、妇产科及药房等科室。1951 年,有些私人开业医生在"自愿合作、民主管理、集体经营、政府领导"原则下申请入所,医务人员增至 40 人。1952 年元旦,新场联合医院成立。1954 年,新场联合医院重新改组为联合诊所,人员缩至 30 人,增加血吸虫病防治工作。1958 年春,新场联合诊所改名为新场乡人民医院,继续吸收部分私人开业医生参加,10 月改名新场公社卫生院。1961 年秋,新场公社卫生院迁入原王家花园(现朝阳路 44 号,现已拆除造医院)。据沈申元先生回忆,联合诊所原址后来作为血吸虫病防治站,当时南汇地区血吸虫病发病率高,在征兵工作中,发现半数青年因血吸虫病而不能入伍。据调查发现,如今上海地区保留至今的联合诊所、血防站寥寥无几,此处遗址应该得到保护和利用。

2. 大团镇

大团镇宋初称"一团",属下沙盐场一分场,后历朝以盐业为主。18世纪末至19世纪,江浙皖等地人士陆续来到大团定居,致使大团商业发达,成为南汇县四大镇之一,并享有"金大团"的美名。大团有中医记载始于明崇祯年间,有叫刘道深的跟随当时南汇名医李中梓学医,学有所成,远近闻名,并著有《医案心印》《诊脉合参》等。据2004年出版的《大团镇志》记载,"清朝末年,大团地区私人诊所有15处",不乏内、外、妇、儿、伤、喉名医;至解放前夕,大团开业的有名有姓的中医师多达79人,中医临床各科兼备,镇上国药店有同仁济、中和堂等13家。此外,也有瞿崇俭等西医师13人,助产士4人。人口的密集,街镇的繁荣,从中西医诊所、药房的多寡可见一斑。

(1) 王正章中医外科、喉科诊所

位于永春北路111号。王正章(1907—1967),又名王元林。17岁拜堂祖父王荫庭门生、也是女婿的陶德藩为师学医,期间苦读金颂白、王荫庭、陶德藩等名医及业师的医书,深得其精髓,后于大团北市下塘(今永春北路111号)开业。革新"立马回疔丹"疗效独特,由此享誉南汇、川沙、奉贤三县,传子授徒15人。1936年7月,与张还(疑为怀)仁、陈桐侯、姚子让等人创办《南汇医报》,发行达300份。1951年6月,联合唐思义、潘甘霖等在大团中大街下塘组建大团联合诊所,并无偿献出"立马回疔丹"秘方,捐病床20套。先后担任联合诊所首任所长、南汇县卫生工作者协会副主任、南汇县第一届政协委员等。医案20余本毁于"文革"之中。据现在居住在王氏故居里的人介绍,以前永春北路109—119号五开间房子都是王家的,1949年后房子充公,后归还。王正章后人都在外地,将房子卖了,大概只保留一间。

(2) 丁文表诊所

位于永春北路72号(上塘),平房,左右老建筑完好,小街对面建筑也原汁原味。整个街区值得保护。

(3) 四龚(龚汉声)诊所

位于永春北路202弄,文保点。龚氏住宅建于太平天国年间,现龚汉声孙子住在老屋内,大部分房子出租。

(4) 张福康针灸诊所

位于永春西一路62号,现为肉庄,环境脏乱,建筑只剩框架,修缮价值不高。

(5) 同仁济药店

位于永春北路19号。房屋现由北大居委会使用。清道光三十年(1850年),叶彩章创办同仁济国药铺,店址设于蟠龙桥西堍口(今永春北路19号),至清光绪元年(1875年)由大团巨富盛氏谦吉堂的盛家棣(字萼甫)接盘,之后业务大增,信誉日盛,新中国成立后药店公司合营。现建筑外立面保持原貌,且对面也有老建筑,构成完整的弄堂样貌。

3. 惠南镇

惠南镇始建于明洪武十九年(1386年),初为南汇嘴中后千户所所城,为抵御外来侵略而设;清顺治时改称南汇堡(又名南汇城),清雍正四年(1726年)南汇建县时成为县治所在地,改名城厢镇;1934年改称惠南镇。至辛亥革命前的286年,城厢镇已具县城规模,作为县城象征的县衙署、学宫、寺庙等建筑一应俱全。但由于日本侵略军的破坏，南汇县城旧貌不再。人民公社化时期和"文革"中，县城城墙和一些古建筑又被拆除。至今，仅有少许地面文物。惠南镇区域自清乾隆年间（1736—1795年）始有中医，西门关帝庙内曾设同善堂，专办施棺、施药义举。1949年前夕，惠南镇城乡有私人开业医生52人，其中女性3人，除1名西医外，其余都是中医，名医不少。三灶码头（红光五组）的朱姓人家，七代为医，代代有名医，三代朱宗海、四代朱葵明、五代朱丽庚、六代朱景溪，至今民间还有他们医德高尚、医术精湛的传说。被民间誉为名医的还有唐俭候、宋一飞、黄石钦、卫凤歧、朱东白等。由于上述原因，本次调研仅有鹤令堂一处遗址。

鹤令堂药店

位于惠南镇黄路六灶湾村友爱565号。清同治十一年（1872年），顾祖基以大米500石（一石等于75千克）盘进"鹤年堂"药店（始创于何时，无从考证），并将药店更名"鹤令堂"，并以"松鹤"为记。据《黄路镇志》载，药店在经营中注重药物齐备，货真价实，故而生意兴隆，百年不衰，成为黄路地区同业之冠。1956年公司合营，一直经营至20世纪70年代末。顾祖基字承先，号锦花，又号朴初，副贡，曾任安徽睢宁县教谕。该建筑为文保点，建筑保存尚可，但地处偏僻，没有很好利用。

4. 高桥镇

清末民初，高桥镇中医有30余人。其中孙可良之喉科、陈云琦之伤寒、徐光照之中西兼治都名重一时。中药店以唐家桥东堍的养元堂为最早,清宣统二年(1910年)有王大吉,1922年后有同涵春、正心堂等约7家,1956年公私合营前有王大吉、同涵春、同德泰、徐大生、良心堂5家。

(1) 同涵春中药店

位于季景北路772—780号(地方志记载:北街293号),文保点。该店创设于1922年,店主潘祥贤,老百姓口头叫药店"同药春",1949年后公司合营,药店营业至20世纪80年代。据药店媳妇说,家里有靠背凳子,凳面反面写有"同涵春"。

(2) 吴汉云、吴湘珠姐妹诊病处

位于石家街12号的至德堂内,文保点。吴家姐妹均系民国时期上海中医学院毕业生,终身未嫁,在家开业,从事中医内、妇科诊疗,具有丰富的临床经验,前来求医者遍及高桥地区,当地人称"童身姑娘"。此建筑保存完好,院内环境优美,由吴汉云、吴湘珠的侄媳妇居住。

(3) 徐光照医寓

位于季景北路782弄5号(地方志记载:北街283—285号),1949年后做过联合诊所。现房屋出租,比较乱。徐光照(1918—1973),字金福,合庆乡人。师从名医陈颖琦,精内科和儿科,尤擅治伤寒症。1941年坐堂于高桥北街同涵春中药房。自习西医,用盘尼西林针剂消炎退热,有特效。1949年后组建高桥第一联合诊所,后任凌桥卫生院院长。

(4) 倪万春中药店

位于季景北路 608 号（地方志记载：北街 437 号）。倪万春中药店开设于 1943 年，店主倪国勋，单开间门面，三层小楼，后来此处开过邮局。

5. 周浦镇

"周浦村""周浦镇"名分别始见于南宋绍熙《云间志》、明弘治《上海志》。周浦地区先后隶属于昆山县、华亭县、上海县。清雍正四年（1726 年），南汇建县后隶属南汇县。宋末元初，周浦地区始有中医治病，俗称"郎中先生"。至民国初期，周浦地区治疗疾病以中医为主。清宣统二年（1910 年）至民国 38 年（1949 年），先后有 97 名中医在周浦地区开业行医。清皇宫太医孙绍庆相继数代在周浦地区行医，其三世孙孙叔伦（1876—1938），精于医治伤寒、湿温诸症；四世孙孙电人（1910—1984），对肝硬化腹水、老慢支、肺气肿等疑难杂症治疗有独到之处；五世孙孙传珍对治疗疑难杂症采用中西医结合，独树一帜。另有杨永璇（1901—1981）针灸、清代名医严梦令之六世孙严庆方内科、六世医计槐堂儿科等。因街镇改建，上述中医诊所遗址踪迹难觅。

（1）浙宁会馆

位于周浦镇川周公路 4482 号，区文保单位。据《周浦镇志》记载，浙宁会馆建于清朝末期，由"周长泰席店"店主周宝初发起，"日章纸烛店""瑞和祥五金店"等宁波籍店主共同出资参与兴建，俗称宁波会馆，为周浦地区宁波籍人士会晤、活动的主要场所。

(2) 顾氏宅

位于周浦镇棋杆村18组,文保点。棋杆村顾家老宅是保存比较完好的一幢清代民宅,由顾氏东川公支十一世孙顾立岗(字南山)于清代道光年间(约1830年)开始建造,历时10多年,方告完工。顾氏老宅客堂的堂号——"承裕堂"三字,据说是20世纪初由十四世祖顾槐塘、莲塘请人写刻,可惜"文革"时期遭毁,不知去向。十五世孙顾梦生,1927年出生,现已90多高龄,居住在老屋内。顾梦生1947年毕业于上海中国医学院,曾师从朱鹤皋、徐小圃、钱今阳、张赞臣、唐吉父等名医。曾在上海开业,后去沈阳兵工厂做采购,1949年2月回到浦东老家。1949年后被划为地主成分,顾梦生主动将房产、田地上交,被称为开明绅士。当时又正好他的第二个儿子出生,故取名"开明"。顾梦生凭着医术和良好的人缘,响应政府"组织起来"的号召,联合民间医生组建了当地较早的"其成乡联合诊所",但因其他两位医生顾及家庭收入,导致联合诊所才维持了3天。1952年起顾梦生开始在新场血防站工作,后又调南汇县卫生防疫站任副站长,曾是南汇县多届政协委员。1985年,因对血防工作做出的贡献,顾梦生被上海市委血防工作领导小组记大功一次,并获全国防治血吸虫病先进工作者。1982年顾梦生退休后在老屋内设诊,直至2017年90岁才停诊。现在,老屋内还藏有中医黄石钦题写的开业挂牌。据顾先生回忆,当年开业的诊金从几毛钱到几元钱,最多20元,初心是为当地百姓健康服务。

6. 三林镇

1956年,在私营工商业的社会主义改造中,三林有9家私营药店合并组建三林药品商店。1962年7月,三林药品商店隶属上海县医药公司,更名为三林医药商店。1984年,三林医药商店归三林供销合作社。1992年12月,划入浦东新区医药药材有限公司。2001年6月,隶属上海养和堂药业连锁经营有限公司。

(1) 同善堂

位于三林镇东林街157弄1—9号,前身为庙产。此处南宋时为荷花观音殿,后为西林禅院。据"浦东文博"微信公众号信息,同善堂前身为文昌阁,民国元年(1912年)文昌阁被焚毁,1922年在其遗址上建造同善堂,为镇上慈善机构。

(2) 凝秀堂水井

凝秀堂位于三林镇东林街49弄12—20号,文保点。凝秀堂建于1928年,宅主不详,为三合院式传统民居建筑。紧挨建筑有石井一口。

(3) 万祥生药店

位于东林街41号(现三林绣庄)。药店曾由陈氏经营。

(4) 三山堂药店

位于东林街55号,一开间门面。原由沈氏经营,现由沈氏后人居住。据位于灵岩南路上的养和堂药工回忆,1949年后,三林镇上万祥生、三山堂、泰和堂、天德堂等药店合并,在三山堂开业,叫做三林供销社国药店,20世纪80年代搬至灵岩南路1250号,1996年并入浦东新区养和堂药业有限公司。

(5) 崇福道院

位于三林镇杨南路555号。道院保存"崇福道院双碑",碑文与中医药无关,但是道观供奉吕纯阳、杨相公、施相公。吕纯阳即吕祖,道教"八仙"之一,本名吕洞宾,相传为唐代人。得道成仙后,常循迹人间,扶危解厄,度化众生。杨相公,本名杨文圣,曾任地方官,为政清廉,铁面无私,被敕封为昭天侯。民间传说杨相公是一位医道仙家,医术高明,治病救人。施相公,本名施全,宋朝时将军,明代敕封"护国镇海侯",立庙祭祀。清代以后,施相公亦具有治病功能,凡信徒求之皆灵验。关于施相公的研究有专论。据严婷硕士论文"上海地区施相公传说与信仰研究"所述:"施相公是深受上海城乡居民崇敬的民间'显神'之一,其身份错综复杂,他是蛇王施菩萨,又是因饲养蛇神而枉死的书生施锷;是妙手回春的神医施老爷,又是祈雨显灵的施府君;是刺杀秦桧的义士施全,也是抗击倭寇的民族英雄施珽。"所以,施相公呈现出掌医、掌水、保国护民等多重神格属性,明清两代在上海香火旺盛。如今,金山枫泾有"施王庙"以施全为供奉对象,青浦白鹤"施相公庙"以金手医神施锷为供奉主神,一般道观也多供奉施相公。

7. 其他

列在"其他"类的,一是指上述街镇之外的遗址遗迹,二是指以技术、技艺形态存在的中医药文化现象。

(1) 李平书墓纪念地

位于高行镇高西村航津路316号西侧绿化地中。之所以称纪念地,是因修筑航津路时墓地没有保留,所以在原址附近立碑以示纪念。李平书(1854—1927),祖籍江苏苏州,出生宝山高桥镇,祖父、父亲从事中医。李平书早年就读于上海龙门书院,而立之年因曾祖母患痢疾去世而决心研习中医。1900年后曾为洋务大臣张之洞幕僚,曾任江南制造局提调、中国通商银行总董,创立总工程局,担任上海商团公会会长、城厢内外救火联合会会长,领导地方自治等。医学方面除为人诊病外多有创举:1903年发起创立医学会,研究医理,讨论中西医术;1905年和张竹君一起开办女子中西医学院,开沪上中西医学教育之先河;1908年创办中国最早的中西医结合医院上海医院(今上海市第二人民医院前身);1921年和王祖德等联合创办粹华制药厂,研制中成药。

(2) 三元宫坤道院

位于高科西路2119号,又名周太爷庙,最早建于清雍正六年(1728年),道教全真派道观。庙内主供三官大帝和周太爷。周太爷是松江府知府兼太仓州知府、太仆寺卿周中鋐。周中鋐(? —1728),浙江山阴人(今浙江绍兴)。康熙年间入国子监,并授正六品松江府华亭县知县,兼上海知县。政简而不弛,刑协而不烦。相传清雍正二年(1724年),海水秋溢,漂溺无数,10余万百姓需要赈济。为避灾害,时任松江知府周中鋐请筑海堤。雍正五年,疏浚吴淞江,十一月动工,至雍正六年四月,梅雨冲决堤坝,周中鋐再次募捐筑堤,又被冲决。他亲自乘船视察水情,风急水湍,翻船身亡,此时堤坝却合拢了。为此,雍正赐祭,乾隆下旨入祀各地方名宦。此次调研,采访三元宫范诚凤道长,亲眼见到范道长用道医的方法为香客解除病痛,也听她讲述看病的案例,颇为神奇,但值得相信。另外,三元宫前殿东墙内侧嵌有"重建除虐庙碑记"石碑,该碑刻于道光元年(1821年),碑文记录周中鋐政绩,并提到其辖区内十三图民黄依敬听诉讼,在审理时黄依敬疟疾发作,语无伦次,周知府替黄治好了病,审结了案,由此,周太爷又被赋予保佑人们健康的神性。

(3) 建筑川沙县商会并财神庙捐户芳名碑

碑藏浦东档案馆。在"捐户芳名"中有"养和堂"。据《川沙县志》载,川沙县商会始建于清光绪三十二年(1906年)七月,由上海总商会转请农工商部核准成立,定名"川沙厅商务分会"。民国三年(1914年)1月,改称川沙县商会。民国十九年(1930年),国民政府颁布《商会法修正草案》规定,"商会系同业公会会员及非同业公会之公司、商号会员组成的不分行业的商界团体"。从商会名称变化判断,该碑撰刻年代不会早于1914年。另据《川沙镇志》《川沙县卫生志》提到,陈养和堂国药店创设于光绪三十二年(1906年),创办人不详,地点在川沙镇南市街。陈伯生曾经营此店,秦炳根坐堂行医,1949年歇业。如今,药店遗址不存,但碑文印证了药店曾经的存在。

(4) 中医与浦东派琵琶

浦东派琵琶发端于惠南。据原南汇博物馆馆长王树华提供的资料,明清时期,琵琶南北两大流派中的南派琵琶有了较大发展,出现了无锡派、浦东派、平湖派、崇明派争相斗艳的新格局。乾嘉年间,自惠南人氏鞠士林发端浦东派琵琶始,经鞠茂堂、陈子敬、程春塘、倪清泉、沈浩初、林石城等传人的口耳相传,浦东派琵琶成为海派文化中的一枝奇葩。始祖鞠士林和族弟鞠克家被誉为"琵琶圣手",第二代鞠茂堂被尊为"江南第一手",秘传《鞠士林琵琶谱》抄本由林石城译谱,人民音乐出版社出版。鞠士林再传弟子、第三代传人陈子敬应召入宫,教授醇亲王学琵琶。之后的两位中医对浦东派琵琶的传承起到了重要作用。其中一位是第五代沈浩初(1889—1953),又名沈翰,惠南镇黄家路人氏,出身中医世家,终身以岐黄济世。为彰显文天祥"法天地养正"之高风亮节,立诊所名为"养正轩"。他自幼喜爱民间器乐,集多年琵琶技艺,著有《元人乐府集注》16 卷(已佚失)和《养正轩琵琶谱》3 卷。《养正轩琵琶谱》系清末至新中国成立初期浦东派琵琶成熟的重要标志,是浦东派琵琶的立派之本。该书初版于 1929 年。其二是第六代传人林石城(1922—2005),浦东康桥横沔人氏,出身中医世家。他幼年随父学民族乐器。1941 年毕业于中国医学院,后在上海行医。1942 年,正式拜沈浩初为师,从其学习传统大套曲目。1956年后,为了更好传承发扬浦东派琵琶艺术,林石城正式弃医从艺,任中央音乐学院教授,著有《琵琶演奏法》,编有《琵琶曲谱》《琵琶教学法》等 21 部,是新中国民族音乐教育的奠基人,杰出的民族音乐教育家、理论家,著名琵琶演奏家、编曲作曲家。在他近半个世纪的教学生涯中,培养出一大批优秀的琵琶演奏家和教育家,使中国浦东派琵琶艺术有了一支中坚传承队伍而得以发扬光大。2008年,经国务院批准,浦东派琵琶列入第三批国家级非物质文化遗产名录。沈浩初、林石城两位中医对浦东派琵琶艺术的贡献,之前在中医界缺乏宣传,日后可作为医艺交融的典型案例加以宣传。

(5) 浦东胡氏妇科

胡氏妇科是高行镇相传至今仅有的世医,其"胡氏妇科疗法"是浦东新区非物质文化遗产项目。高行"胡氏妇科"祖籍安徽,由十一世祖胡天若公北迁至浦东高行。早在清康熙年间,胡氏中医妇科疗法就以家族传承方式延续,至今300余年,以治疗月经不调、痛经、带下、产后病等妇科疾患为长。高行胡氏分为南胡氏和北胡氏。近代的胡鸿舫(北胡)、胡溱魁(南胡)皆名噪江东。南胡氏,现已传至第二十代。北胡氏是高行胡氏妇科的嫡系传人,现已传至第二十二代,家族中尤以第二十代传人胡秉超最出名。1958年10月23日《解放日报》头版报道:"从前胡家医生坐了轿子出诊,现今胡家医生下到田头为人民服务",表扬胡氏医疗作风。如今在高行社区卫生服务中心,胡氏妇科第二十二代嫡系传人胡苹的诊室前,每天前来就诊的患者络绎不绝。据胡苹医生介绍,其母亲家中珍藏有清代胡氏医匾若干,胡氏老宅曾经也是胡氏诊所,新中国成立后做过联合诊所,现已拆除。

(6) 民间疗法捉蛇疖

此次在浦东地区的调研中,分别有3人从病人、旁观者的角度介绍利用咒语治疗带状疱疹的方法,也就是民间说的"捉蛇疖",或者用咒语治一些医院看不好的病。虽然不知道咒语的具体内容,但从他们对"捉蛇疖"的描述看,方法大致相同。这个现象值得研究。"捉蛇疖"和中医曾经的十三科之"祝由科"有关系吗?"祝由科"到底还有多少值得传承的东西呢? 此问题有待后续研究。

五、调查分析

结合浦东新区调研情况,分析浦东新区在中医药文化遗址遗迹保护方面取得的经验和存在的问题,大致如下:

(一)"不可移动文物"的中医药文化历史价值有待挖掘补充

在梳理了"浦东新区不可移动文物统计表"后,发现18处与中医药相关,但在普查评估支撑材料中,除沈氏私人诊所旧址、惠南鹤令堂、奚家厅、新场大本堂、新场奚长生药材店、棋杆村顾家宅6处遗址外,其他12处保护点没有被赋予中医药文化的历史价值,所以在"浦东文博"微信公众号中,公众不能捕捉到其与中医药文化的关系。该平台资料侧重介绍"不可移动文物"的建造年代、结构特征、业主,不太注重与文物相关的人文历史资料的记录和传播。这种现象不是浦东新区文保特有,而是文物普查中的格式要求所致。

建议平台以后可以增加相应内容,让"不可移动文物"能被阅读的内容更加丰富。

(二)"不可移动文物"背景资料有待进一步考证

调研发现,有些"不可移动文物"的背景资料还不够扎实,有待做进一步的考证研究。比如位于三林镇东林街157弄1—9号的同善堂(文保点第165号),据"浦东文博"微信公众号:同善堂前身为文昌阁,1912年文昌阁被焚毁,1922年在其遗址上建造同善堂,为镇上慈善机构。抗战前为三林公所,汪伪时期为上海县第四区公所,新中国成立后为三林乡卫生所、三林派出所。20世纪80年代后为居民住宅区,80年代中期产权归佛教协会,给附近拆迁居民居住使用至今。同善堂坐南朝北,共两进院,一进东厢房是20世纪70年代加建,用来停车、储物等。又据三林文化发展有限公司曹琪能确认,上述"浦东文博"里的信息是在2008年启动的第三次文物普查时,请镇上朱士充先生(2019年98岁高龄谢世)口述,朱先生还曾提到同善堂也是三林老街上所有施药、施棺等慈善活动的商议之所。另据曹琪能介绍,同善堂南宋时为荷花观音殿,后为西林禅院。《三林乡志残稿》记事止于1925年,所录三林地区地名及其来历极丰,比如寺观、物产、冢墓与碑记等文献及清末民国初资料亦甚丰富,但却没有记载同善堂,原住民对同善堂也不甚了解。《三林乡志残稿》编写人赵履福系清末民初人,为三林中学训导主任、校长,住同善堂隔壁,后来志书稿子由其外甥陈师咸完成。残稿内提到的三林镇施医局、红十字会、牛痘分局等慈善机构如今一概不存,唯同善堂保留,惜残稿却未予记载。至于1983年的《三林志》对同善堂有无记载还有待查证。笔者认为,对同善堂这类遗址有待进一步考证。

(三) 属于部队资产、私产的"不可移动文物"的保护

属于部队资产、私产的"不可移动文物"保护工作难度大。比如位于周浦镇的浙宁会馆是文保点,产权归部队,因迟迟得不到部队领导的支持,修缮工作难以开展,导致建筑物危在旦夕。从会馆保留情况来说,上海留下的会馆建筑就剩商船会馆、三山会馆、钱业公所和浙宁会馆了。浙宁会馆是浦东地区仅存的会馆式建筑。据《周浦镇志》记载,浙宁会馆建于清朝末期,由"周长泰席店"店主周宝初发起,"日章纸烛店""瑞和祥五金店"等宁波籍店主共同出资参与兴建,俗称宁波会馆,为周浦地区宁波籍人士会晤、活动的主要场所。周宝初管理馆务长达30多年。会馆占地约990平方米,建筑面积1 177.93余平方米,其内部房舍均为砖木结构,歇山灰瓦顶。大殿廊柱楷书对联"德泽海洋深四明崇祀,威云江浦著六邑同钦",门柱对联"同是故乡人如兄如弟,试瞻菩萨相即心即神",体现会馆的来由和宗旨。天井和大殿东西两侧以及门楼都为二层楼房,并隔成小间厢房,围成一个类似北方的"四合院",会馆内共有厢房式馆舍41间。大殿供奉关帝像,大殿两侧楼上厢房中原供有佛像。大殿北面和会馆西面分别为存放棺木的仓房和墓地。周浦地区宁波籍人士每年两次来此处聚会,讨论事务并进行会餐。如遇特殊情况,则及时召集相关人士与会,商讨解决的

对策。镇上若有宁波籍人士或家属过世,有的会选择下葬在会馆西面墓地之中。浙宁会馆1949年后归部队。据现在居住在会馆内的随军家属杨女士介绍,1969年部队开始在此建上海金康制药厂,安排随军家属在厂里工作,主要生产四环素(称金康黄),另有益母草冲剂、黄疸茵陈冲剂等中成药。她是20世纪80年代来此工作,那个时候浙宁会馆修葺过一次。1999年起,因部队不能办企业,药厂归周浦镇政府。如今,会馆破旧不堪,只有一两个随军家属居住在内,维修工作迫在眉睫。新区文保部门一直努力与部队沟通协商,却迟迟得不到部队的支持,几经交涉未果,修缮工作只能搁置。对于涉及部队产业的文保工作,建议政府出台相应的操作规范,以便部队和地方共同守护遗址遗迹,共兴文博事业。

而让人欣慰的是,同是文保点的旗杆村顾家宅,虽是私房,但在浦东新区政府的支持下,经过前期专家论证后,修缮工作于2021年11月开工,预计2022年7月完工。这为保护上海本地传统民居"绞圈房"的样板、保护属于"私产"的文保点起了积极的示范作用。此处民居现还有95岁的屋主、老中医顾梦生及其家人、族人居住在内。顾医生因年事已高停诊数年,但仍保留了行医用具、开业医匾等,待修缮工程结束,或可辟出一角,复原顾梦生中医诊室和展示顾氏家族发展史,使这处老屋焕发新的生机,成为展示传统中医、进行中医药文化宣传和乡土教育的场所。

(四)宗教场所与中医药文化的关系值得挖掘

本次调查对"浦东新区不可移动文物统计表"中所提到

的钦赐仰殿大殿(区文保单位第7号)、崇福道院双碑(保护点第117号)所在道观崇福道院、三元宫坤道院三处道观进行了调研,发现道教和中医药文化有诸多联系。作为遗址遗迹的考察,这些道观有的虽是当代重建或为了适应市政改造迁建的,观内供奉的吕祖、施相公、药王像也是新塑,但这样的建寺规制却是一脉相承,香火的绵延为一方百姓的身心健康起着积极的作用。若能深入研究,像施相公这样既有才华、又敢于以身殉职的良好品性在新时代仍然不失为乡土教育的好教材,也为更好阐释中医药和道教渊源、丰富中医药文化提供了素材。本次调研没有涉及浦东新区范围内佛教、基督教和天主教,是囿于人力不足和研究能力有限。

(五) 关于对民间"土法"医治行为的认识

在调研过程中,听人介绍从前民间的"土法"医治行为,讲述者目睹了"疗效",甚至是亲身体验。然而从"科学"的角度看来,"土法"医治行为似乎不科学,迷信成分多。这些方法还值得传承吗?这个虽然和本课题的调研不是很有关系,但笔者认为先可以把这些"土法"记录下来,留待日后研究。比如"捉蛇疳"。

六、建 议

(一) 加大对文保工作的宣传力度

文物保护尤其是遗址遗迹的保护涉及社会方方面面,

需要各级政府和相关职能部门的协调和支持。比如"住房和城乡建设部关于在实施城市更新行动中防止大拆大建问题的通知"(建科〔2021〕63号),通知下发对象涉及各省、自治区住房和城乡建设厅,北京市住房和城乡建设委、规划和自然资源委、城市管理委、水务局、交通委、园林绿化局、城市管理综合行政执法局,以及天津市、上海市、重庆市、新疆生产建设兵团、海南省的相关局、委、厅。可见遗址的保护在实际操作过程中,不是单线而是多线、多方面的协调。同时,该文件的出台,对"改变城市建设方式,坚持'留改拆'并举、以保留利用提升为主,加强修缮改造,补齐城市短板,注重提升功能,增强城市活力"有重要意义,如果能加强宣传,认真贯彻落实,必将推动文保工作进一步发展;反之,文保工作又可以反哺城市建设,让城市老建筑等成为纵深解读城市变迁的有力凭据。当然,由于各行各业看待城市改造的视角不同,态度也会各异,这就更需要负责文保工作的职能部门首先要做好宣传工作,争取其他部门的理解和支持,尽可能做到应保尽保。

(二) 街镇开发和文保工作有机结合

首先,进一步挖掘梳理街镇中医药发展历史,掌握中医药遗址遗迹的分布状况,适当增加文保点,或由街镇予以挂牌,重塑街镇中医药发展历史生态环境,将街镇历史风貌区建设和文保工作有机结合,为古镇旅游开发服务。如新场古镇,从目前初步调研结果看,尚有奚家厅等7处私人中医诊所、奚长生等3家中药店、1处古井、2座由中医医生出

（集）资建造的桥梁、1处南汇县药材公司新场收购站、1处联合诊所（血防站）可寻，这些遗址遗迹历经明代至现代，很好地反映了新场镇中医药造福一方百姓，甚至走出国门的数百年兴替变迁历史。若在此基础上做进一步的挖掘研究，并借古镇申请世界文化遗产的大好时机，把中医药文化遗址遗迹做成亮点，对提升古镇的文化品位一定会有帮助，对将来吸引国内外游客、做好中医药文化宣传，推动中医药更好地走出国门具有重要意义。再以大团为例，据《大团镇志》记载，清朝末年镇上有私人诊所15处，民国时期私人行医者日益增多，至1949年前后有83人，涵盖中医内、外、妇、儿、伤、针、眼等临床各科，国药店13家。如果好好加以挖掘，择优挂牌，可以给古镇的开发利用带来支持。比如前面提到的同仁济药铺，距今已有170多年历史，其二层楼建筑保存基本完好，由居委会使用，应该属于公产，且对面老建筑也完整，申请文保点的条件比较充分，哪怕暂时挂不了"文保点"的牌子，镇政府也可以此处建筑的保护为契机，先对镇上与中医药相关的遗址遗迹做一次全面的排摸，做到心中有数，并做好对建筑物的监察巡视，防止遭遇不测。

（三）加强人才队伍培养

调研发现，基层文保人员年纪轻，有些也非当地人，对浦东新区和自己辖区的历史变迁、地情文化缺乏足够的了解，从而导致对自己负责监管的文保单位、文保点认识的深度不够，主动挖掘研究的热情不高。针对这类情况，建议区文保部门加强人员培训，借助于地方志等史料，并依靠各街镇有文化的、熟悉各街镇历史的"老土地"的力量,尽快培养年轻一代文保人员成为"小土地",使他们更好地承担起各街镇各类遗址遗迹的保护、研究工作。

七、总　　结

由于课题时间的限制,浦东新区中医药文化遗址遗迹的调研暂时告一段落。本次调研以重点街镇为目标,对已经挂牌的与中医药文化相关的文保单位、文保点共18处做了史料梳理和实地考察,补充丰富了其中6处资料,另外12处做了补缺,并挖掘出没有挂牌的遗址遗迹15处。33处遗址遗迹分布比较集中的是在新场镇,其余街镇没有特别突出。

此次调研工作还存在一些问题。其一,因人力所限,调研的深度、广度还不够。比如大团镇,从其整体保留情况看,有进一步挖掘的必要;川沙、张江等镇未能做实地考察。其二,对新发现的15处遗址遗迹尚需做分层论证,以利于后续保护利用。其三,没有完成与国外成功案例的比较研究。

遗址遗迹的挂牌认定比较复杂,需要历史研究和建筑保护等多方面专家的合作。希望今后政府职能部门对上述遗址遗迹做分层次、有重点保护,同时挖掘出更多与中医药文化相关的遗址遗迹,做好多平台宣传,助力于旅游业、中医药行业发展,这便是本次调研的意义所在。

本调研得到浦东新区史志办柴志光主任、文保所宋飞波副主任、档案馆许芳、崇福道院张鼎诚道长、三元宫范诚凤道长的悉心指导,各街镇文保人员张晓勇、连燕、虞琦、陆洁、王雨霞、范丽雅六位的大力支持,同时还得到原南汇博物馆王树华馆长、胡氏妇科传人胡萍医生和沈申元、沈伯兴、姚建国、曹琪能几位"老土地"的亲授,以及走访过程中诸多热心人的帮助,在此一并表示感谢!

历史佐证与空间重现

——城建档案视角下的申城红色印迹

曹 伟

档案是对历史的真实记录。基于其形成过程的原始性、真实性、客观性,长期以来档案一直都被视作一手史料,在历史研究中发挥着重要的作用。无论是重要历史人物、事件的真相,还是社会经济、文化、生活层面的变迁,多能依靠档案所提供的丰富信息得以还原。可以说,档案同历史之间的紧密联系,直接决定了档案学与历史学之间的特殊关系,前者提供的海量资料,成为后者能够持续发展的前进动力。而后者对于历史真相的不断挖掘,又进一步凸显出前者的价值和意义。

具体到中共党史研究,档案材料一直都发挥着重要的作用。以上海市哲学社会科学规划办公室2019年12月公布的上海市哲学社会科学规划"党的诞生地史料挖掘与建党精神研究"专项课题名单为例,全部30项课题,课题名称中含有"档案"字样的就有4项,剩余课题中又有10余项与档案资料密不可分[1]。

---

[1] 《市社科规划"党的诞生地史料挖掘与建党精神研究"专项课题立项名单公布》,上海市哲学社会科学规划办公室网站,2019年12月9日,http://www.sh-popss.gov.cn/newsInfo.asp?idval=7086,2022年6月18日访问。

以其中"法国藏中共建党档案史料的收集、整理与编译"课题为例,项目负责人蒋杰通过对法国外交档案馆馆藏档案的查找,收集到了1922年8月陈独秀第二次在上海租界遭到逮捕的档案资料,其中包括法国驻沪总领事、副领事与法国总理兼外交部长、法国驻华公使关于陈独秀第二次被捕事件的信函、报告、法国驻汉口领事就陈独秀被捕后汉口局势致法国外交部与驻华公使的函电,以及其他13个附件。这些档案为了解陈独秀在这一历史时期的活动情况提供了重要的资料,并对部分历史陈说进行了澄清①。

尽管档案对于党史研究有着重要的意义,但由于各种原因,城建档案在相关领域发挥的作用却尚不突出。以城建档案为基础,取得重要成果的党史研究案例亦不多见。作为收集、保管、利用全市城建档案的重要基地,上海市城市建设档案馆(以下简称"上海城建档案馆")现有档案数量已逾100万卷,其中包括4万余卷形成于1949年之前的历史档案。近年来,围绕"四史教育""党史教育""纪念建党百年",上海城建档案馆围绕相关档案(以下简称"城建档案")开展了一系列的梳理与研究。在此过程中笔者越发意识到城建档案之于党史研究的特殊意义、价值,其独特的内容与形式,为档案助力党史研究提供了一些新的路径与方法。此处,谨以馆藏历史档案为例,就如何从城建档案视角来开展上海与中国共产革命研究作一探讨。

---

① 蒋杰:《法国新发现的陈独秀档案概况》,《团结报》2020年9月17日。

一、城建档案佐证近代上海红色往事

上海城建档案馆馆藏历史档案主要包括建筑执照档案、市政工程档案、城市规划档案等类别,其中尤以建筑执照档案数量为多①。就内容载体而言,则主要分为文书档案、图像档案两大类。文书档案一般包括建筑执照档案中的请照单、施工进度表以及建筑师/营造商与市政当局往来信函等。图像档案则以建筑设计图纸为主,包括建筑的地盘图、地形图、总平面图、平面图、立面图、剖面图、细部详图等。除此之外,馆藏中另有一批包括地籍图、市政道路规划图、路灯管网图在内的地图资料。

对部分历史陈说进行修正、厘清,是上述城建档案在研究近代上海共产革命活动时的最直接价值。以建筑执照档案为例,请照单、施工进度表以及设计图上的部分信息,对了解那些承载了中国共产革命活动的"红色建筑"本身的历史有着重要帮助。而厘清了建筑本身的历史,部分陈说中的差错就尽显无遗。

比如今黄浦区金陵东路279号(近金门路)的这栋五层公寓,多被认为是中国共产党创建时期的第一个出版发行机构——新青年社总发行所所在地②。根据笔者所见馆藏

---

① 参见张泽滔主编:《上海地区档案馆信息指南》,上海医科大学出版社1993年版,第114—116页。
② 易蓉:《中国共产党创建时期第一个出版发行机构!新青年社总发行所"法大马路"上掀起红色思潮》,《新民晚报》2018年1月9日。

档案,该建筑设计建造时间应不早于1928年,而《新青年》杂志于1926年7月就已停刊[1],显然,后者不可能使用这栋最快也要两年后才能落成的建筑作为发行所。较大的可能是,发行所的位置的确在今金陵东路279号处,但建筑并非如今可见的这栋公寓。

同样的,位于法租界的原吕班公寓(今黄浦区重庆南路185号重庆公寓),被认为是美国著名记者、国际友人艾格尼丝·史沫特莱1929—1931年在上海的居住地。其间,史沫特莱帮助宋庆龄处理信件,撰写演讲稿,深入农村,了解中国贫苦劳动人民的生活;结交鲁迅、陈翰笙、茅盾等社会知名进步人士,并协助鲁迅为"左联"工作[2]。然而查阅馆藏吕班公寓建筑执照档案,该公寓最早的设计图图签落款时间为1929年9月,建造申请迟至1930年1月提交。依据施工进度表,1931年该项目才最终完工。由此判断,史沫特莱1929—1931年在上海的住所很可能并非吕班公寓,而是另有别处。

位于南京东路上的原新新百货公司(今上海市第一食品商店)同样也是一例。1949年5月25日凌晨,解放军队伍进入南京路,新新公司党支部按照原定计划占领位于百货公司内的"凯旋电台",播音员李云森向全市人民宣告"上海解放了"的胜利消息,发出了人民之音第一声,并反复播

---

[1] 《中共上海党史大典》,上海教育出版社2001年版,第625页。
[2] 《上海市重要革命遗址通览》,中共党史出版社、上海辞书出版社2013年版,第339页。

放解放军布告《约法八章》和《解放区的天是明朗的天》等革命歌曲①。然而,关于凯旋电台究竟位于新新公司几楼,却说法不一。

上海市档案馆、北京广播学院、上海市广播电视局合编的《旧中国的上海广播事业》一书附录"上海广播大事记"部分当中,明确记载了"1927年3月18日,新新公司在六楼屋顶设立50瓦播音台,专为本公司做广告,负责人是电器部部长邝赞……"②,同样的说法在上海通志编纂委员会所编《上海通志》等文献中亦可见到。但另一些权威文献在论及这段红色往事时,均记载电台位于五楼,其中不乏亲历夺取电台控制权全过程的新新公司地下党员的回忆③。

看似差异巨大的分歧,实则并无对错之分。查阅新新公司各层平面图,当时楼层的标记采用了英式英语的表述方式:底层为"Ground Floor",往上则依次为"First Floor""Second Floor"。因此六楼之说,是按照现今的楼层计算方式。五楼之说,则是基于这段红色往事发生时的楼层标记方式。

利用城建档案厘清相关"红色建筑"设计、建造的具体过程,能够有助于对近代上海发生的部分共产革命活动的

---

① 《上海市重要革命遗址通览》,第211页。
② 《旧中国的上海广播事业》,档案出版社、中国广播电视出版社1985年版,809页。
③ 参见《中共上海党史大典》,上海教育出版社2001年版;《浴火新生 上海解放图录》,上海辞书出版社2009年版;《上海党史资料汇编》第4编《解放战争时期》下,上海书店出版社2018年版。

具体叙述做出修正。同样重要的是,当建筑本身的历史信息同革命活动的相关叙述被同时呈现,两者一经比对,亦有可能产生别样的收获。

比如位于原贝勒路(今黄浦区黄陂南路)148号三楼的双禾邨李白贝勒路电台,档案的设计图图签落款时间是1936年10月,而请照单、施工进度表透露的信息,1937年2月提交申请,3月开工,8月初完工。查阅当时的报刊,最早关于双禾邨的信息是1937年9月16日《新闻报》上的一条店铺广告:"大东门正大祥寿衣分号地址霞飞路贝勒路口三百零八号请认明双禾邨新建洋房庶不致误"。由此判断,该栋三层沿街公寓的建成入住时间、应该就在1937年8、9月间。结合党史研究界关于李白在1937年12月搬入此处建立秘密电台,开展革命活动的权威表述[1],笔者推测,李白很可能就是该公寓最早的一批住户。

有意思的是,根据城建档案提供的线索,笔者发现"挑新房子住"这一现象,在当时上海的革命活动中并非孤例。比如位于原辣斐德路冠华里(今黄浦区复兴中路239弄4号)的中共上海区委早期党校,1926年11月设立,对外挂牌"启迪中学"。根据档案所透露的信息,冠华里正是在这一年建成的。又如位于今静安区奉贤路290弄1号云上邨内的中共中央常委会议机关,档案显示该建筑完工时间不早于1931年11月。依据该机关于1931年冬开始设立于此可

---

[1] 《中共上海党史大典》,第647页。

推测,该机关也颇有可能就是云上邨的首批入住者。上述"巧合"无疑为研究 20 世纪二三十年代中国共产党在上海开展革命活动时的策略提供了重要线索,而这也体现了城建档案的独特价值。

二、图像史料还原近代上海共产革命活动场景

作为城建档案的重要组成部分,丰富的图像档案对于从空间角度解读、复原近代上海的共产革命活动也助力颇多。

一方面,建筑执照档案中的总平面图、地盘图等能够直观反映红色建筑所处地块、街区的整体格局,提供了一种在空间层面以"上帝视角"对红色建筑进行观察的可能性。研究中依托这类图纸,笔者注意到不少红色革命活动的秘密机关,或处在弄堂深处,便于隐藏。如原西爱咸斯路慎成里 64 号(今永嘉路 291 弄 66 号)的中共江苏省委旧址,就位于这片有超过 100 个单元的新式里弄住宅区的核心位置;原甘世东路兴顺东里 15 号(今嘉善路 140 弄 15 号)的新四军驻上海办事处旧址,则在该条弄堂的最尽头;愚园路中实新村内的刘晓故居,也处于该片新式里弄的最深处。或居于便于观察,利于转移的特殊位置。如原贝勒路(今黄陂南路)562 号的中共江苏省委新泰印刷所;原梅白克路(今新昌路)99 号的中共中央秘密印刷厂。

值得一提的是,随着改革开放以来旧城改造步伐的不断加快,部分红色建筑所在里弄被部分或全部拆除,在此情况下,城建档案资料的价值就更获凸显。比如位于原福煦路多福里21号(今静安区延安中路504弄21号)的八路军驻沪办事处旧址,如今处在该片里弄临街第一排,但通过档案中平面图即可知晓,该栋石库门实际位于多福里的中心位置,当前之所以临街,系因建造延安中路高架,其南侧多排建筑被拆除所致。又如原爱而近路(今静安区安庆路)春晖里的协盛印刷所,曾是党中央最大的秘密印刷机关,负责印刷《布尔塞维克》《中央通讯》等书籍报刊,该处里弄在旧城改造中已被拆除,但档案中的总平面图清晰显示,印刷所所在的40号,恰处于弄堂的最深处。再如原爱文义路望德里(今静安区北京西路江宁路西北角)的中共中央联络点遗址,该处建筑早已拆除,通过查阅档案中的立面图、总平面图可知,这片里弄为一处联排单开间石库门建筑,总计17个单元一字排开,立面式样完全相同,外人不易辨别。这或是选择此地作为中共中央秘密联络点的原因之一。

总而言之,依靠城建档案所具有的空间视角优势,研究者能够迅速捕捉到不少文字史料较难体现的信息和线索,这也为我们深入了解中国共产党人在近代上海开展革命活动时的具体策略、方式,提供了重要的参考信息。

另一方面,档案中的平面图则为了解、研究红色建筑内部的空间布局,提供了不可多得的一手史料。以贝勒路148号三楼的李白贝勒路电台为例,该公寓的三层平面图,直观地展现了李白建立的这座秘密电台的空间场景：其所在的148号为整栋公寓最北侧的一个单元，在房屋结构上就实现了与其他住户尽可能少的"比邻而居"。进一步研究这张平面图笔者又发现，三楼还有一个难得的完全不与隔壁住户"接壤"的厨房，在相当程度上避免了"隔墙有耳"。这样的房屋内部空间布局对李白选择将电台设置在此究竟产生了何种影响，目前尚无直接证据，但从1946年4月至1947年3月，邓国军夫妇再次在此建立秘密电台来推测，该住宅的空间特点对于开展地下电台活动的帮助与价值，是值得被认真对待的，而这也正是城建档案相较于其他资料的优势所在。

最后，城建档案在复原红色建筑原貌方面具有无可替代的作用。城建档案中的建筑立面图，是反映红色建筑初建时风貌样式最重要的证据。

比如位于原武定路修德坊6号（今静安区武定路930弄14号）的中共六届四中全会暨中央特科机关旧址，现已成为中共中央特科机关旧址陈列馆。修缮过程中，该处建筑南立面屋顶被怀疑曾进行加建，同20世纪30年代时的建筑原貌有较大出入。后经查阅该建筑相关档案中1930年的立面图，证明了前述猜测，并为修缮复原提供了第一手的证据。其余类似案例还包括南昌路48号的大同幼稚园旧址、徐家汇公园内的百代小楼、淮海中路1258号三楼的聂耳旧居等建筑，都曾通过城建档案提供的一手资料，实现了外立面的复原。

与此同时,除了式样,包括建筑材料、工艺等要素在内的修旧如旧,已经成为当下历史建筑修复时的共识。然而由于红色建筑影像资料缺乏,加上建成时间较长,多次修缮后原有材料、工艺常遭到破坏,修旧如旧,何者为旧?就成了一个难题,这恰好也是城建档案的"用武之地"。

从屋面、外立面铺设瓦片、面砖的材质、颜色,到石库门门环、窗把手的用料等,城建档案中都有可能被详细记录。以中共江苏省委旧址所在的慎成里为例,设计图上明确标注弄内住宅外立面整体采用清水砖墙,嵌水泥灰缝,墙砖采用"振苏红砖",屋面则铺设"泰山红瓦",弄口门头处为"阳文贴金苏石□匾"。与此同时,该片石库门建筑的地基、楼板材质等具体细节,也在剖面图被详细标注。以上种种信息,为该处里弄的修缮提供了重要的帮助。据了解,实际施工过程中,上述档案中标注的种种细节也被逐一证实,这愈加证明了城建档案在保护、利用红色建筑资源方面所能发挥的巨大作用。

三、从单体建筑的复原到整片街区的再现:以一大、二大会址为例

如上所述,从单体建筑的复原到街区环境的再现,具有独特载体与形式的城建档案为今人了解近代上海共产革命活动提供了丰富的价值与帮助。这一点,在对中共一大会址、中共一大代表宿舍、中共大二会址及其所在街区进行研

究时,有着显著的体现。

馆藏的中共一大会址、中共一大代表宿舍旧址档案中的立面图,为这两处全国重点文物保护单位的修缮工作,提供了重要的借鉴与帮助。比如中共一大会址的相关图纸,大至建筑外立面,小至内部的楼梯扶手、窗户、椅凳,其尺寸、结构、材质、工艺等,俱有详细记录。与此同时,两处建筑的平面图也为今人了解中共一大期间代表们在会中、会后的活动空间,提供了直观的视角。

城建档案中所提供的信息,对于单体建筑外观、内部空间的复原,发挥了重要的作用,然而任何历史场景,都不可能仅仅局限于区区单体建筑之中。红色建筑与之相邻的其他建筑乃至整个街区的风貌,对于重现红色革命场景,丰富红色往事纪念活动的内涵,意义不可小觑。有鉴于此,笔者也对中共一大会址周边的城建档案进行了详细梳理,从中可知,一大期间,从中共一大代表宿舍至一大会址,短短200多米的路程,沿线已是较为成形的住宅区,其中多是成片的石库门里弄建筑。但另一方面,作为一大会址的李公馆,也极有可能已经处在这片住宅区的最西侧。根据档案,1921年一大召开期间,李公馆所在地块建成住宅主要集中在今黄陂南路沿线,李公馆西侧的建筑多是在1922年至1929年才陆续建成。进一步而言,李公馆南侧、西侧、西南侧3个地块的建筑根据档案中的信息,在一大召开时也都尚未建成。如果上述情况属实,那么一大召开时,代表们目力所及的环境风貌,显然与当下是截然不同的。

同样的,通过查阅档案资料可知,1922年中共二大召开时,二大会址所在辅德里除南侧近福煦路处有一栋临街的三层西式建筑外,周围多为石库门里弄住宅环绕。二大会址恰隐藏在这片里弄住宅之中,同当下两排石库门单独矗立于城市绿地种的格局截然不同。这一历史风貌的复原,既反映了中国共产党在上海开展革命活动的真实环境,也对诸如毛泽东同志因为找不到开会地点而错过出席中共二大的说法①,提供了一定的参考信息。

综上所述,以整个街区为范围,对城建档案进行挖掘,不仅能够了解单体建筑的基本情况,更有助于整体风貌的复原。在此基础上,结合三维建模等技术手段,共产革命活动的整体场景,就能够得到更全面的复原,既能实现更好的展陈效果,也能够为研究中国共产党在近代上海的革命活动历史,提供更多的线索。

四、结　　论

长期以来,受各种因素影响,城建档案与党史、革命史研究的联系尚不紧密,但这并不意味着双方无法"擦出火花"。城建档案无论是形式上的直观性,还是内容上的丰富性,都能为相关研究提供独特的视角与宝贵的史料支持。

---

① [美]埃德加·斯诺:《西行漫记》,生活·读书·新知三联书店1979年版,第134页。

建筑和街区,是城市历史的承载者,也是红色革命往事的见证者。自1921年中国共产党成立以来,许多重要的人物、事件的历史,都无法脱离其所处的建筑和街区空间。有鉴于此,记录了城市规划、建筑设计、建造全过程的城建档案,对于了解城市风貌、红色建筑本身的众多历史细节,有着无可替代的作用与显而易见的价值。诚然,这些空间在诞生之初,并非专为中国共产革命事业而打造,但如今回眸历史,挖掘城建档案,呈现街区、建筑本身的史实,无疑是复原、理解红色往事过程中不可或缺的一块拼图。

如新文化史家彼得·伯克(Peter Burke)所言,"图像如同文本和口述证词一样,也是历史证据的一种重要形式"①,但现实当中,对于这些信息的考证与利用,依然还有很大提升空间。城建档案之于党史研究的现状,无疑也印证了这一观点。包括了大量建筑图纸、地图在内的城建档案,是从空间视角为党史研究独辟蹊径的一块宝藏,而如何进行解读,挖掘,则是未来需要重点探索的。

综上所述,城建档案之于党史、革命史研究的价值已不言而喻。但在研究中笔者也发现,要实现这一价值,也存在部分亟待克服的挑战。就全国范围而言,城建档案的开放程度相对较低,利用这部分档案资料开展学术研究仍面临一定的限制。与此同时,城建档案中部分设计图、地图等资

---

① [英]彼得·伯克:《图像证史》,杨豫译,北京大学出版社2008年版,第9页。

料,由于幅面巨大及形成年代久远,材质脆弱,数字化工作尚在进行中,这也在一定程度上影响了其利用效率。最后,城建档案的内容涉及建筑学、城市规划学等多个学科,专业性较强,如何在利用城建档案开展历史研究的过程实现学科间的合作、联动,这也是一个需要认真对待的课题。给档案以生命,赋历史以未来,城建档案的研究与利用,任重道远。

20世纪八九十年代上海市总工会的工运史研究

马 军

众所周知,上海总工会(1955年改称上海市工会联合会,1959年又易名上海市总工会)在1952—1958年曾经成立过一个名曰"上海工人运动史料委员会"的机构,由刘长胜任主任,姚溱、张祺任副主任,6年间收集到的相关资料达1 500万字,并初步撰写出一大批研究成果,于上海工运史研究可谓功莫大焉。① 由于"精兵简政"的缘故,该机构撤销后,骨干人员和积累的主要文字资料多调往上海社会科学院历史研究所,继续长期从事相关研究。② 然而,从20

---

① 详情可参见沈以行:《五十年代上海工运史料工作回顾》,《史林》1991年第3期;马军:《20世纪50年代"上海工人运动史料委员会"初探》,载周武主编:《上海学》第2编,上海人民出版社2015年版;郑庆声:《回忆"上海工人运动史料委员会"》,载上海社会科学院"中国现代史"创新型学科团队、上海社会科学院历史研究所现代史研究室整理:《上海工人运动历史资料》,上海书店出版社2016年版;郑庆声:《二忆"上海工人运动史料委员会"》,载上海社会科学院"中国现代史"创新型学科团队、上海社会科学院历史研究所现代史研究室整理:《上海工人运动史大事记两种》,上海书店出版社2019年第1版。

② 参见郑庆声:《回忆历史所的工运史研究》,载上海社会科学院历史研究所编《史苑往事:上海社会科学院历史研究所成立60周年纪念文集》,上海社会科学院出版社2016年版。

世纪80年初期起,上海市总工会自身又重新启动了上海工运史研究,为此开展了多方面的工作,现将概况叙述如下。

一、工运史研究组和《上海工运史研究资料》

"文革"结束后,上海市总工会于1979年在办公室下恢复成立了工运史研究组,旨在为工会工作的拨乱反正和改革探索开展研究性活动,同时也是为了因应中华全国总工会的指示,即"1985年编写出全国和地方的工运史稿和工运历史大事记、工运历史人物简介等具体任务"。① 根据当时在该组工作的郑庆声②回忆:"开始时只有我一个人,后来调来了华东师大的两名学生,同时还陆续有好几位落实政策的工会干部来工作,多的时候有十多人,这才开始有了一个研究组的名义。"③在此之间,该组主要做过几件"值得记录的事":其一是从上海社会科学院历史研究所借来20世纪50年代上海工人运动史料委员会编写并被携至该所的《上海工人运动历史大事记》手抄稿,交人送誊印社打印成4册(2019年收入《上海工人运动史大事记两种》,由上海书店出

---

① 《简讯:全总召开工运史工作座谈会》,《上海工运史研究资料》1980年第4期。
② 郑庆声,1934年生。1952—1958年、1971—1985年在上海市总工会从事工运史研究及其他工作。1961—1971年、1985—1994年在上海社会科学院历史研究所工运史研究组(室)任职。
③ 郑庆声:《回忆历史所的工运史研究》。

版社正式出版);其二是协助若干上海解放前从事工运领导工作的老干部撰写回忆录,包括张祺、毛齐华、李家齐等人;其三是汇编抗战胜利后中共对上海工人运动的指示文件,和中共上海地下党工人运动和职员运动委员会向中共中央上海局的工作汇报等;其四是1980年10月下旬派人赴北京参加全国总工会召开的部分省市工会工运史工作座谈会,接受指示,提高了对工运史工作重要性与紧迫性的认识;其五是从1980年起受中华全国总工会工人运动史研究室的委托,组织编写上海工人运动和中共上海地下党的杰出领导人刘长胜同志传记,为此在上海访问了陈修良、熊天荆、刘长欣(刘长胜的弟弟)、郑玉颜(刘长胜的前妻)、马益三等一二十人,最后整理成稿14篇,8万余字。①

从1980年6月15日起,工运史研究组还推出了一份为名《上海工运史研究资料》的内部刊物,其公布的《出版和征稿说明》②见下:

一、为了积累史料并推动上海工人运动史的研究和编纂工作,我们特编印一份《上海工运史研究资料》。

二、除了工运文献及论著外,所刊载的资料都是作者回忆,其中的分析和评价也属个人意见,仅供参考。本刊文字,请勿转载。

---

① 郑庆声:《回忆历史所的工运史研究》。
② 《上海工运史研究资料》1980年第4期。

欢迎读者对有关史实提出补充意见。

三、《上海工运史研究资料》将刊载下列内容：

（1）有关上海工运史的党内外文献；

（2）负责同志关于上海工运的论述；

（3）各行各业工人运动的回忆录、访问记、座谈记录、专题历史资料；

（4）上海工运历史人物传记及片段回忆资料；

（5）上海工运的革命文物、图片及遗址介绍；

四、欢迎熟悉上海工运史的同志为本资料撰稿，来稿一经采用，酌致稿酬。

五、本资料的读者对象主要是：上海解放前从事上海工人运动的有关同志、区县局工会干部，和从事工运史教学和研究的专业人员。

上述字里行间，对于办刊宗旨、用稿、读者等均有明确规定。从1980年至1983年底，该刊共印出19期（每期约2万字），依次为1980年第1期（1980年6月15日），第2期（9月15日），第3期（11月30日），第4期（12月20日）；1981年第1期（1981年3月15日），第2期（5月15日），第3期（6月30日），第4期（10月5日），第5期（1981年11月30日），增刊《上海百货业工运史料选辑》（12月5日），第6期（12月30日）；1982年第1期（1982年3月22日），第2期（5月31日），第3期（9月10日），第4期（1982年12月15日）；1983年第1期（1983年3月26日），第2期（6月25

日),第3期(9月26日),第4期(12月26日)。① 由此,"刊载刘少奇、周恩来、陆定一等论述和回忆工人运动的文章、讲话、信件以及其他文献资料,发表刘长胜、张承宗、张祺、陆志仁等有关上海工人运动的文章,登载史料委员会办公室整理、撰写的工运史料、专论,以及开展工运史工作的信息、经验介绍等"。② 作为烈士传记资料的收集工作,1980年第4期推出的《夏苗小传》和1981年第1期推出的《梁仁达》受到了本市和外地读者的特别关注。

二、上海工人运动史料委员会与《上海工运史料》

为了进一步推进工运史研究,根据1983年9月18日中共上海市委的决定,在上海市总工会内恢复成立了"上海工人运动史料委员会",作为该项工作的主要负责部门。"由张祺、王关昶、沈以行、蒋明道、马飞海、乐圣法、刘贞、佟子君、张心宜、张浩波、李家齐、沈默、杨春霖、周炳坤、金若望、娄才宝、钱正心、顾开极、夏明芳等十九位同志组成。张祺同志任主任,王关昶、沈以行、蒋明道任副主任。"③由此,从

---

① 拙编详目载马军、朱润主编:《红映浦江:上海工运历史研究》第2辑,上海书店出版社2022年版。

② 李家齐主编:《上海工运志》,上海社会科学院出版社1997年版,第712页。

③ 《关于恢复上海工人运动史料委员会的通知:沪委〔1983〕86号》,《上海工运史料》1984年第1期。

1984年初起,《上海工运史研究资料》易名为《上海工运史料》,改由上海工人运动史料委员会主办,仍为内部刊物。直至1988年底又推出了24期,依次为1984年第1期(1984年3月24日),第2期(5月28日),第3期(9月23日),第4期(12月17日);1985年第1期(3月26日);1985年第2期(5月16日),第3、4期合刊"抗日战争胜利四十周年专辑"(8月15日);1986年第1期(1986年1月7日),第2期(3月20日),第3期(5月31日),第4期(7月31日),第5期(10月13日),第6期(12月16日);1987年第1期"纪念刘长胜同志逝世二十周年专辑"(1月15日),第2期"上海工人三次武装起义六十周年纪念专辑"(3月12日),第3期(5月20日),第4期(7月31日),第5期(9月18日);第6期(12月15日);1988年第1期(2月29日),第2、3期合刊(6月29日),第4期"纪念王孝和烈士就义四十周年专辑"(9月20日);第5期(1988年10月30日),第6期(12月31日)。①

《上海工运史料》,包括之前《上海工运史研究资料》,9年间共出版发行43期,约200万字,"在此期间,得到广大作者、读者、老同志的关心和支持,得以征集大量历史资料,为编写和研究上海工人运动史提供了丰富的史实依据"。② 除此之外,上海工人史料委员会还做了其他许多工作,特别是

---

① 拙编详目载马军、朱润主编:《红映浦江:上海工运历史研究》第2辑。
② 《〈上海工运史料〉终刊启事》,《上海工运史料》1988年第6期。

利用征集到的珍贵史料,积极发挥了"以史为鉴""以史育人"的作用,"帮助有关部门平反冤假错案,有的恢复共产党党籍,有的撤销各种处分,有的恢复名誉,落实政策,先后达100余人。王孝和事迹于1965年被停止宣传,'文化大革命'期间更蒙受不白之冤。1984年经全面查阅档案资料,弄清王孝和被捕的历史真相。经中共中央批准,中共上海市委于1988年9月发出大力宣传王孝和烈士英雄事迹的通知"。① 一大批工运遗址也因此被确立为对职工进行爱国主义教育的基地。

图1 《上海工运史研究资料》《上海工运史料》合订本(共三大册)

因于新的形势,经张祺提议,中共上海市委同意,上海工人运动史料委员会于1988年12月8日召开终结会议,

---

① 李家齐主编:《上海工运志》,第712页。

《上海工运史料》亦告终刊。与会人士不无遗憾地指出,"工运史料委员会结束,但工运史工作没有结束。目前,抗日战争和解放战争时期的上海工运史稿尚待完成,社会主义时期的工运史料还需收集、研究,工运史工作任重而道远。今后在市总工会领导和筹划下,相信工运史工作必将得到加强,并取得更大成绩"①。之后,刊登工运史文章的任务则主要交由《上海工运》杂志(双月刊)②来继承。

三、《上海产业与上海职工》重印

1982—1984年,上海市总工会还酝酿、重印了中共上海地下党于1939年7月在上海"孤岛"印刷,用香港远东出版社的名义公开出版的一本名曰《上海产业与上海职工》(署名胡林阁、朱邦兴、徐声,40余万字)的书籍,借此既对重要的历史资料进行了整理和回顾,也为现时的上海工运史和产业史研究提供了便利且直接的素材,起到了有力的推动

---

① 《上海工运史料委员会召开终结会议》,《上海工运史料》1988年第6期。

② 《上海工运》杂志隶属于1987年1月成立的上海市总工会工运研究所,该所是从事工运理论及政策研究的专业机构,实行所长负责制,设4室1部,即工运理论研究室、工运史研究室、国际工运研究室、资料室(兼办公室)和《上海工运》杂志编辑部。1987—1993年,它一直与上海市工人运动研究会在市总工会内合署办公。后者成立于1987年5月20日,是上海市社联的团体会员,会员以工会工作者、工会理论工作者和工会教育工作者为主体。1993年,它们又一并移至上海工会管理干部学院(2005年更名为上海工会管理职业学院)办公。

作用。新版由刚恢复成立的上海工人运动史料委员会校订,上海人民出版社1984年6月出版,精装,首印4 300册。

根据时任上海市总工会主席张祺在新版《前言》中回忆:"1937年抗日战争爆发前后,党中央派刘晓、刘长胜两位同志先后从延安来到上海,组成中共江苏省委,加强了上海地区职工运动的领导。中央对上海党的工作十分关心。1938年10月,刘长胜同志传达了中央指示,要求各级党组织深入进行调查研究,了解各主要产业部门的经济情况、职工运动的历史以及职工的生活、思想和抗日活动状况,以利于进一步团结教育群众,坚持对敌斗争,发展党的力量。于是经工委刘宁一、马纯古、张祺等同志分头负责,以各产业方面的党员为主,着手收集编写有关棉纺、丝织、卷烟、电力、市政、交通、邮政、印刷、机器等二十二个产业以及各业职工的基本状况,历时半年,即告完成。然后在刘长胜同志指导下,由顾准同志整理编成本书。为了迷惑敌人,乃用远东出版社在香港出版的名义,编者三人亦属假名。本书初版共印二千册,其中五十册由省委设法送往延安,供党中央参考,其余都在本市南京路、福州路一带书店公开出售,一销而空。"

当年负责撰写第13章"上海邮政事业"的上海社会科学院历史研究所副所长沈以行亦曾感叹:"当时编写这本书是贯彻党中央关于加强调查研究工作的指示,由各产业中积极参加工人运动的党员和非党员分工编写,其内容翔实真切,生动地反映了当时上海各产业的状况和工人的苦难生活及其强烈的抗战意识,读之感人至深。""书经预先接洽,由南京路别发书店(专售进口外文图书)发售,所印两千本一销而空。据说当时日本特务也购去多本,阅后认为该书系地下党所为,并分析:'凡书中叙述详尽之产业,该处共产党力量大,简略者力量不大,未写入的表明该处尚无共产党活动。'"①日伪以此研究对策,来对付工人的抗日活动,因此它对于工人运动的开展来说,也有不利的一面。

该书较为完整地收集了从大革命时期至抗战初期的上海工运史料,字里行间洋溢着时代的气息,反映了当年上海职工高涨的抗日热情,以及他们对抗战胜利、对中共的领导充满了信心和希望;反映了中共上海地下党员紧紧依靠群众,同群众同甘共苦、坚持抗战、英勇斗争的气概,是一份弥足珍贵的文献。实践证明,其重印工作起到了良好的学术和社会教育效果。后来,上海书店于1992年、生活·读书·新知三联书店于2014年又曾重版。

图2　1984年版《上海产业与上海职工》书影

---

① 沈以行:《〈上海产业与上海职工〉简介》,载中共上海市委党史资料征集委员会主编:《上海邮政职工斗争史料》第2辑,1989年印。

四、五卅运动60周年的纪念活动

1985年5月30日和6月1日,适值轰轰烈烈的"五卅运动"爆发60周年和上海总工会成立60周年,为了隆重纪念这两个中国工人运动史上的光辉日子,上海市总工会和上海工人运动史料委员会在当年5月编印推出了两本内部出版物。

其一是《五卅运动六十周年纪念集》。该书由陈云题词,内分纪念文章、回忆文章、文献史料三大部分,约15万字,附照片100幅左右,印行达2.3万册。李强、毛齐华、张维桢、许德良等20余位老同志以历史见证人的身份写下了珍贵的回忆,揭示了60年前中国人民在帝国主义、封建军阀的黑暗统治下,如何接受中国共产党的引领,奋勇抗争、甘洒热血的斗争史实。其二是《上海总工会的六十年》,由李家齐、江柯林编,全书6.3万字,印行亦达2.3万册,记述了上海总工会成立以后,在不同历史时期领导、组织上海工人群众与敌人坚决斗争、迎来解放,并投身、服务于社会主义建设的曲折历程。与此同时,上海市总工会还印制、发行了"五卅运动"历史图片900套,每套有历史照片40张,供各工厂、企业进行宣传教育之用,并在上海市工人文化宫推出了"五卅运动史料展览会"。

在筹备、纪念"五卅运动"60周年时,上海市总工会还开展了其他一些活动。例如,全面调查核实了尚健在的参加

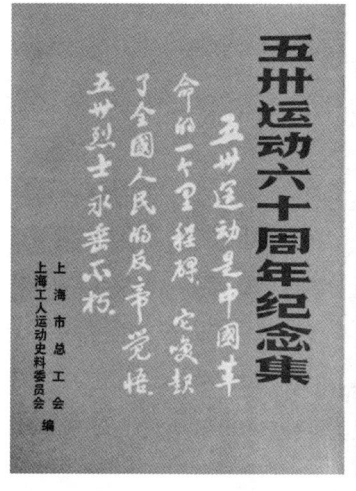

图3 《五卅运动六十周年纪念集》《上海总工会的六十年》书影

"五卅运动"、上海工人三次武装起义的100多位老工人的名单,对他们按退休前原工资发给退休费,提高困难补助标准,解决一部分人的生活困难,并邀请他们于1984年12月13日出席在市总工会举办的"五卅"反帝爱国运动老同志座谈会和1985年5月30日的纪念大会。① 又如,上海工人运动史料委员会和上海市出版局、上海出版印刷公司合作,于1985年3月28日至30日组织商务印书馆大革命时期、抗日战争时期的部分老同志到市总工会工人疗养院休养,对老同志进行健康检查,参观游览,主要是利用疗养聚会的机

---

① 《上海市总工会举行"五卅"老工人茶话会》,《上海工运史料》1985年第1期。

会组织座谈,共同回顾大革命时期该印书馆职工运动的历史,以寻找更多的史料。应邀疗养的人员中有任其祥(84岁)、谢庆斋(83岁)、徐辉祖(82岁)、蒋钟麟(81岁)、薛兆圣(78岁)、孙诗圃(75岁)等人。① 此外,上海市总工会筹集200万元建造的"五卅运动"纪念碑也在此时奠基,位置在当年运动的中心地——今人民公园北侧。该碑后于1990年5月30日落成,由陈云题写碑文。

五、《抗日战争时期上海工人运动史》《解放战争时期上海工人运动史》

基于20世纪50年代以来有关上海工运史资料的大量积累,以及20世纪80年代以后新收集的史料,由上海工人运动史料委员会牵头,于1984年成立两个编写组,分头撰写《抗日战争时期上海工人运动史》《解放战争时期上海工人运动史》两部专著。② 旨在反映1937—1949年上海工人阶级在中共上海地下党的领导下,依照"十六字"方针,与日

---

① 《收集史料的一种新尝试》,《上海工运史》1985年第2期。
② 按照郑庆声的回忆,"当时确定的目标是要编写一部《上海工人运动史》,抗战以前部分由上海社会科学院历史研究所负责,抗战以后部分由总工会的上海工人运动史料委员会办公室负责。1985年底,我调回上海社会科学院历史研究所,参加主编《上海工人运动史》(上海哲学社会科学'六五'重点科研项目),从此,两家合作编史一事即告吹。"(郑庆声:《二忆"上海工人运动史料委员会"》)由此,上海社会科学院历史研究所后来独立推出了《上海工人运动史》上、下卷(辽宁人民出版社1991年、1996年版)。

本帝国主义、国民党反动当局展开艰苦卓绝、可歌可泣的斗争,并最终与人民解放军里应外合、迎来上海解放的光辉历程。

钱敏、葛明、廉洁、吕宁、周红燕在撰成初稿后,广泛听取了曾参加上海工人运动的革命前辈、历史见证人和各级工运史编写人员的意见,曾数易其稿,最后又经当年上海地下党的老领导王尧山、张承宗、张祺、陆志仁、马飞海、毛齐华等人审订后才最终定稿。

两书共计22章、65万字,收录历史照片100幅,由上海远东出版社于1992年正式出版,陈云题写了书名。其他老

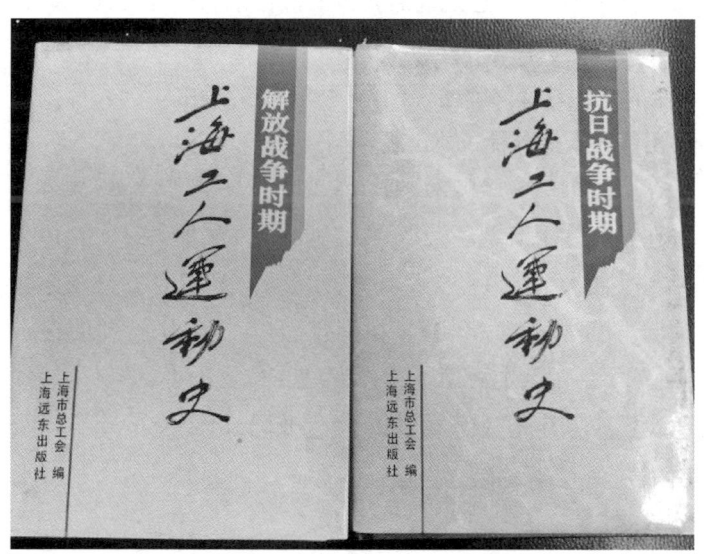

图4 《抗日战争时期上海工人运动史》《解放战争时期上海工人运动史》书影

同志的题词分别是"弘扬工人阶级革命传统,建设社会主义两个文明"(王尧山);"上海工运史出版,开创上海工运新局面,发挥工人阶级主力军作用"(张承宗);"发扬工人运动优良传统,加强工人阶级队伍建设"(张祺);"工人阶级的团结是胜利的保证"(陆志仁);"向工人阶级学习"(马飞海)。这两部著作,在上海工人运动史的历史书写上占据着非常重要而独特的地位。

六、张祺著《上海工运纪事》

这一时期,工运老同志张祺的回忆录——有关其参加和领导上海解放前革命斗争的历程——《上海工运纪事》,经过9年的整理、核订、撰述后,也于1991年7月由中国大百科全书出版社上海分社正式出版,全书共16章,26.5万字。

张祺(1910—1993),浙江浦江人。1926年至1934年6月在湖州和上海绸厂做工。1933年5月参加共青团。1936年1月加入中国共产党。1934年6月—1937年5月在苏联列宁学院学习。1937年回国后,一直在上海坚持党的秘密工作,历任中共上海地下工作运动委员会干事、委员。1942年担任中共上海工人运动委员会书记、市委委员等职。新中国成立后曾任上海总工会副主席、主席,全国总工会副主席等职。

关于此书的成书缘由,张祺在《写在前面的话》中称:"自1980年以来,经常有从事党史、工运史研究的同志找我了解历史情况,组织纪检部门的同志为解决历史遗留问题,也常来交换意见和看法。谈得多了,我感到有必要把能回忆起来的关于党领导的上海工人运动的往事写下来。"为此,从1982年起,上海市总工会党组决定派江柯林协助张祺整理、撰写回忆录。

江柯林从1982年至1983年,查找了张祺过去的一些讲话记录以及有关文章。到1984年,整理出了张祺的口述记录约6万字。接着在他的指导下开始调查研究,先后在上海市档案馆、中央档案馆、上海市总工会、上海市公安局、全国总工会中国工运史研究室查阅了大量的史料,包括张祺在上海解放前写的部分工作报告和文章,采访了当年中共上海地下党有关领导同志,初步做好了材料准备。到1987年底,已完成了从参加革命到抗战胜利的9章14万字的初稿,1989年又完成了解放战争时期的7章11万字的初稿。经张祺审阅后,初稿曾分送当年领导上海工运的刘宁一、韩念龙、毛齐华、闵一帆、王尧山、张承宗、陆志仁、马飞海等人征求意见。至1990年底,完成了修改稿。1991年初又经张祺逐章审阅后,得以最后定稿。江柯林在编后记中称:"我

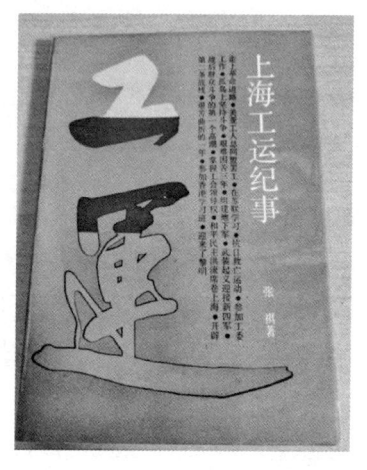

图5 《上海工运纪事》书影

对书稿中每一处史实都做了认真的核对考证,费时耗月。现在的书稿记述了张祺同志1933年在上海美亚绸厂参加革命后,特别是抗日战争爆发以后领导上海工人运动的主要经历,对上海工人运动历史上的重大事件和人物都做了评述。"

基于张祺特殊的政治身份和丰富的人生履历,以及江柯林严谨、扎实而又明快的撰写风格,《上海工运纪事》自出版后,便广受业内外人士的好评,是一部集革命性、教育性、资料性、故事性于一体的佳作。张祺地下党时期的老上级张承宗同志在序言中指出:"这既是他前半生参加革命工作的自述,也是迄今为止第一本比较全面地叙述抗日战争和解放战争时期,上海工人在中国共产党领导下,为全民族解放进行艰苦卓绝的斗争,进而取得胜利的真实记录,是党领导下的上海工人运动的重要史料。"

七、《上海工运志》

上海是中国工人阶级的摇篮,上海工人阶级长期以来一直是中国工人的领导羊。为了总结历史经验、展望未来发展,1989年上海市总工会还启动了《上海工运志》(上海市专志系列丛刊之一)的编纂工作。是年5月,根据上海市地方志编纂委员会部署,市总工会成立了编纂委员会,并设立办公室,着手制订规划、拟订纲目、组织力量等各项事宜。这部专志上限自19世纪40年代,下限至1994年,跨越了一个半世纪。上编(1840—1949年)11篇,主要聘请北京、上海从事工运史、经济史和中共党史研究的专家、学者撰写,以更好吸纳各方面的研究成果,提高志书的学术品位;下编(1949—1994年)各篇章,主要由市总工会各相关部门承担编写。"到1992年底,经过各方努力,制订了经过反复论证、修正的全志篇章纲目,并按计划完成了部分初稿,为本志的编纂工作打下了初步基础。1993年初起,因机构调整、人员变动等原因,编纂工作遇到重重困难,陷于停滞。1994年6月,在市总工会的重视下,对修志工作做了进一步部署和安排,充实力量,采取措施,加强力度,加快进度。经过编纂人员一年不间断的努力,终于在1995年5月上海市总工会成立70周年之际,完成了《上海工运志(评审稿)》。"①评审稿出来后,又经多次召开评审会,反复听取意见,细致推敲,修改补错,终于在一年半后定稿、验收。

《上海工运志》于1997年9月由上海社会科学院出版社正式出版,主编李家齐,副主编金若望、万瑞章、杨诞晏、钱治培、钱敏。除上、下编外,另有人物、附录,共计160万字,316幅照片。老一辈无产阶级革命家、工人运动领导人陈云题写了书名,黄菊、钟民、包信宝、唐振常分别作序。黄菊在序言中高屋建瓴地指出:"《上海工运志》忠实、全面、系统地记述了上海工人阶级诞生、成长和发展的战斗历程和光辉业绩,反映了工人阶级光荣的革命传统。对于广大职工群

---

① 《编后记》,载李家齐主编:《上海工运志》,第918、919页。

图 6 《上海工运志》书影

众,特别是新一代工人来说,这是一部生动和富有说服力的爱国主义、集体主义、社会主义教材,一部真实动人的革命传统教材。《上海工运志》也是上海工人运动史的珍贵资料的大集成,翔实提供了上海工人阶级历史和现实的状况,凝聚了上海工人运动的宝贵经验。""地方志是我国传统文化中源远流长的文化现象,内容包罗万象,覆载丰富广博。但是,工人运动的入志,工人阶级登上方志的殿堂,有史以来尚属创举。"这些都要特别归功于全体编纂人员成年累月、不避寒暑、艰苦努力、辛勤耕作长达 8 年的努力。

八、"上海工厂企业党史工运史丛书"

20 世纪 80 年代末,上海市总工会又与中共上海市委党史资料征集委员会办公室(后为中共上海市委党史研究室)等合作,组成"上海工厂企业党史工运史丛书"编委会,后由中共党史出版社正式推出了 2 辑 31 本共 700 多万字的成果。该丛书以极其丰富翔实的资料再现了上海地方党组织、上海工人阶级在民主革命时期波澜壮阔的斗争历程,涉及各行各业以及许多著名的厂家,受到了中共中央党史研究室、全国总工会和有关学术研究机构的高度重视和好评。

1989年11月,上述两单位以及各有关局党委书记和工会主席联合组成编纂委员会,聘请李家齐和张浩波为顾问,在有关领导和专家们的共同关心、鼓励之下,抽调一批专业人员成立了丛书编辑部主持日常业务工作,对相关局、公司、工厂等编写组早些时期形成的史稿进行了大量的补充、修订,并统一写作风格,由此得以在20世纪90年代以后将其陆续出版,其覆盖全面,政治、学术价值巨大,为推动中共党史、中国工运史、中国近现代工业发展史的研究提供了丰富的史料。具体书目见下:

《上海纺织工人运动史》《上海铁路工人运动史》《上海电力公司工人运动史》《上海邮政职工运动史》《上海电话公司职工运动史》《上海机器业工人运动史》《上棉第二棉纺织厂工人运动史》《上海毛条一厂(新怡和纱厂)工人运动史》《上海第三十一棉纺厂工人运动史》《上海法电工人运动史》《上海出租汽车、人力车工人运动史》《上海公共汽车工人运动史》《上海英

图7 "上海工厂企业党史工运史丛书"部分书籍书脊合影

电工人运动史》《上海卷烟厂工人运动史》《中华书局总厂职工运动史》《上海商务印书馆职工运动史》《大隆机器厂工人运动史》《上海海员工人运动史》《上海永安公司职工运动史》《上海煤气工人运动史》《上海自来水工人运动史》《上海大隆(泰利)机器厂工人运动史》《上海电机厂工人运动史》《上海第一棉纺织厂工人运动史》《上海第十二棉纺织厂工人运动史》《上海第九棉纺织厂工人运动史》《上海美亚织绸厂工人运动史》《上海江南造船厂工人运动史》《上海印刷工人运动史》《上海华商电气公司工人运动史》《上海解放战争时期邮政职工运动史》。

九、小　　结

20世纪八九十年代,即改革开放的初期,上海市总工会为推进上海工运史研究乃至全国工运史研究做了大量的资料和研究工作,推出了一大批颇有价值、极有分量的出版品,在总结历史经验教训、推动学术研究和对广大职工进行思想教育方面成绩卓著! 进入21世纪以后,随着"近代化"叙事逾越"革命史"叙事而成为史学研究的主流,工运史研究出现了式微的趋势,不仅上海市总工会受此影响,全国各高校、各研究机构亦大率如此,所见到的是专门研究机构的裁并,相关书籍、期刊的日少,以及论文、文章的稀见。但近几年来,随着"四史"教育的推动,以及海外工运史研究成果和方法的引入,国内的工运史出现了复苏的趋势,尤其是研究方法已从原先较为单一的罢工、斗争视角,转为积极采用社会学、社会史的解析手段,力图从更为复杂的历史大环境和生存结构中,去重新诠释过往的一系列现象和事件,由此便出现了若干工运史研究的新气象、新潮流。社会各界人士和学术界正期待着上海市总工会能利用固有优势,重举工运史研究的大旗,引领各方为书写上海工人阶级的光辉历史做出新的贡献。

城市史视野下的浦东开发开放

张 犇

20 世纪 80 年代末 90 年代初,国家做出了开发和开放浦东的重大战略决策,主导了上海新一轮的改革与发展,在上海城市史上增添了浓墨重彩的一笔,开启了中国改革开放的新阶段,对中华民族产生了深远的影响。

一、上海"成长的烦恼"

近代上海在多种复杂因素的共同作用之下成为具有世界影响力的都会城市。早在 20 世纪 30 年代,上海已经成为远东最大的金融和贸易中心。1936 年,上海对外贸易总额占全国比例达 55.53%,几乎所有的世界大金融公司与银行的亚洲总部都落户上海。[①] 自 20 世纪中期开始,由于计划经济体制的特殊作用,上海城市的金融与贸易功能大幅度衰退,由多功能的中心城市转变为单一功能的工业基地。

---

① 袁恩桢:《邓小平与浦东开发》,《毛泽东邓小平理论研究》2004 年第 8 期。

其时,上海仍居中国最大经济城市的地位,各类经济指标中,无论是总产值、工业产值、进出口额、财政收入,还是全员劳动生产率等,几乎都占据各省市同类指标的首位。在相当长的历史时期内,上海以占全国1/1 500的土地和1‰的人口,提供了全国1/6的财政收入和1/10的工业产值。①

然而,此时上海的发展也陷入了剧烈矛盾与困境。1980年10月3日的《解放日报》在头版头条刊登了上海社会科学院部门经济研究所研究员沈骏坡的文章《十个第一和五个倒数第一说明了什么?——关于上海发展方向的探讨》。文章列举了上海经济指标在全国十个第一后,称上海城市建设等方面有五个全国"倒数第一":

一、市区平均每平方千米有4.1万人,城市人口密度之大,为全国之"最"。

二、建筑密度高达56%,按人口平均计算,每人拥有道路仅1.56平方米,绿化面积仅0.47平方米(像一张《解放日报》那么大)。建筑之密、厂房之挤、道路之狭、绿化之少,均为我国大城市之"最"。

三、上海市区按人口平均计算,每人居住面积为4.3平方米(包括棚户、简屋、阁楼在内),4平方米以下的缺房户有918 000多户(其中困难户、结婚户、特困户、外地调沪无房户共69 000多户),占全市户数60%左右,缺房户比重之大,

---

① 武市红:《邓小平决策开发开放上海的战略思考》,载《中共中央文献研究室个人课题成果集(2011年)》,第347页。

为全国大城市之"最"。

四、上海平均每万辆车一年死亡人数为42.5人,车辆事故为全国大城市之"最"。

五、由于三废污染严重,上海市区癌症发病率之高为全国城市之"最"。

此文一出,各界反映强烈,作者一针见血地道出了上海在改革开放初期城市发展滞后的困窘和症结之所在。"当时的上海,看上去是个'顶天立地'的巨人,但实际上是个'健康欠佳'的病人。上海患了城市病,病得喘不过气来"①。

造成这一困境的原因有很多,舆论界有3个比喻最能说明问题:

一是上海城市形态像一只夹花的"大饼"。城市建设"摊大饼"式扩张,造成住宅、工厂、商业、学校等无区分的混杂在一起,造成严重的城市病。

二是上海城市功能像一个心肺衰竭的"老人"。无序扩张和基础设施的无限制利用,使得上海的交通、电力等基础设施如人之心肺衰竭,生产能力被无休整地榨取。

三是上海城市像一个作坊式的"大家庭"。全国各地向上海输送能源、原材料,供上海通宵达旦地加工生产。在大量工业品源源不断地运往全国各地的同时,废水、废气、废渣留在了上海。而市民又集聚在这个环境中生活。②

---

① 袁恩桢:《小平速度:60天敲定》,《领导文萃》2012年第16期。
② 谢国平:《朱镕基与浦东开发》,《浦东开发》2013年第10期。

改革开放之后,上海被摆在"后卫"的位置,在全国经济中的首位地位连连失守。经济增长幅度不仅远不及江苏、浙江、山东、广东等沿海省份,甚至有几年的增长率仅为全国平均增长率的一半。1978年,上海的地区生产总值在全国所占比重为7.53%,1991年该比重下降为4.13%,多数经济指标的全国头把交椅让给了先期开放的兄弟省市。①美国著名智库兰德公司的专家说:中国的经济中心已出现南移的趋势,广东将取代上海。城市病在经济颓势的作用下构成了更加深刻的威胁,整个上海呈现出一副破败景象。1988年的甲肝大爆发殃及30万市民,黄浦江渡船上拥挤丧命等突发事件都是这一危机直接作用的结果。

正是这一困局,才迫使上海不得不寻求突破,而浦东开发成为上海的唯一选择。

二、浦东是上海未来的希望

浦东,因处黄浦江东而得名,与繁华的上海老市区隔江相望,地理位置十分优越,又有大面积可供开发利用的土地,对于拓展上海的生产生活空间,化解发展难题具有重大战略意义。

开发前的浦江两岸完全是两个世界。浦西是往昔的十

---

① 刘士林:《浦东开发与上海的再都市化》,《南通大学学报》(社会科学版)2010年第2期。

里洋场,高楼耸立,灯火辉煌。浦东却由于历史、政策、地域、交通和人们习俗的原因,发展始终受到制约,还基本停留于自然经济时代,苇荡片片,市廛零落,只有零星的现代企业和现代建筑。浦东成了上海人心目中的"下只角","宁要浦西一张床,不要浦东一间房"的说法是这一差距最形象的表达。

浦东开发最主要的是要解决浦东发展滞后和上海发展空间的问题。但是浦东的开发又不能沿袭之前的老路,并非仅仅是上海老城区的延伸和传统产业的转移,它应该是在更高层次、更高水平上的开发与开放,是要通过开发开放浦东,发挥上海这座有着综合优势和强大工业基础城市的作用,充分利用我国经济优势,利用各方面最有实力的长江三角洲和长江流域,形成中国进一步深化改革开放的格局,最终寻求中国与世界的经济对话。① 朱镕基讲:"浦东是将来上海的窗口、上海的希望,那是最现代化的城市。"② 所以浦东开发问题从一开始就具有全国意义和国际意义,用赵启正的话来说是要"站在地球仪旁思考浦东开发"。

早在20世纪初,李平书等有识之士就提出兴建浦东铁路、开发这块宝地,以挽回利权、振兴沿海实业的构想。接着,伟大的民主革命先行者孙中山先生在《建国方略》(1919

---

① 《视察上海时的谈话》,载《邓小平文选》第3卷,人民出版社1993年版,第366页。

② 《朱镕基上海讲话实录》,人民出版社、上海人民出版社2013年版,第386页。

年)中也提出了一些设想,但并没有任何具体的规划。① 此后,国民党上海市政府在制订大上海计划时,也注意到了对浦东的开发。1949年以后,随着上海工业建设的不断发展,城市规划部门也多次把目光注射到这片土地,先后在1953年、1958年和1963年制订过上海城区越江向东扩展的蓝图,都因现实条件所限而未予付诸实践。②

改革开放以后,经济特区先行先试,形成了良好的发展态势,上海也在劣势的对比之下探索打破僵局。1980年10月,上海社会科学院《社会科学》杂志发表了工程师陈坤龙的文章《向广阔地区发展》,提出了在浦东陆家嘴和外滩建立越江交通和发展浦东新市区的建议,引起各方高度关注。越来越多的专家学者和实际工作部门领导干部加入了对开发浦东的研究与探讨。③ 上海市政府在1984年向国务院上报的《上海经济发展战略汇报提纲》和《上海市城市总体规划》中,首次在市级层面正式提出开发浦东的建议。国务院在1986年对《上海市城市总体规划》的批复中明确:"当前,特别要注意有计划地建设和改造浦东地区。要尽快修建黄浦江大桥及隧道等工程,在浦东发展金融、贸易、科技、文教和商业服务设施,建设新居住区,使浦东成为现代化的新区。"④

---

① 赵启正:《浦东开发开放的软成果》,载《浦东开发开放》上,上海教育出版社2014年版,第68页。
② 朱华等:《上海一百年》,上海人民出版社1999年版,第440页。
③ 朱华等:《上海一百年》,上海人民出版社1999年版,第441页。
④ 《上海改革开放二十年(城建卷)》,上海人民出版社1998年版,第46页。

1987年7月,旧金山一位非常爱国的美籍华人教授、预应力专家林同炎先生,向时任中共中央政治局委员、上海市委书记江泽民写了万言书,提出浦东的开发问题,建议要立足浦东、放眼世界。① 于是,上海市成立了以老市长汪道涵任顾问、副市长倪天增任组长,并包括林同炎等几位外国专家在内的浦东联合咨询研究小组,研究浦东开发开放的定位问题。1988年5月,上海市政府召开了"开发浦东新区国家研讨会",第一次向全世界传递了开发浦东的消息,一些具体的目标和方案在会上得到交流。此后,开发浦东新区领导小组成立,统一领导协调浦东开发的前期筹备工作。到20世纪80年代末,对外宣布浦东开发开放的时机已完全成熟。

邓小平是浦东开发的主要决策者。当时正值1989年春夏之交国内发生严重政治风波之后,西方国家对中国形成孤立与封锁之势,中国要打破困局,向世界宣示继续推进改革开放。1990年初,已经退休的邓小平听了时任上海市长的朱镕基向他汇报浦东开发的构想后十分赞成。此后两个多月里,围绕浦东开发的决策,邓小平与中央政治局领导同志进行了多次重大谈话。2月17日,他向中央领导郑重谈道:"我已经退下来了,但还有一件事,还要说一下,那就是上海的浦东开发,你们要多关心。"②3月3日,邓小平又约几位中央领导同志谈话。他说:"对国际形势还要继续观

---

① 周汉民:《浦东要为中国改革开放树立样板》,载《浦东开发开放》下,第3页。

② 袁恩桢:《小平速度:60天敲定》,《领导文萃》2012年第16期。

察,有些问题不是一下子看得清楚,总之不能看成一片漆黑,不能认为形势恶化到多么严重的地步,不能把我们说成是处在多么不利的地位。""现在特别要注意经济发展速度滑坡的问题,我担心滑坡。""要实现适当的发展速度,不能只在眼前的事物里面打圈子,要用宏观战略的眼光分析问题,拿出具体措施。机会要抓住,决策要及时,要研究一下哪些地方条件更好,可以更广大地开源。比如抓上海,就算一个大措施。上海是我们的王牌,把上海搞起来是一条捷径。"①正是在邓小平的直接关怀与支持下,3月28日,国务院副总理姚依林率国务院有关部委负责人视察上海,对浦东开发问题进行专题研究论证,提出了"一二三四五"的支持政策:每年可利用外资一亿美元;中央给上海每年二个亿的补助和三个亿的贷款;同意搞土地批租,免交土地批租的40%用于土地滚动开发、城市建设;浦东开发开放的第一个五年里的财政不上交。4月18日,在大众汽车公司成立五周年庆祝会上,国务院总理李鹏代表中国政府正式向全世界宣布开发开放浦东新区。

三、"新区新区,不特而特"

浦东以新区命名,区别于第一批开放的深圳、珠海等特区,在改革开放之后是个新鲜事物。由于当时处于比较敏

---

① 《国际形势和经济问题》,《邓小平文选》第3卷,第354—355页。

感的时刻,就有很多人怀疑,认为中央没有给浦东像特区那么开放的政策。"名者,实之宾也。"外界的这种质疑是很正常的,只不过上海对浦东新区的这个"新"的定位和解释是更具开拓意义的。对此,时任上海市长的朱镕基有个绝妙的归纳——浦东新区不叫特区,而叫新区,新区新区,不特而特,特中有特,比特区还特。

这一归纳也是名副其实的。20世纪80年代,我国的开放先后命名了20多个沿海经济技术开发区和5个特区。上海当时也有漕河泾、闵行、虹桥等3个经济技术开发区。浦东之所以叫新区,是因为所有经济技术开发区所具有的十大政策,浦东统统都有,都可操作;所有5个特区在1990年以前确定的九大政策,浦东都有;所有的经济技术开发区和特区都没有的五大政策,浦东也有。这五大政策为:一是允许外国企业开办百货商店、超市等第三产业;二是外资可以开办银行、财务公司、保险公司等金融机构;三是允许上海设立证券交易所,为浦东开发自行审批发行人民币股票和B种股票;四是在浦东新区外高桥设立中国开放度最大的保税区;五是扩大上海市有关浦东新区项目审批的5个方面审批权。特别是在投资项目审批上,浦东审批是2亿美元以下。当时的情况是3 000万美元以上项目都要报国家计委、经贸委审批,2亿美元以上报国务院审批。[①] 这些政策

---

① 黄奇帆:《浦东的精神就是创新》,载《浦东开发开放》上,第39—41页。

说明了浦东开发开放的深度和广度,也吸引了全世界的目光投注在这里,形势发展得非常好。到 1991 年 4 月 18 日,浦东开发开放一周年之际,共有来自五大洲 3 000 多批 1.5 万人次的客商踏上了浦东大地。① 在浦东开发前 10 年,区内仅有"三资"企业 37 个,浦东开发宣布后,从 1990 年 4 月至 1991 年底短短的时间内,"三资"企业已激增至 170 个,总投资 5.8 亿美元,引进外资 24 亿美元,一批国际知名跨国公司,如美国的杜邦公司、德国的巴斯夫公司等也在浦东落户,取得了较快的发展。②

浦东的开发战略时时处处体现了创新精神。当时面临最主要的问题就是资金短缺。这是每个地方开发开放初期的核心问题,而开放政策主要就是要"引资"。浦东也不例外。当时新成立的直接负责统筹协调开发工作的上海市人民政府浦东开发办公室的工作开展更是捉襟见肘,甚至外来投资者要一张纸的浦东开发规划说明都需要付 1 元钱的成本费。在这种情况下,开发需要的几百亿元天量资金更是无从谈起,这就需要融资创新。

开发初期重点开发 3 个功能区,即陆家嘴金融贸易区、外高桥保税区、金桥出口加工区。按照朱镕基的设想,3 个功能区各成立一个开发公司,先期尽快启动十几平方千米

---

① 沙麟:《难忘从事浦东开发开放的激情澎湃岁月》,载《浦东开发开放》上,第 25、27 页。
② 夏克强:《发挥综合优势 改善投资环境》,载《浦东开发开放》上,第 59—60 页。

的开发。按实际估算,1平方千米开发成本至少要2亿元,需要20多亿元资金。但上海市只拨付了总共1亿元的启动资金,其中3个公司各3 000万元的开办费,浦东开发办1 000万元的运作成本。在这种矛盾之下,浦东只有利用中央给的最具含金量的土地政策来解决问题。具体的做法是:由浦东开发办组织了一场有市财政局、工商局、土地局和企业的综合办公,即由财政局按土地出让价格给每个公司开出2.4亿元的支票,作为政府对企业的资本投入并由工商局验证,这样每个公司就有了2.7亿元资本金;开发公司再将支票背书付给市土地局,并签订土地使用权的出让合同并经工商局验证;市土地局出让土地使用权以后,从开发公司所得到的背书支票再全部上缴市财政局,市财政局将土地收入的4‰归中央,上缴给国家财政。正是通过这种土地批租实打实运转,财政资金支出又收入,形成支票背书"空转"循环的方式以及其他配套金融措施,实现了浦东开发投入与产出的总平衡,从而确保了投融资的持续健康发展。①

另外,在管理模式上,浦东新区也进行了大胆的探索与创新,实行"新区、新事、新章、新办"。现在的浦东幅员1 200多平方千米,但开发开放之初划定的规划控制范围仅为350平方千米,分属"三区两县",即南市、黄浦、杨浦三区和上海、川沙两县,并未设置独立行政单位,而是由浦东开发办

---

① 杨昌基:《我参加浦东开发14个月的情况回忆》,载《浦东开发开放》上,第11、12页;黄奇帆口述:《浦东的精神就是创新》,载《浦东开发开放》上,第46—48页。

公室这一市政府派出机构负责协调和处理开发事宜。上海市委组织部牵头,从浦西各个单位选拔了88名精兵强将组成干部队伍来承担这一工作。在大量扎实的前期工作的基础之上,1992年10月11日,国务院以国函〔1992〕145号文件批复设立上海市浦东新区,撤销川沙县,浦东新区的行政区域包括原川沙县,上海县的三林乡、黄浦区、南市区、杨浦区的浦东部分。当时新区还没有成立四套班子,而是以管委会统领全盘。新区管委会机构和人员设置以"精简、高效"为原则,实行"小政府大社会"的格局,基本的制度架构就是"上有管委会,下有十个部门八百壮士"。10个部门是典型的"大部门制"。"八百壮士"即800个编制,隐藏于其后的真实情形是原川沙县机关的1 000多公务员,有2/3以上都进行了分流,没有进入新区机关。① 同期上海其他区县平均是51个部门,相比来说浦东少了81%;其他区县公务人员平均为1 250人,浦东仅相当于其他区的64%。② 2000年,浦东开发10周年之际正式形成完整的四套班子体制,管理机制更为成熟。2009年,南汇整体并入浦东新区,形成现在的规模。这些都恪守了"精简、高效"的原则,也被实践证明了有权威、有效率。目前浦东政府之下的部门为19个,是面上部门的2/3;每万人公务员编制数量还不到上海市平均数的一半。③

---

① 王洪泉:《稳定:浦东开发的保障》,载《浦东开发开放》上,第176页。
② 胡炜:《这辈子就是浦东人》,载《浦东开发开放》上,第84页。
③ 姜樑:《两区合并后,浦东迎来新机遇》,载《浦东开发开放》下,第116页。

四、浦东的格局

浦东开发伊始,上海提出了著名的"开发浦东,振兴上海,服务全国,走向世界"的16字战略方针,作为浦东开发的总纲。稍后的中共十四大报告更为明确地指出:"以上海浦东开发开放为龙头,进一步开放长江沿岸城市,尽快把上海建成国际经济、金融、贸易中心之一,带动长江三角洲和整个长江流域地区经济的新飞跃。"这就是著名的"一个龙头、三个中心"战略。这一战略定位不仅明确了浦东开发开放在中国改革开放和经济建设中的地位和作用,而且明确了上海在世界经济发展中应有的地位与作用,也指明了上海迈向21世纪的战略目标。

在这一目标定位的框架下,浦东将具体开发格局也定为16字战略,叫作"金融先行,贸易兴市,基础铺路,工业联动"。① 先期开放的特区主要是以工业为主的开发区开发。如果浦东也依此布局,无非是给优惠政策,鼓励工商企业,搞一些工业项目开发区,再搞一些基础设施、房地产,这样开发的层次就很低。浦东开发就是要利用大上海的传统优势,以金融、信息咨询等高端服务业和立体式、高质量、高标准的基础设施建设为基础,推动工业、金融、商贸联动发展,

---

① 黄奇帆:《浦东的精神就是创新》,载《浦东开发开放》上,第39—41页。

二、三产业比翼齐飞。陆家嘴金融贸易区、外高桥保税区、金桥出口加工区和张江高科技园区4个功能区建设很好地承载了这一战略。这几个开发区的功能定位在一开始就很明确,就是一个做金融,一个做出口加工,一个做自由贸易,一个做科技产业。

首先是陆家嘴金融贸易区。1991年2月邓小平到上海考察时指出:"上海过去是金融中心,是货币自由兑换的地方,今后也要这样搞。中国在金融方面取得国际地位,首先要靠上海。"①金融上去了,就解决了城市建设和经济发展的资金问题,整个城市就活了,这是浦东新区开发建设最显著的特点之一。要大力发展金融业,很自然就选定了陆家嘴地区,因为与陆家嘴一江之隔的外滩原先就是金融集中地,在陆家嘴发展金融,就与老市区联成一体,组成一个金融中心、信息中心。再者,陆家嘴的区位优势明显,能充分发挥其级差效应,使开发效益更高。

陆家嘴金融贸易区是最具标志意义的功能区。为了做好它的规划模型,朱镕基打破惯例搞国际方案招标,用法国人捐给浦东开发的400万法郎分别请了日本、意大利、英国、美国、法国等5个国家的设计公司做模型,以此来择优整合。5个方案中高楼都只有四五十层,英国方案像罗马斗兽场,日本方案功夫在地下,单一来看都不是很适合。"当时考虑,陆家嘴地区在上海外滩的对面,黄浦江在此转了一

---

① 《视察上海时的讲话》,《邓小平文选》第3卷,第366—367页。

个弯,形成了易经八卦中的太极格局,与外滩金融中心一凸一凹、一高一低,可谓珠联璧合,仅仅搞一些四五十层楼房还不够,应该学芝加哥、学纽约,纽约有3栋100层的楼,芝加哥也有3栋,所以陆家嘴也可放3栋。我们当时拿了3根筷子,研究了3栋高楼布局后,跟着就做模型,就出来现在的环球金融中心、金茂大厦、上海中心。"①这个模型做好之后,经由上海市人大常委会审核通过,使这个规划有了法制保障,之后20多年陆家嘴的规划模型基本上一以贯之的。中心绿地也是成功的典范。那里原是一块10万平方米的居民区,如果拆迁之后批租会形成20亿元的收入。而建设者却花了3亿多元的动迁费和7亿多元的修建费,给陆家嘴CBD留下了一个宝贵的"绿肺"。② 而作为陆家嘴轴线的世纪大道是朱镕基亲自拍板的,经过艰难的设计与建设,最后终于形成了"两侧高楼耸立如美国曼哈顿,道路像法国的香榭丽舍大街"的恢宏气势。③ 这就是现在陆家嘴的基本格局。

建设金融中心当然得有密集的金融机构进驻。按照全球金融中心的发展历程来看,只有在当地企业发展到一定规模之后,金融机构才随之而来。陆家嘴进行了大胆创新,

---

① 黄奇帆:《浦东的精神就是创新》,载《浦东开发开放》上,第50—51页。
② 余力:《天时地利人和,共助浦东开发》,载《浦东开发开放》上,第172—173页。
③ 李佳能:《编制浦东新区总体规划的前前后后》,载《浦东开发开放》上,第136—138页。

先吸引各类金融机构提前进驻,以此来吸引它们的全球性企业客户,再进一步吸引这些企业的总部进驻,以这种"集聚效应"来实现金融中心的迅速崛起。1995年6月28日,在央行上海分行浦东新址开业典礼上,赵启正代表浦东送上一只精心打扮过的小羊,这只"金融领头羊"被成功"请"进陆家嘴,也由此迎来了金融机构密集落户的第一轮高峰。9月28日,首家外资银行日本富士银行入驻。12月28日,上海招商局大厦落成。翌年7月1日,日本八佰伴国际集团总部由香港移师上海。8月,泰华国际银行将总部迁址浦东,成为第一家迁入的外资银行总部。1997年,上海债券交易所落户浦东。这些拉开了陆家嘴金融中心的建设序幕。①

如今的陆家嘴作为国内金融机构最密集、金融要素市场最完备的地区之一,金融贸易区流量经济涵盖全国31个省区市,物流网络遍布全球,集聚着证券、期货、钻石、产权、石油等10多个国家级要素市场,以股票、货币、债券、外汇、商品期货、金融期货、黄金、产权市场等为主要内容的现代金融市场体系日渐成熟,基本确立了国内金融市场中心的地位。

外高桥保税区是全国启动最早的保税区,也是全国首个"国家进口贸易促进创新示范区"。它集自由贸易、出口加工、物流仓储及保税产品展示等多种经济功能于一体,是上海国际航运、贸易中心的重要载体。

---

① 赵启正:《浦东开发也"送礼""请客"》,《中国经济周刊》2009年第38、39期合刊。

"保税区"这是中国自己创造的名词,在国际上一般使用的是 Free Zone(自由区)、Free Part Zone(自由港区)、Bonded Port(保税港区)、Bonded House Zone(保税仓库区),但是国际通行最多被使用的称谓是 Free Trade Zone(自由贸易区)。外高桥保税区从一开始就是按照自贸区的模式、奔着自贸区的方向而去的。比如保税区的政策,是"把全世界 WTO 框架下的自由贸易区的东西归纳了以后,有用的拼在一起,报中央批准"。[①] 这些政策可以归纳为3个自由:贸易自由、货币自由和货物进出口自由。第一是贸易自由,而那时国家实行贸易限制,尤其是限制国外的贸易公司投资,但是保税区是唯一可以设立贸易公司的地方。进出口货物不受许可证管理免征关税。第二是货币自由,当时外汇的管制很严,但是贸易离不开各种货币的结算,所以在外高桥保税区每个国家的货币都可以在里面进行流通。外汇管理局专门出了一个外汇管理条例,实行外汇自由。第三是货物进出口自由,国外所有的货物、商品,包括国家限制进口的要许可证和配额的汽车、办公用品、家用电器、药品等,在保税区内都可以自由进出。[②] 即便如此,在1990年的政治环境中,"自由"一词依然是一个敏感的字眼,命名为自由贸易区可能会引起多种解读,所以就使用了"保税区"这一很有中国特色的名词。但是,它的英文翻译还是

---

① 黄奇帆:《浦东的精神就是创新》,载《浦东开发开放》上,第45页。
② 阮延华:《追逐"自由"的保税区》,载《浦东开发开放》上,第157页。

采用"自由贸易区"(Shanghai Waigaoqiao Free Trade Zone),以方便对外宣介,尽早实现与国际接轨。1990年6月15日,朱镕基率领上海经济代表团访问新加坡时,推介浦东,讲到外高桥保税区时,用的就是 Free Trade Zone,巧妙地避开了用中文讲"自由贸易"的麻烦。①

保税区规划区域10平方千米,1991年建设启动时只有0.7平方千米,1992年海关验收时,只通过了0.453平方千米。② 保税区的招商引资对象"以外资企业为主,以国际贸易为主"。1992年,我国第一家外商独资贸易公司——日本上海伊藤忠商事有限公司经外经贸部批准在外高桥保税区注册。1993年9月,第一个中外合资物流企业——上海外红国际物流有限公司成立,突破了服务贸易领域引进外资的瓶颈。11月,全国首个保税生产资料交易市场成功落户,对贸易自由化起了极大的促进作用。一系列政策突破后,跨国公司纷至沓来。1996年,上海出台《上海外高桥保税区条例》,外资企业更是大量涌入,几成万商云集之势。随着保税区贸易功能日趋成熟,以跨国公司为主导的贸易企业纷纷在原有业务的基础上大规模开展分拨现代服务业,分拨面也从单一的国内市场逐步向国际市场拓展,使外高桥保税区成为跨国公司跨区域的货物集散中心之一。

2010年,10平方千米的外高桥保税区,贸易额达1万

---

① 沙麟:《难忘从事浦东开发开放的激情澎湃岁月》,载《浦东开发开放》上,第33页。
② 阮延华:《追逐"自由"的保税区》,载《浦东开发开放》上,第158页。

亿元人民币,进出口贸易额为1 000亿美元,税收1 000亿元人民币,有20万人就业,有1万家企业,有5 000万平方米写字楼。而当时整个6 000多平方千米的大上海,年进出口贸易额为5 000亿美元,税收为5 000亿元人民币,外高桥占整个上海1/5的贸易,1/5的税收。另一个更为可观的数字是,全国17个保税区,外高桥的贸易额和税收相当于其他16个保税区之和,创造了对外贸易的奇迹。①

金桥出口加工区是全国唯一的以出口加工为主的开发区。1990年经国务院批准为国家级经济技术开发区,规划面积27.38平方千米。1997年被国家科技部命名为上海金桥现代科技园区,成为国家高新技术产业区。2001年被国家海关总署批准设立为海关监管区。

金桥开发区始终坚持将招商引资项目定位为高科技:凡是不符合开发区产业规划的项目,一个都不让进。开发区也为入驻企业提供了高标准的硬件设施,最典型的就是"九通一平"。一般情况下,土地经过一级开发只需要实现"七通一平"(给水、排水、电力、电讯、道路、燃气、热力和场地平整),再交由二级开发商进行建设。而当年的金桥开发区加上了两个"通":一是在金桥建成了"VSAT",即"甚小口径天线通讯",可算是当时最先进的通信手段之一;二是"一个烟囱",即集中供热。金桥开发区内不允许任何企业自己建锅炉房,即不允许有单独的烟囱,因为这会排放很多

---

① 黄奇帆:《浦东的精神就是创新》,载《浦东开发开放》上,第45页。

废气。"从今天的眼光来看,这是一个提前 20 年就注意防止出现类似 PM2.5 的污染、环保标准与国际接轨的开发区",是很先进的理念。① 金桥开发区从而成为上海国家级开发区中第一家创建成功的国家生态工业示范园区,也是第一个通过 ISO14000 环境认证的开发区,单位 GDP 能耗 0.157 吨标准煤/万元,大大低于上海市和浦东新区能耗水平。正是由于金桥开发区坚持"一个烟囱",环保一流,从而构成了对国际顶尖企业的极大魅力。另外,在金桥初创的 5 年中,中福会幼儿园浦东分园、浦东第一所双语学校——平和学校、上海第一所民办高校——杉达学院、中欧国际工商学院、华山医院浦东分院(现在的"上海国际医院")、浦东妇产科医院等,先后落户。不久,另外两所国际学校——上海协和国际学校和上海德威英国国际学校也相继落户金桥。完善的教学、医疗卫生等社会服务设施,优美的自然环境,以及极具创造性和挑战性的工作岗位,使金桥出口加工区成为海内外人才向往的田地。1995 年,全市 10 亿美元级的外资项目共 4 个,其中 3 个在金桥:上海通用、华虹 NEC、柯达(中国)总部。通过不懈的努力,以贝尔、西门子、日立、夏普、理光、柯达、庄臣、通用汽车、NEC 等为代表的几十家跨国公司和高新技术企业入驻金桥,其中一部分还建立了研究和开发机构,成为金桥开发区的亮点。

---

① 朱晓明:《规划与执行并重打造高标准金桥》,载《浦东开发开放》上,第 114 页。

经过20多年的开发建设,金桥开发区形成电子信息、汽车制造、家用电器、生物医药及食品等四大主导产业,累计引进项目1770个,累计引进投资218.4亿美元,其中外商投资195.4亿美元,56家世界五百强企业在金桥投资了107个项目,成为上海重要的先进制造业和新兴的生产性服务业聚集地。① 2010年实现工业总产值2070亿元、销售收入3234亿元,每平方千米产出达223亿元,并以占浦东新区2%的土地贡献了25%的工业经济总量,产业发展指数位居上海市第一名,成为上海和浦东新区经济发展的主要功能区和重要增长极。金桥开发区产业结构初步实现从以制造业为主转变为制造业和生产性服务业两轮驱动,经济增长方式也从依靠增量项目的外延式发展为主转变为依靠存量企业创新升级的内涵式发展为主。② 正如金桥开发区管委会负责人所说,这里,已逐步发展成为全球产业转移的重要节点、中国改革开放的重要桥梁、上海先进制造的重要基地、浦东生产力布局的重要板块……③

张江高科技园区是浦东4个功能区中最晚成立的,于1992年才开始建设。1999年8月,上海市委、市政府颁布了"聚焦张江"的战略决策,明确了园区以集成电路、软件、

---

① 《金桥开发区阵痛中升级》,《海南日报》2013年6月16日。
② 李幼林:《国家级开发区转型发展道路的几点思考——以上海金桥开发区为例》,《2011年中国经济特区论坛:"经济特区与中国道路"国际学术研讨会论文集》,第87页。
③ 《金桥开发区阵痛中升级》,《海南日报》2013年6月16日。

生物医药为主导产业,集中体现创新创业的主体功能。在这一战略的推动之下,园区各项经济建设事业都得到了突飞猛进的发展,不仅业已成为上海创新实力最强、高技术产业最集中、创新创业环境最优的区域,而且各项主要经济、科技、产业发展指标都连年位列全国高新区前茅,形成了"北有中关村、南有张江"的良好声誉和品牌效应,并正在积极向着世界一流科技园区的目标迈进。[①] 园区建有国家上海生物医药科技产业基地、国家信息产业基地、国家集成电路产业基地、国家半导体照明产业基地、国家863信息安全成果产业化(东部)基地、国家软件产业基地、国家软件出口基地、国家文化产业示范基地等多个国家级基地;拥有多模式、多类型的孵化器,建有国家火炬创业园、国家留学人员创业园;引进国内一大批科研教育机构入驻,支持企业的产学研联盟,实施重大共性技术攻关项目。2010年园区经营总收入达到1100亿元,年增速达15%左右,园区已成为国家技术创新的示范基地,科技成果孵化与转化基地,科技创业人才、研发机构和科技企业的集聚基地,"产学研"一体化综合改革的试验基地。

五、浦 东 速 度

对浦东开发开放,中共中央曾明确提出分"三步走":第

[①] 张新明:《国家级高新技术产业开发区发展要素分析及上海张江高新区实证研究》,华东师范大学2013年博士学位论文,第153页。

一步,"八五"时期(1991—1995年)为开发起步阶段,主要编制规划、整治环境,积极为吸引外资创造条件;第二步,"九五"期间(1996—2000年)为重点开发阶段,初步形成基础设施比较配套的浦东新区大格局;第三步,2000年后的二三十年或更长一段时间,为全面建设阶段,使浦东成为21世纪上海现代化的象征,成为适应国际性城市及外向型经济发展需要的世界一流水平的新区。

其实,在各种积极因素的推动下,浦东仅用了"两年左右就完成了各项规划设计,三年左右就基本完成了第一批'十大工程',1992年就要实施重点开发,1996年便进入基础开发与功能开发并举的阶段"。① 从规划,到基础设施,再到全面建设,都彰显了浦东特色,创造了浦东速度。

开发初起时,上海市委、市政府将浦东的形态定位为建成具有世界一流水平的布局合理、环境宜人、交通便利、基础设施完善的外向型、多功能、现代化的新城区。为了实现这个目标,浦东充分发挥规划在城市管理中的"龙头"作用,立足"国际级"和"现代化"两个基本面,以"一流的规划设计水平、一流的规划管理体系、一流的规划运行体制"来描绘新区城市发展的蓝图。② 正是由于规划的科学性、超前性和权威性,才使得20多年的开发建设一以贯之,确保了良好的开发效果。

---

① 李佳能:《回顾浦东新区的规划和建设》,政协上海市委员会网站。
② 黄奇帆:《浦东的精神就是创新》,载《浦东开发开放》上,第50页。

城市史视野下的浦东开发开放

以浦东开发开放为契机,上海全面统筹,彻底扭转了基础设施建设的破败局面,也树立了一个个市政建设的里程碑。浦东开发最先要解决的就是过江交通问题,必须通过黄浦江大桥实现东西连接。实际上这一工作在正式开发前的1988年就已经动工建设了。1991年11月15日,我国第一座自行设计、自行建造的双索面、迭合梁斜拉桥——南浦大桥建成,圆了上海市民"一步跨过黄浦江"的百年梦。1993年10月,跨度更大、技术更尖端的世界"第一桥"——杨浦大桥建成通车,又一条巨龙横空出世。邓小平非常关心大桥建设,3次登上桥面视察,并亲自为两座大桥题写了桥名。① 依托两座跨江大桥,上海市开展了气魄宏大的内环线建设工程,将浦东、浦西连成一片,对上海市区交通起到了"保护壳"的作用,大量的过境车辆可以不必穿越市区,大大缓解了市区交通压力。内环线同其他道路相交达到60多处,对内同一些南北、东西走向道路连接,有利于加强区与区的联系;对外同众多高速公路、郊区公路连接,加强了同市郊工业区的交往,密切了同整个长三角地区的联系,对开发浦东、振兴上海、辐射带动长三角起到了不可估量的作用。另外,浦东还在开发之初很短时间内集中建设了杨高路、浦东国际机场、地铁二号线、外环线、深水港、磁悬浮列车等多项现代化交通设施,这些宏伟工程共同构成了浦东

---

① 朱志豪:《从上海第一桥到世界"第一桥"》,载《浦东开发开放》上,第198、205、209页。

立体化的交通骨干。开发开放前10年间,新区新增道路1000千米,绿化地区从44平方千米扩大到近100平方千米;新建各类建筑5000万平方米,近1000幢大楼拔地而起,为浦东的腾飞打下了坚实的物质基础。①

21世纪中国正式加入世界贸易组织,标志着我国对外开放进入新阶段。上海制定了《关于中国加入WTO上海行动计划纲要》,把握"入世"机遇,应对"入世"挑战。2001年中央批准《上海市城市总体规划(1990—2020)》,明确上海"四个中心"的定位,在经济、金融、贸易之外,增加了航运中心,为上海城市功能的拓展提供了更大空间。浦东是上海"四个中心"核心功能区所在地,也是进一步对外开放的主战场,迎来了良好的发展契机。

举办2010年世博会为浦东的开发开放提供了新的历史机遇,占世博会会址总面积65%设在浦东新区。这一时期抓住筹办世博会的历史机遇,一手抓城市基础设施建设,一手抓环保整治和城市管理。重点建设以浦东国际机场、外高桥港区、上海信息港为核心的功能性、枢纽型重大工程以及一批越江工程、轨道交通、高速公路等市政基础设施,初步形成融入全市、面向世界、辐射长三角的基础设施网络体系。上海科技馆、新上海国家博览中心、上海国际新闻中心等重大工程陆续建成开馆。利用世博效应,浦东进一步

---

① 严爱云:《浦东开发开放的历程与经验》,上海市现代上海研究中心网站·上海经济研究。

拓展了商务、会展、旅游、文化等综合功能,完善了枢纽型网络的基础设施建设,提升了城区综合服务能力。

2013年7月3日,国务院通过《中国(上海)自由贸易区试验区总体方案》,在上海外高桥保税区、外高桥保税物流园区、洋山港保税区以及空港综合保税区4个海关特殊监管区域内,建设中国(上海)自由贸易试验区,这标志着上海自由贸易试验区将成为国内首个符合国际惯例的海关特殊监管区。这是我国顺应全球经贸发展新趋势,更加积极主动对外开放的重大举措。截至2014年11月底,自贸区内投资企业累计达2.2万多家,挂牌后新设企业近1.4万家。新设外资企业2114家,同比增长10.4倍。境外投资已办结160个项目,中方对外投资额累计近38亿美元。统计显示,上海自贸试验区内的进口通关速度要比区外快41.3%,出口速度则快36%。① 自贸区将成为推进改革和提高开放型经济水平的"试验田",承担着新一轮改革先行先试的重任,要求"形成可复制、可推广的经验,发挥示范带动、服务全国的积极作用"。在自贸区的辐射带动下,浦东在改革开放中的地位更加显著。

浦东开发开放25年来,实现了经济社会的跨越式发展,一个外向型、多功能、现代化的新城区巍然大成。1990年浦东的GDP仅为60.24亿元,到2012年时,已跃增到

---

① 《上海自贸试验区扩区后首次接受集体采访,改革经验向全市辐射》,上海自贸区官网。

6 000亿元,增长近百倍,占上海市经济总量的比重从约1/12上升至1/3,财政收入和人民群众收入水平也都相应地大幅度提升。浦东新区已经成为上海市面积最大、人口最多的行政区,成为吸引海内外尖端人才的强磁场。它已经创造并继续创造着多个国内"第一":内地首个迪士尼项目落户浦东、浦东机场出入境人数列全国第一、洋山深水港迈入全球一流大港、中国民用飞机第一个自动化装配生产线在浦东开工、浦东软件园被列入全国首批"智慧软件园区"、排名全球第一的对冲基金管理公司道富国际集团子公司在浦东成立、第一个综合性国际医院园区在浦东建立、南片地区首家三级医院开业、首创外资准入五证联办的"一口受理"在浦东推行……①

开发开放浦东不仅使上海彻底摆脱城市基础设施老化、产业结构层次较低、总体经济实力相对下降的困难局面,而且也为上海这座百年老城在新的历史条件下的再度腾飞发挥了巨大作用。

通过浦东开发开放,上海城市的功能和性质发生了巨大而深刻的变化,从相对单一的工业生产基地转变成了一个国际性的多功能中心。上海的产业结构、产业布局和整体经济结构得到了优化,进而全面提升了上海整个城市的运作效率和经济效益。实践证明,浦东高起点、高强度、宽

---

① 《浦东开发开放的多个"第一"》,中国上海门户网站·政务新闻·区县动态。

领域、全方位的开放,为上海建成国际经济、金融、贸易、航运中心奠定了重要基础。

浦东的开发开放给周边省市经济发展带来了更多的机遇,中共中央赋予浦东开发的一系列优惠政策吸引了大量外商将投资的方向选到浦东及其周边地区,浦东在奉行重点吸收国际著名跨国公司投资策略的同时,使一些中小资本将投资的方向锁定在邻近浦东的省市,从而使长江三角洲地区外向型经济发展加快,在推进长三角一体化,加快长三角城市群建设中发挥了不可估量的作用。以浦东开发开放为龙头,中国逐步形成沿海、沿江、沿边、沿路和内地省会城市全方位大开放的格局。

"大都会的肇建:上海城市化发展进程"学术会议纪要[*]

段 炼 邵文菁 整理

【整理者按】上海并不是近现代突然兴起的国际大都会,而是长期以来在政治、经济、文化、社会等方面的不断积累,才实现了城市发展从量变到质变的转化。1927年7月7日,上海特别市政府宣告成立,直属南京国民政府。自此,上海终于摆脱县一级政权的狭小建制,有了统一的行政机构,从而奠定了"大上海"的格局。长期以来,上海建市的重大意义并未受到特别的重视,而逐渐被淹没在了历史的长河中。2017年8月25日上午,上海社会科学院历史研究所组织召开"大都会的肇建:上海城市化发展进程"学术会议,邀请张晓红、陶飞亚、樊卫国、苏智良、周武、姜进6位上海史研究专家做主旨报告。9月1日下午,假座上海市社联"星期五学术茶座",段炼、冯志阳、李志茗、江文君、赵婧、蒋杰、张剑、陈凌、邵文菁等9位青年学者,围绕上海之根、上海开埠、上海建市、上海都市文脉的传承等问题进行交流,进一步探讨上海这座国际大都会的城市化发展进程。本文系根据现场录音整理而成,所有摘要均经发言者本人修订确认。

---

[*] 本文为上海市哲学社会科学规划课题"当代上海都会建设研究"(项目批准号2014WLS034)阶段性成果。

"大都会的肇建：上海城市化发展进程"学术会议纪要

8月25日学术报告会主旨发言摘要
近代地图与上海城市景观研究

张晓虹

复旦大学中国历史地理研究所所长、教授

上海是中国近代城市的典型代表，上海开埠到20世纪初，管理者出于对近代城市建设的需要，绘制了大量的实测地图，我们的课题研究就是从这些实测地图入手，探讨近代上海城市景观的形成与变迁。

在开埠初期的19世纪40年代上海就已经出现了近代城市地图。其中，最早的实测地图是绘制于1847年或1848年的《上海英租界平面图》。其他比较常用的地图有1855年的上海城市地图、法国人测绘的《上海老城区图》，点石斋的《上海县城厢租界全图》、1898年的《新绘上海城厢租界全图》等，我利用其中的3幅地图做过关于早期上海英租界的城市景观变迁的研究。

20世纪以后，出于不同的目的，更多的上海城市地图被绘制出来，有的为了城市规划，有的为了旅游的便利。2016年我们在访问美国国会图书馆时，看到了大量的馆藏上海地图，其中有4幅图值得关注。一组1936年的石印上海地图，类似城市规划蓝图，4张图拼起来是《大上海新地图》。图中展示了整个上海城区的面貌，其中位于右上角的部分，就是当时的"大上海计划"的市中心。

1935年是"大上海计划"实施的最后阶段，1937年"八一三"淞沪抗战后，这一地区全部被摧毁。因此这张图保留下了非常珍贵的大上海市中心地区的城市规划方案，是十分重要的史料。我曾在2010年做过一个关于江湾五角场城市景观演变的研究，当时主要是依靠在20世纪80年代编纂《上海地名志》时保留下来的一些资料。《上海地名志》是当代人编写的，虽然保留了部分历史信息，但大多数历史信息已经遗失，很难复原当时这一区域的原貌，只能根据难以改变的道路来复原当时的城市建成区状况。所以，用这张图上的信息对比2010年时的那项研究，能发现许多新的内容。

以地图展示城市化景观的形成与演变，第一步工作是复原，第二步才是对城市景观形成的阐释。"大上海计划"中的市中心选址在江湾五角场一带，主要是因为它位于吴淞港和当时真正的上海市商业中心——租界之间。我的工作首先是用《上海地名志》复原出来1900年的江湾区域，也就是"大上海计划"实施之前江湾五角场地区的景观，可以看出那时基本上是江南水乡的景观。1905年，江湾地区修建了最早的马路——军工路。1908年开始修建万国体育场、叶氏花园、叶氏路等，开启了江湾五角场的城市化进程。这一时期的发展，与"一战"时期民族资本主义的兴起有关。1914年"一战"爆发后，来自欧洲的商人把大量资本从上海撤回投入殖民母国。这时列强对华输出的商品锐减，但中国市场对原料的需求和部分商品的需求并没有减少，这给民族资本主义带来了发展的机会。华界势力因此蓬勃发展,在不到5年的时间内,华商就接手了许多外资垄断的生产事业,其中最主要的产业就是轻工业。而江湾地区就是在这样的情况下,由于华资的直接注入开始了它的城市化进程。1922年修建翔殷路,以及连接吴淞港和上海市的淞沪路。1922年复旦大学入驻翔殷路。江湾五角场的城市景观逐渐形成。

1927年,国民政府在南京定都,同时展开两个大的城市规划:一个是南京的"首都计划";一个就是上海特别市的"大上海计划",它们都是以西方的城市规划理念设计的。"首都计划"源于南京定都之后城市建设的急迫性。"大上海计划"虽然空间规模是"首都计划"的一半,但主要面对的是华界长期地位低下的状况,所以重心是对抗租界。因此"大上海计划"与租界一较高下的意图是十分明显的。

在1935年《新上海市地图》上,能看见当时已经建成的市中心区域的规模,以及关于"大上海计划"实施以后的一些细节内容。其中可见上海市第一人民公园已修建,市中心主体区域也已完成。市政府大楼,也就是现在的上海体育学院行政楼,当时还没有建成,所以是用虚线来描绘。另外还有几个比较有名的中学,比如南洋体育女子中学。后来五角场变成文教区,和这一时期的整体规划还是有一定渊源的。这些建设成就在"八一三"淞沪抗战时都被摧毁了。

日军侵占上海以后,这一区域不再作为市中心来建设,于是它的城市景观就发生了另外的变化。20世纪40年代，日军主要把这一带作为军事性区域，与军事相关的机构相继入驻。同时，还作为居民区，修建了很多道路。这些新修道路的名称也与战争有密切的关系。1947年以后，由于租界的收回，国民政府着眼于上海城市的整体规划，城市中心回归到原租界所在的市中心地带，不再设立在五角场一带。再后来，20世纪80年代的上海城市规划与之前有一定的继承关系，此乃后话。

从对江湾五角场的研究来看，这一地区的城市化与当时的都市政治与民族主义有着密切的关系：首先，城市化的启动是在民族工业发展的背景下产生的；其次，1928年实施的"大上海计划"是以当时西方最先进的城市规划理念打造而成，是以建立一个理性、教规、制度的新生活为主旨，以动员民族主义，促进民族认同为目标的都市规划。在这样的理念指引下，上海市政府极力主张另辟新区，与租界对抗。所以，江湾五角场地区在这样的情况下，开始了它的城市景观形成的过程。在这个过程中，国民政府也寓意了几个理念：透过清晰的现代都市城市规划，以区别过往，区别租界；采用明确的空间符号，比如总理遗像、放射型的道路系统，寓意"新中国"的到来，在潜移默化中建构中国公民与"新中国"之间的权力关系；同时，用外显的民族形式，包括采用中国式的建筑形式和带纪念性意图的标识，唤起普通市民的骄傲感，借以用城市意象打造对未来中国发展的期待。如1936年建成的上海市政府大楼、飞机楼等市政项目，都反映了国民政府意欲借助于"大上海计划",打造一个科学、秩序、民主的"新中国"的理念。

宗教与上海都市建设的历史与思考

陶飞亚

上海大学历史系教授

宗教与都市的共存现象,在东西方各国都具有普遍性。从广义上讲,一方面宗教是精神文明的现象之一;另一方面也是一种有特点的物质文明。当然,如果把都市作为一种文化的话,宗教只是都市文化中的一个亚文化。但是,这种亚文化又是和城市的历史和发展交织在一起的,有时还会成为城市的标志之一。宗教在精神与物质两方面都影响着都市的建设。

在物质文明方面,最为突出的就是宗教建筑与城市的关系。宗教建筑首先是"神"的住所,因此就具有了一般建筑所没有的神圣性;其次,作为举行宗教仪式的场所,宗教建筑也具有了某种程度的公共性。这就使得具有多种功能的宗教建筑在规模和质量上往往超过一般的民间建筑。世界各大名城往往有着著名的宗教建筑:比如耶路撒冷的圣墓教堂、法国巴黎圣母院大教堂、德国科隆大教堂、土耳其的蓝色清真寺、俄罗斯莫斯科的瓦西里升天教堂、英国伦敦的威斯敏斯特大教堂、美国纽约市中心的圣约翰大教堂、美国加州橙县庭院丛林的水晶大教堂等都为城市文化增添了

一抹特色。就上海而言,宗教建筑有自身的一些特点:

第一,传统宗教建筑是上海宝贵的文化遗存。现在上海的辖区内,最早出现的是佛教寺庙。相传最早的是建于东吴嘉禾元年(232年)的金山万寿寺;始建于三国东吴赤乌二年(239年)的菩提寺是嘉定最早的佛寺,也是上海地区历史最悠久的佛寺之一。此外,静安寺建于东吴赤乌十年(247年),龙华寺建于北宋治平三年(1066年),玉佛寺始建于庚子年(1900年),曾两度毁于兵火,后在现址重建。属于道教的城隍庙建于明代永乐年间(1403—1424年)。这些宗教建筑千百年来经历了岁月风雨的冲刷,也经历过战火破坏,但有破坏的,也就有修葺和重建的。尽管这些寺庙今日已非当年样貌,但它们仍然最能体现出上海历史建筑的神韵,也是上海最有历史和故事的建筑。

第二,西式宗教建筑是上海都市现代性转型的见证。清初以来上海地区早有天主教堂,但在当时清廷弛禁与严禁反复无常的形势下,教堂风格比较低调,力图接近中式建筑,以免遭物议。开埠以后,在条约体系的庇护下欧美传教士涌入上海,在传教的同时,也把西洋的宗教建筑的风格移植到上海。如天主教的徐家汇大教堂、松江佘山圣母堂等,新教的圣三一堂、沐恩堂、景灵(林)堂、上海国际礼拜堂等,都成为国内外有名的宗教建筑。这些教堂与传统庙宇显然风格迥异,比如徐家汇天主教堂是中古哥特风格,佘山圣母堂则融汇了多种西洋建筑风格,被誉为"远东第一教堂"。如果说外滩是万国建筑博览群的话,这些教堂把西方建筑风格散布到上海不同角落,也算是国际化大都市的一景。

在精神文明方面,除了各种宗教都具有的道德教化抚慰人心的功能外,在介于精神与物质文明之间的领域中,基督教也参与了上海这个城市的近代化进程。基督教来自当时西方的发达国家,相对其他传统宗教,本身就带有更多的现代性。除了宗教层面的内容之外,基督教会还拥有受过良好教育、掌握现代科学文化知识的人才。因此从晚清中国开始求强求富的洋务运动开始,基督教就涉足上海地区的新式事业。在教育方面,姑且不论其创办的幼稚园和中小学,仅就大学而言,就有美国圣公会办的圣约翰大学、美国南北浸信会办的沪江大学、美国天主教圣心会办的震旦女子文理学院等知名院校。震旦大学的创办人马相伯本人也是天主教教士,后来该校由法国耶稣会接管。震旦大学还建立了上海早期的博物馆。在新式医疗事业方面,建于1844年的仁济医院是上海开埠以来第一所西医医院;建于1884年的红房子医院,前身是几个美国人和传教士在黄浦江畔的西门外创建的西门妇孺医院,它的建立在中国妇幼保健史上是一个划时代的事件。今天的瑞金医院,则是当时法国教会创办的广慈医院。该院曾承担了很重的医疗任务,特别是建立了贫民病房后,一年到头不曾有过一个空床。在出版印刷等方面,基督教会的墨海书馆、美华书馆、华美书馆、益智书会,天主教的土山湾印书馆等也在国内开新式出版印刷事业的风气。

关于宗教与上海近代都市发展的关系,简而言之,除了传统宗教建筑外,基督教建造了一批迥异华夏风格的建筑,增加了上海建筑的多样性。另一方面它引进了先进的教育、医疗、慈善等制度,培养了有现代知识的人才,一定意义上有利于上海和中国社会的转型。教会对上海建筑的贡献是特定历史条件下的产物。教会建造教堂及兴办教育、医疗机构最初主要依靠自己祖国老百姓的募捐,后来也带动了中国的资金发挥作用。比如一些学校医院办得好,就会有中国的官方和民间力量出钱来办。因此,上海很多西式的宗教建筑,也是有本土资金的大量投入的。自然,宗教界的规划、组织和动员也起了重要作用。因此,如果说上海文化精神是海纳百川的话,宗教的亚文化也应该是其中很有特色的一川吧!

当然,宗教对都市发展的影响,是随着时代变迁而变迁的。新中国成立之前,宗教对上海的影响是在特殊条件下形成的。随着国家的高速发展,国民经济的不断繁荣,新中国成立以来,特别是改革开放以来的都市大规模发展中,宗教对物质文明的影响从绝对值上角度看已经微乎其微了。但宗教之于都市还可以锦上添花的:一是古为今用,充分发挥宗教遗存的历史文物作用。像静安寺、城隍庙、徐家汇天主堂建筑等,都是承载厚重的历史资源,是可以用来进行深层次的传统文化和爱国主义教育的。外滩源的建筑是上海历史的缩影,当时许多教会建立的重要机构都在那里,如广学会、真光大楼等,这些建筑同时也是建筑史上的瑰宝。当你身临其境,会感到中国近代史上波澜壮阔的岁月就在眼前,你会逼真地感受到中国近代历史的沉重步履,也会意识到上海确实是理解中国近代史演进最重要的地方之一。二是洋为中用,合理利用上海西洋宗教建筑的遗产,在对外开放和民间外交方面都可以扩大上海的影响力。很多外国人的祖辈有在上海生活和工作的经历,不少人小时候也可能出生在上海。作为他们的后人,这里也有他们的乡愁。我就碰到过美国人和英国人拿着老照片来上海寻找自己的出生地。他们来追溯他们先辈与中国人源远流长的深厚情谊。这些地方还可以在国家外交层面发生作用。比如德国总理默克尔到访上海时,就曾去参观过徐家汇大教堂。还有菲律宾的海梅·辛枢机主教,英国圣公会坎伯雷特大主教伦西博士、凯瑞博士,南非圣公会主教图图博士等来沪访问期间,都曾到该堂参观。

最后一个值得思考的问题是,上海作为世界闻名国际化的大都市,在新历史时期,宗教是否可以在都市建设中做点新的贡献?例如,宗教建筑如何与新的城市面貌相得益彰?宗教亚文化如何在保持自身特色的同时又与城市主流文化和谐共存?这些可能都是需要在"引导宗教与社会主义社会相适应"思路下努力探索的问题。

近代上海兴起的制度因素

樊卫国

上海社会科学院经济研究所研究员

近代上海崛起有 3 个优势阶段:其一,区位优势阶段。

19世纪中叶至19世纪70年代,沪地已成为中国第一商埠。其二,规模优势阶段,19世纪70年代至甲午战争前后,上海大规模市场成型,形成了容纳规模化生产的市场空间,民族替代工业兴起,上海成长为近代民族工业聚集之地。其三,制度优势阶段,甲午战争至民国初年,局部市场经济形成,各地名店名厂、华资银行纷纷来沪开设,各色人才劳力源源流沪,生产要素的市场化配置广泛展开。制度优势成为近代上海崛起的最终最深刻的因素。

第一个方面,自由贸易。近代上海的"自由贸易"制度与现今的自由贸易制度不同在于,前者是协定关税,后者为免征关税。近代中国的协定关税,因进出口关税率极低,近乎"自由贸易"的零关税。与近代上海"自由贸易"相关度甚高的主要有4项不平等制度:协定关税制度、洋关制度、片面最惠国待遇和租界制度。近代上海的"自由贸易"没有负面清单制度,实际上意味着国际贸易没有门槛,没有禁止领域,上海是个不设防的自由交易市场。

自由贸易区的功能主要在于金融、货物流转、税收等方面的优惠及便利,而近代上海在这些方面的优势条件主要蕴涵于条约口岸的开放市场中,虽具体的自由贸易制度不甚明确,但整体市场交易自由化程度极高,西方各国对华进出口贸易的优势条件十分突出。撇开列强的政治目的,租界类似今之自贸区。租界特殊的政治、经济、社会的制度效应溢出边界,整个上海(包括华界)皆为其势力所染,成为事实上的"自由贸易"区。1843—1949年,上海有2 748家外商企业,涉及35个国家。近代上海外资企业,除了少数工业企业外,绝大多数丛集于租界内。

自由贸易制度的作用有两个:其一,促进了近代上海大规模市场的兴起;其二,引入了国外先进的技术和制度,极大地提升了近代上海的生产力水平和市场组织形式。晚清沪地经济增长主要是市场创新型,民国经济发展主要是技术创新型。这两者都以自由贸易为基本条件。

第二个方面,是民间行业制度。市场制度结构大约可分为3个层次:以国民经济为范围的宏观层面的制度。以个体交易为范围的微观层面的制度。绾结宏观层面和微观层面的是中观层面的制度,以分类专业市场为范围,包括各个专业市场、各个流通环节的制度,主要形式是行业组织及其行业规约。

在近代中国,宏观层面的制度供给十分滞后,许多领域的制度长期缺失;而微观层面,各业交易方式缺乏同一性。开埠后,交易规模和交易密度增大,传统的熟人交易向着陌生人交易转变,市场主体普遍产生对规则的需求,而市场"游戏规则",主要由民间合约共识而来。早期的民间制度大都为不成文的民间商俗,实现行业业规向细化和专业变迁的是各业民间行业组织,如工商会馆、行业公所、同业公会等。以组织协调取代个体协调更有效率,成本更节约。普遍的大契约要求一切私人契约结缔符合"社会契约"才能完成,才为有效。行业组织成为这种社会化大契约的组织载体,承担着兼顾效率和公平的职能期望,它所提供的有序性,一方面为政府干预市场提供了有效的路径;另一方面也制约了政府的无度干预。客观上,铸就了政府与市场间的一道屏障。至清末民初,随着上海社会经济的发展,沪地经济社会也形成了一种自主自律的上海意识。1916年中国银行上海分行的抗停兑令在全国产生了巨大的影响,对此北洋政府无可奈何。上海分行坚守契约维护储户利益的做法不仅维护了银行的商誉,而且稳定了金融秩序,对这一时期上海市场经济的正常运行无疑具有积极的意义。

第三方面,租界的社会管理制度。租界制度侵犯了中国主权,但它引进了西方先进的市政制度,即小政府大社会的管理制度。租界当局的行政机构和管理体系比较简约,其主要职能有三:一为税费征收;二为租界城防;三为公共管理,对私人交易、企业交易、土地交易等经济事宜和市场运作的管理采取放任式管理,资源配置基本上由市场决定。以往学界比较关注租界对于国内政治纷争、党派之斗不作介入的中立态度,故上海成为晚清维新派,资产阶级革命党和中国共产党等先进力量的重要活动之地。实际上,在经济活动、市场交易方面,租界工部局、公董局在征收捐税外,亦同样不大干预。客观地说,租界当局对于私人财产和交易契约还是比较尊重的,很少以某种非市场原因予以干涉或介入,这对于上海自发民间制度有效运作,沪人近代契约意识、产权意识的生成皆有很大影响。

租界制度客观上形成的经济自由使交易费用下降,投资的社会风险及成本降低,外商和内地货币持有者竞相来沪投资。大部分外资洋行、银行等企业设立在租界或邻近租界,许多华资金融业、工商企业也设立在租界里,有的企业虽地处华界,但在租界注册,同样可以免受制于清地方政府。在权利方面,租界确实存在着中外不平等,但中国人之间的权利不平等大致消除。于是各地人才纷纷来沪淘金,一展身手。市场经济的基本原则是"自由竞争、等价交换",而这背后的核心要素是"权利平等"。市场经济不是一个单纯的经济学概念,而是一个蕴涵经济、政治、社会诸多内涵的制度体系。市场经济需要相应法律制度的保障;需要对公权和私权、政府和市场的权利边界进行明确的界定。

第四方面,上海制度形态的历史思考。开埠后近代上海经济的崛起及其持续发展,我们认为其中最深刻的因素是经济制度的变迁。百年上海的经济成就,从某种意义上说,是制度竞争的必然结果。

近代上海因其港口条件、自然资源、民间制度、商业网络、租界因素等特殊原因而迅速崛起。至清末民初,上海在成为全国外贸巨港的同时,其覆盖大半个中国的埠际贸易网络基本具形。20世纪二三十年代上海成为全国最大的中心市场和全国市场中枢,聚集了全国近代工商业金融业的半壁江山。我们认为,在全国没有形成统一市场的状况下,上海客观上形塑了一种局部市场经济形态。1927年国民政府设立上海特别市,某种意义上即是政府对上海经济形态特殊性的一种认可,是国家层面一个标志事件。

"近代上海局部市场经济",是我们提出的一种新的学术论见。这种局部市场经济在以小农经济、自然经济占全国主导地位背景下居一局部地位,但它并非一般区域经济形态,而是以全国性市场中枢地位显示出来,具有全国性的经济辐射力、制导力和影响力。近代上海这种独特的经济制度形态是一种"蚌病生珠"式的历史现象,在中国经济史上甚为罕见,在世界经济史上亦具典型意义,极具研究价值。

海洋与上海城市发展

苏智良

上海师范大学人文学院教授

上海史研究是绝大多数中外学者都认可的最成功的中国近代城市史。但在近30年的研究推进中,似乎缺少从海洋视角去研究上海史。尽管很多学者已经做过与海运、海关等相关的研究,但如何从整体上把上海城市的发展与海洋视角勾连起来,并且研究其中的肌理、特征,仍是未来研究上海城市史的一个新的视角,一个新的方向。

第一,上海的古代史依海而立,凭海而兴。上海本来就是面海而生,上海的地名里就有一个"海"字。

上海成陆的关键因素,一个是长江;一个是海陆,上海是海洋之子。秦汉以后,上海的支柱产业也是跟海洋有关,一个是制盐;一个是捕鱼业,今天浦东的地名中还有很多是和制盐和捕鱼业相关的。上海的简称"沪"也与捕鱼相关,是一种捕鱼工具。

上海与海外港口的频繁贸易交往,可以追溯到公元6世纪。当时上海地区的主要港口,隋代有华亭港,唐代有青龙镇。这两年青龙镇的考古成果十分可喜,大量的、数以万计的瓷器及其碎片被挖掘出来。这些瓷片与在朝鲜半岛及日本港口所发现的瓷器十分相似,这些出土文物可与文献相印证,证明青龙镇是海上丝绸之路的重要港口和节点。这为中国的海上丝绸之路又添加了新的证据,同样对上海古代史的研究也是一个很大的促进。在青龙镇同时代,上海地区的文化也有了长足的进步,所以有一些唐诗宋词描绘了上海地区的人文和城市面貌。中国社科院考古所的一位学部委员曾经说,青龙镇与上海的城市发展有着密切的关系,海上丝绸之路是随着历史的发展由南向北迁徙的。从秦汉的合浦到西汉的番禺再到中古时期的泉州,再到之后的宁波、上海。从最南面的广州到最北面的上海,这一变化轨迹和后来的五口通商也是一个承接。青龙镇的宋代古井,也是非常重要的发现。这口井几乎可以看作是艺术品,表明当时的文明程度已经非常高。

到了元明之际。棉花已在江南种植,但是革命性的变化则是革新家黄道婆的出现。黄道婆的出现至少有五大意义:其一就是促进了上海地区棉花种植业和纺织业的兴盛;其二是对于当地人民生活质量和习俗的影响;其三是催生了一大批的市镇,不仅是上海地区,还包括江南一带很多的市镇;其四是对于航运业有里程碑的意义。因为棉花、棉纱、棉布大量的外运,使得航海业不断地发展起来;其五是开创了女性的劳动空间,提升了女性的社会地位和价值。到了明清时候,形成了包括内河、长江、南洋、北洋和海外的五大航线。也正因为海上运输要面对大自然的力量,所以上海城隍庙的正门匾额写的是"保障海隅"。

第二,近代上海来自海上的憧憬。近代上海发展的实质是中西文明的交汇。从鸦片战争开始,中国逐渐地被纳入世界体系。上海也就是在那个时代进入了东亚乃至全球的体系,然后成为太平洋地区的交通枢纽,并于20世纪初成为中国的首位城市。其实上海史上有很多个案是值得研究的。比如轮船招商局、吴淞商船学校、江海关等。我们过去仅仅从企业史的角度去研究,其实它对于上海城市的影响,可以放在海洋与上海的关系中去寻找。上海成为近代重要港口,最重要的商品就是鸦片。毒品与我们这座城市有关,反过来,禁毒和我们这座城市也有关系。世界上第一次禁毒会议是在1909年于外滩举行的,就在今天的和平饭店南楼。

1927年上海建市之后的10年里,上海迎来了城市的高速增长。这十年实际上也是海洋经济的高速增长。哪怕是在稍后的战争年代,也因为有租界"孤岛"的存在而继续发展。日军占领上海后,也需要保持上海的繁荣。最近,上海师范大学人文学院博士研究生李玉铭发现,有数据表明,从1937年至1941年底前,这一时期的上海远洋航运的发达程度超过了1937年之前。这是一个新的历史知识。我们过去一直认为"孤岛"是畸形的繁荣,但数据证实,战时这段时期的上海整个城市的繁荣程度超过了战前。这是一个非常值得研究的问题。

第三,当代上海临海而兴。到了计划经济时代,上海社会有过曲折与发展。一直到1990年浦东开发,上海迎来了继1927年后黄金十年的第二个繁荣期。我们希望这个繁荣期越长越好。在这个繁荣期,上海城市的发展仍与海洋密切相关。以洋山深水港为例,它是一个国家战略,为上海经济的长远增长奠定了基础。2017年末第四期洋山深水港即将建成,第五期的建设随即开始。近五六年来,上海超越新加坡港而晋升为世界第一大港,一是因为本身的发展,另一个是因为地处长江流域的优越位置,这样一个态势对于上海来说,在未来50年甚至100年,都有非常美好的前景。

从海洋里可以寻找上海的历史,其实我们更应该从海洋寻找上海的未来。最后让我们展望一下,再过10年,即从2017年至2027年,也就是上海建市100年的时候,我们这个城市会怎么发展?我想有3个维度,这就是沿江、沿河、沿海。上海自由港的建设也将提到议事日程。现在有关方面和专家们已经在考虑,随着港珠澳大桥的即将通行,"湾区"这个概念逐渐进入中国领导人的视野和发展战略视野。过去,我们一度把化工区建在海边,把污染物排到海里。今天我们不妨学习美国旧金山湾区,开发长三角的湾区。

上海建市与"大上海建设计划"

周 武

上海社会科学院世界中国学研究所副所长、历史研究所研究员

上海的城市史研究成果非常多。我曾经分析过上海史研究的现状与问题,提到了7个问题。其中有一个问题十分明显,就是当代的上海城市史研究忽略了许多重大题目,研究得非常不足。比如从海洋的视角看城市的兴衰起落,就是非常重要的视角。因为上海这个城市最大的地理优势就是滨江靠海。无论是在青龙镇时代,还是现在的洋山深水港时代,它的发展和海洋是离不开的。这是一个需要大力去重新复原的重要视角。再如与这个视角相关的,上海史是要跳出上海才能看得更清楚。因此,我认为上海史的研究中有一个问题恐怕是亟待加大力度去做的,就是跨区域、跨国网络的构建。

上海的兴起,可理解为它的网络不断地向外延伸,不断地向外扩展。近代中国有许多大型企业和很多外国的企业在亚洲的总部都设在上海。我曾经参加过一个学术讨论会,会上有一位韩国的学者研究了韩国当时很多重要的企业,其中一些企业的总部就设在上海。为什么选择设在上海呢?他认为通过上海可以实现与世界的连接,上海是一个枢纽型的城市。"枢纽型"就是通过跨区域、跨国的网络构建形成的。日本有两位学者的研究成果,我也很感兴趣。

一位学者研究近代东亚与上海的网络。他从整个东亚的角度去看上海的位置,上海构建了一个以自身为中心的东亚网络。还有一位学者研究亚洲贸易圈,也是以上海为中心的。所以我觉得这种跨区域、跨国网络构建是十分值得下功夫去研究的。

另外我觉得也是研究得很不足的一个方面,是对人群的研究。城市是跟人有关的,人在城市里生活。和人生活相关的就是生活成本。生活成本的变迁,没有好好地做过研究。如今制约上海城市发展的最大瓶颈就是生活成本的问题。当下的生活成本的问题都是从现实中浮现出来的,同样也是需要我们从历史的角度去好好梳理的一个重要的问题。

还有上海建市的问题。研究上海史的人都不会不知道上海建市的重要性。但是到现在为止,真正有分量的研究是没有的,基本上是被忽略掉、被遮蔽掉的。所以今天这个关于"上海特别市建市90周年"的座谈会其实是很有意思的。因为我们确实需要把这些长期被忽视、被遮蔽的课题再次发掘出来,好好研究、讨论。近代上海是一个割裂的城市,一市三治。因为租界的存在,华界也是割裂的。沪东、闸北、沪西、沪南、浦东,本来都是分裂的。在进入近代以后,实际上都是各自为政,基本上都是不统一的。各地区互相之间不统一,从华界内部来说也是不统一的。直到孙传芳时代,设立淞沪督办公署,那时候才提出"大上海"的概念。胡适曾说,丁文江最大的贡献就是提出了"大上海"的概念。这当然是有一定道理的。淞沪督办公署的意义就是统一上海华界的首次努力,这就是建市的重要性。在这之后,随着孙传芳自己的失势,计划就作废了,事实上持续的时间很短,成效很有限。

真正对上海产生根本性的影响,实际上是在南京国民政府成立之后。其实,上海特别市的计划最早是武汉国民政府提出来的。那个时候就已经列入计划了,而且已经开始组建市政府了。只不过是蒋介石不承认,也不允许他人参加这个组织,因此很多人不敢去开会。所以武汉国民政府批准实施的上海特别市只是一个流程,具体事项是后来蒋介石来做的。我认为成立上海特别市是蒋介石一生中非常重视的一件事情。做这件事,实际上是他在向国际社会宣示他的雄心。所以他请来有金兰之谊的义兄黄郛任市长。黄郛虽然不想担任,但最终还是接受了。上海特别市的章程就是他草拟的,这个章程规定了南京国民政府成立以后上海的基本格局。黄郛当市长的时间很短,但因为他的地位,所以后来的继任者基本上都是按照这个组织章程来做的。他组织建立起来的市政格局,就是所谓"一处十局",即财政局、教育局、公安局、土地局、农工商局、公用局、卫生局、工务局、公益局、党务局。当时黄郛找的人,可以说是集一时之选,这些人都是非常出色的。而且这些人和黄郛本人没有任何渊源,很多实际上都没有见过面。黄郛用人只重专业,而不是看关系。所以他虽然只做了一个多月的市长,但却被人记住。我认为他其实是一个非常出

"大都会的肇建：上海城市化发展进程"学术会议纪要

色的市长。很重要的原因，像工务局局长沈怡，当时刚刚留洋回来，只有 20 多岁，被任命后他自己都觉得非常意外。市政府建立之后，最宏伟的计划，就是"大上海建设计划"。

"上海特别市建立"这个课题的研究，最重要的方面在于与之相关的问题，涉及一个国家与一个城市的问题。现在有一种观念认为，因为南京国民政府把所有重心都放在上海，而且国家力量强烈地加入上海的市政与整个城市的建设。这样给上海带来了很严重的负面影响，上海的自主性发展被中断了。另外一种看法认为，上海这座城市，尤其是华界这种四分五裂的状态，如果没有一个强势的政府，就不能够统一起来，"大上海建设计划"也就不可能开展。如果没有南京国民政府国家力量的加持，上海的地位不可能提升。举一个例子，特别市建立起来首先是面临省市边界的问题。特别市政府派工务局局长沈怡去谈判。沈怡就带着江苏省派出的代表到华界的地方走一圈，把上海特别市希望纳入疆域的草图给他看，就这样拍板定了。这位代表回到江苏省，马上就被省政府解职了，说他"丧权辱省"。当然，他自己后来回忆说，被解职还不止是因为划定了江苏省和上海特别市的疆界。对于国家对一个城市发展的影响要辩证地去看，不能简单地说国家对上海的干预是件坏事，也不能说一定就是一件好事。

《红楼梦》故事中的革命与爱情：
20 世纪 50 年代的上海舞台

姜 进

华东师范大学中国现代思想文化研究所研究员、历史系教授

《红楼梦》在公众文化里有它的定位和地位。正如许多学者所指出的，曹雪芹的《红楼梦》不仅是一个爱情故事，而是覆盖了清代政治、社会、宗教、文化、金钱、灾难、性、婚姻与家庭、宿命等诸多问题。《红楼梦》既是言情小说的里程碑，也是一部政治小说巨著。对于《红楼梦》，各家有各家的说法。一些红学家将其作为一部自传体隐喻小说，对作者曹雪芹及其家世做了详细的考证，试图发掘出小说背后的宫廷权贵政治。作为政治家的毛泽东着眼点更广，将这部小说誉为一部反映封建社会的政治历史，主张从阶级斗争的角度去读。著名学者王国维则认为《红楼梦》的宗旨是佛教，整个故事的演绎印证了人生的虚幻。王国维认为世上有两种人：一种人有很高的悟性，一眼就能看透世事真相，从而早早皈依佛门，省去许多人生之苦；但大多数人没有很高的悟性，必须一遍又一遍地经历人生的磨难，到最后才会觉悟，就像贾宝玉一样。

根据红学家徐恭时先生的统计，《红楼梦》全书一百二十回，一共塑造了 700 多个人物，有名有姓的多达 900 多人。这些人物来自社会的各个阶层，有和尚、尼姑、奴隶、戏子、

农民、仆人、商人、官员、王爷、贵妃等各色人等。政治和情感是贯穿整部小说的两大主题：政治主题围绕贾府的命运展开，贾家数代由盛而衰，衰而又兴，这期间的起起伏伏，既是受了宫廷斗争和皇帝喜怒无常的影响，亦是家族内部权力斗争和贾府子弟贪污腐败的结果；另一主题则围绕着贾府公子少年贾宝玉的感情世界展开，他对大观园里年轻女子和纯洁的少女世界的钟情，与他对大观园外成年男子以及他们那充满竞争的肮脏世界的厌恶，形成了鲜明的反差。

尽管宝黛之间的爱情是小说的情感中心，起着将众多线索串在一起的作用，这份感情只能算是贾宝玉和至少20多个女子和数个年轻男子之间感情纠葛的一部分。重点描写宝玉与黛玉关系的总共只有10多个章节，其中八个在前三十四回中。林黛玉在第九十七回中归天，在此前后，贾府女孩子一个接一个地离开了大观园，各自去面对在外面世界的命运，大多以悲剧而告终。最后，贾宝玉也离开了满目凄凉的大观园，遁入空门。小说的结尾，贾宝玉的侄子贾兰通过了乡试，紧接着，新皇帝施恩赦免贾府之罪，发还家产，贾府得以复兴。

对于大多数的中国百姓而言，《红楼梦》是一个旷世爱情故事，可以与西方的《罗密欧与朱丽叶》或世界上任何一个伟大的爱情故事相媲美。但民众对《红楼梦》的认识，大多来自越剧《红楼梦》，而不是小说本身。上海的女子越剧使《红楼梦》的公众接受有了非常重要的转折，越剧《红楼梦》的出现是中国现代史上一个重要的文化事件。

第一,越剧《红楼梦》大大普及了红楼梦的故事。在此之前,小说《红楼梦》只有读书人能看。小说在18世纪出现的时候就是读书人的最爱,虽然是禁书,却广为流传。但它不是劳动人民的最爱。这样一部大部头的作品,识字量少的人是读不下来的。越剧《红楼梦》及其电影的出现使红楼故事家喻户晓,极大地普及了红楼故事。第二,越剧《红楼梦》的影响,不是一般地普及了《红楼梦》小说,而是普及了其中的爱情故事,这是上海女子越剧的特殊贡献。她们对《红楼梦》的改编,将一部清代的文人小说转变为一个20世纪的爱情故事,一个纯粹的爱情故事。原本的小说里,不是只有贾宝玉和林黛玉的爱情,而是讲述贾宝玉和一群女孩子的故事。而且,贾宝玉不仅爱女孩子,也爱男孩子。但越剧《红楼梦》,纯粹是宝黛之间的爱情故事,其他的枝枝节节或者淡化,或者处理成了烘托主线的副线。第三,《红楼梦》里的爱情是不平等的爱情,是以男性为主的爱情。贾宝玉是贾府的公子,林黛玉是一个寄人篱下的女孩。尽管宝玉对黛玉最动情,但却并不专一。不经意间反映出的是中国传统社会一夫多妻体制下的现实,小说作者在充满同情地描写红楼女性苦难的同时,轻轻放过了造成这一苦难的重要根源。而越剧却从这里出发,改写了红楼故事。从女性的视角出发,越剧将林黛玉提升到与贾宝玉对等的地位,将宝黛爱情处理成平等和专一的关系。在强调宝黛之间一夫一妻式爱情的同时,淡化且贬低了小说中一夫多妻制框架下男性中心的男女爱情以及男同性恋关系。通过越剧舞台呈现的《红楼梦》，让大家认为小说本身应该就是这样的，但这实际上是女子越剧的创造。而现代上海的城市文化氛围，则是女子越剧能够创造出的这种渗透着鲜明新时代文化观念的经典作品的温床。

上海都市文化的成型在1949年之前，女子越剧的成型是与都市文化成型同时代的，她同时也参与了都市文化的塑造。1949年之后，上海的文化形态撞击是非常剧烈的。后来的一些当代艺术作品，许多都反映了农村与城市文化之间的冲突。越剧《红楼梦》初步成型在1949年前，而精品化的提炼是在1949年以后。越剧《红楼梦》所讲述的爱情故事与中共对于妇女解放，对《婚姻法》的宣传，倡导婚姻自由、男女平等的观点是非常契合的。在《婚姻法》的宣传过程中，曾经出现了一大批爱情题材的戏剧作品，比如沪剧《罗汉钱》、淮剧《蓝桥会》都是在这个背景下产生的。如果说妇女解放是中共领导的革命中不可或缺的组成部分，而革命英雄主义又是宣传的主旋律，那么男女之爱情就成了处于其中难以简单定义的暧昧地带。如果说都市文化背景下发展成长起来的对于男女之间爱情的肯定和向往暗合了中共妇女解放意识形态，那么爱情作为一种私人领域里的情感却又似乎形成了对于革命集体主义的一种梳理性因素。刚性的革命英雄主义作品与柔性的都市爱情作品并存，革命与爱情的主题互相纠缠拉扯，成为20世纪50年代上海舞台的时代特色，反映了共和国初期国家意识形态与都市民众认同之间的复杂关系。

9月1日"星期五学术茶座"发言摘要

段炼（上海社会科学院历史研究所副研究员）：

城市发展有一个渐变的过程，上海并不是近现代突然兴起的国际大都会。早在6 000年前，这片土地就有了人类活动的足迹，创造了辉煌灿烂的史前文明；唐宋时期，上海地区的青龙港是中外航运贸易的重要港口；明清之际，上海已成为"江海之通津"的东南壮县，松江府的地位并不亚于苏州府。1843年开埠之后，经过半个多世纪的经营，上海从江南地区的中等县城发展为全国最大的港口和工商业中心。然而，公共租界和法租界并不受中国政府管辖，华界的南市和闸北分属上海县和宝山县，城市中心区域处于"三界四方"分裂隔离的状态。1925年2月，江苏省省长韩国钧拟将上海县与宝山县合并为淞沪特别市，这一动议终因军阀孙传芳占领上海而未能付诸实施。1927年3月，中国共产党领导上海工人举行武装起义取得胜利，经全体市民代表大会选举产生了上海临时市政府。4月12日，蒋介石发动政变，窃取了革命果实。7月7日，上海特别市政府宣告成立，直属南京国民政府管辖。自此，上海第一次有了统一的行政机构，终于摆脱了县一级政权的狭小建制，从而奠定了"大上海"的格局。上海建市是城市现代化的必然结果，开启了经济、文化迅速发展的黄金十年，对于这座国际大都市的发展有着深远影响。

冯志阳(上海社会科学院历史研究所助理研究员)：

近代上海迅速崛起为中国对外贸易的中心口岸，而这一地位实际上是由丝茶贸易奠定的。英国驻沪领事哲美森在1892年度的《贸易和商业报告》中表示："在中国向外贸开放后的许多年来，对外国出口的商品几乎只有丝茶两种。"上海是近代茶叶出口的三大口岸之一，更是蚕丝唯一的出口港。作为丝茶的主要出口港，上海在吸引外国洋行集中到上海的同时，也推动上海成为外国商品的主要进口港。丝茶贸易在造就上海作为近代中国经济中心地位的同时，也成为近代上海城市经济的主宰。在19世纪下半叶，上海市面之兴衰、银根之聚散，皆取决于丝茶贸易之起落。近代上海的财富也主要集中在丝茶商手中，他们是买办的主要来源，又是钱庄业、房地产业、新式轮船、电报乃至近代工业的主要投资者，还是近代上海慈善事业的中坚力量。他们对财富的运用，为近代上海城市发展尤其是上海北市的崛起奠定了坚实的经济基础。一个城市的慈善事业总是与一个城市的经济状况互为表里的。因为慈善事业总是以财富实力作为支撑的，而掌握财富的人多半产生于这个城市的支柱产业中。开埠之前，沙船业是上海城市经济的支柱产业，因而作为老城厢"善堂之首"的同仁辅元堂兴办之时的堂董多为沙船主。同样，丝茶商人在19世纪下半叶的上海慈善界中独领风骚，也从侧面凸显出丝茶贸易在19世纪下半叶上海经济中的支柱地位。

李志茗(上海社会科学院历史研究所研究员)：

从晚清时期来看，全国的工商业几乎都集中在上海，经济基础决定了上海的政治地位。西谚有曰:"罗马不是一天建成的。"上海开埠后,刚开始外国殖民者对上海的城市建设也不是很热心,乱建房子,不讲卫生,只想发笔横财立马走人。但中国的内战使他们从涌进租界的难民身上看到了新的商机,决定留下来发难民财,"此为上海市面兴盛之第一步"。此后,"经一次兵事,则租界繁盛一次"。于是,他们攫取租界的统治权,并为了自己生活的舒适和便利,引进各种西方文明,按照欧洲现代城市模式进行治理,使租界面貌发生巨变。由此,上海不仅成为外国人的宜居之地,也吸引了大量中国精英前来生活和投资兴业,如盛宣怀、张謇、赵凤昌、郑孝胥等。为了保护自己的人身安全和经济利益,中外商人携起手来维持上海的稳定。尤其在义和团运动时,中国精英为避免上海遭受兵燹之苦,挺身而出,奔走呼号,促成东南互保,确保上海及周边社会的安全与稳定。以此为契机,他们凭借自身的经济实力,积极参与政治,表达诉求,如倡导立宪、实施地方自治等。辛亥革命时,他们和革命党人合作,发动起义,建立沪军都督府,不仅引发了江苏、浙江两省的独立,而且沪军都督府的政权组织也成为两省军政府的模板。应该说沪军都督府的组建及运作开启了后来上海独立建市的先声。

江文君(上海社会科学院历史研究所副研究员):

1905年11月,主要由绅商组成的上海城厢内外总工程局正式成立,是为地方自治之嚆矢,也明显带有抗阻租界扩张之意图。诚如总董李平书所言,地方自治"钟声之发,实自上海,是年夏间,城中绅士以马路工程局官办腐败,请改绅办,以试行地方自治"。1909年6月,总工程局干脆改作上海城厢内外自治公所,华界城市面貌逐渐焕然一新。嗣后,随着1900年公共租界的西扩,以及1914年法租界的西扩,都市面积急剧膨胀。1925年,北洋政府颁布《淞沪特别市公约》,规定"特别市为自治团体,按照公约治理本市一切事宜",并设市区督办为地方最高行政长官。尤其值得一提的是,北洋政府任命孙宝琦为淞沪市区督办的同时,以虞洽卿、李平书为会办,协同办理上海地方行政事务。虞洽卿和李平书都是上海总商会的核心人物,这表明了上海地方自治的主力仍是绅商集团。此后,孙传芳的淞沪商埠督办公署接收了市公所,重新规划上海市区,并解散了民间武装商界保卫团,这也意味上海商人团体势力的衰微。到了1927年7月,上海特别市成立,直辖南京国民政府,上海地方自治运动宣告结束。

赵婧(上海社会科学院历史研究所助理研究员):

清末民初,上海地方自治机关试图效仿租界市政管理的经验,谋求改善城市卫生建设。但是,华界的卫生行政业务范围基本局限于清道、清洁等方面,更多依靠地方精英和各种团体的参与,现代意义上的行政执法功能不强。1926年5月,军阀孙传芳组建淞沪商埠督办公署,任命丁文江为总办,统一管理沪南、闸北、吴淞的市政。原先已经存在的各类卫生机构,如淞沪警察厅卫生科,上海市公所卫生处、清道处,沪北工巡捐局巡务科等,合并组成淞沪商埠卫生局。1927年北伐军到达上海后,蒋介石将淞沪商埠卫生局改组为淞沪卫生局,后由上海特别市政府接收。同年7月,上海特别市政府卫生局正式挂牌办公,为市政府下属的"一处十局"之一,行政区域包括华界17个区,由胡鸿基任首任局长。胡鸿基毕业于美国约翰·霍普金斯大学,是公共卫生专家。他借鉴欧美经验,上任后提出设立海港检疫所、兴建市立医院、整顿各区卫生等3项主张。由于胡鸿基的西方医学教育背景与身份,华界与租界在卫生管理领域开始合作,同时也存在着一些矛盾和冲突。总之,上海特别市成立前后的卫生行政机构具有"过渡"的特点,而个人关系网在推动华界卫生发展上的作用较大。

蒋杰(上海师范大学人文学院副教授):

事实上,关于1927—1937年的上海,相关研究是远远不够的。目前,很多人一谈到这个时段,自然而然就会联想到"大上海计划",关注的焦点也被引向当时建成的一批中西合璧风格的建筑上。因此,有关建筑史以及城市景观变迁的研究,在这一时段上海史的写作中往往成为重点篇章,而其他方面的内容则较为薄弱。相对而言,国外学者的研究做得更为全面和深刻。举个例子,法国学者安克强(Christian Henriot)早在30多年前便完成和出版了题为《1927—1937年的上海——市政权、地方性和现代化》的博士论文。该书讨论的议题十分广泛,从法律法规到政府组成,从市政规划到现代化建设都有涉猎。例如,该书的一个主要议题就是讨论这一时期发生在华界政权内部的党政之争。作者通过研究发现,上海特别市政府自建立之日起,党的系统与政府系统就一直存在竞争。党的势力比较激进,而政府系统相对保守,这种竞争对发生在这一时期的许多政治事件都有着深远的影响。诸如此类研究,以往国内学者似乎做得不多。我认为,要深化对这一时段上海历史的研究,不妨从以下3个层面入手展开考察:1. 上海(城市)与中国(国家)的关系;2. 上海市与周边地区(诸如上海县、宝山县、浦东地区等)的城乡关系;3. 华界当局与租界当局之间的关系。

张剑(上海社会科学院历史研究所研究员):

1927年4月18日,南京国民政府成立,此后通过"宁汉合流""东北易帜"在名义上统一了中国。此时的上海,是世界第五大都市,被誉为"东方巴黎""西方纽约",地位非常特殊。表面看来,上海仅仅是经济和文化中心,但与政治中心南京相距不远,且有沪宁铁路相连,交通非常方便,因此更像是南京的"后花园"。当时,许多在南京任职的政府要人,如汪精卫、宋子文、孙科等,在上海都有自己的寓所,各路要人不断奔波于沪宁铁路上。同时,上海有租界等外国势力存在,环境相对宽松,中央政府很多的决策、各派政治力量的角逐往往都在上海进行。如国民党元老蔡元培,在政治上与蒋介石渐行渐远,干脆辞去除中央研究院院长职务外的本兼各职,离开首都南京赴上海定居。虽然国民政府主席谭延闿以及好友于右任等人苦苦相劝,国民政府开会决议派宋子文、国民党中央政治会议决议派孔祥熙予以慰留,蔡元培亦不为所动。蒋介石也亲自到上海登门拜访,请他到南京就任监察院院长,也没有成效。寓居上海期间,蔡元培除了致力于中央研究院的发展外,也积极参与国民政府的活动,周旋于各派势力之间,化解各种矛盾。

陈凌(上海博物馆副研究员):

1937年7月上海特别市成立10周年之际,上海市博物馆与上海通志馆联合举办上海文献展览会,后因抗战全面爆发而提前结束。此前的一两年间,杭州和苏州也举办过浙江文献展览会和吴中文献展览会。这种文献展览会,在征存文献、推进学术、激发民族自信心等方面具有重大贡献,参观者可借此了解乡土、生发情愫,形成地域文化的归属感,这对于现代城市人群的自我认同、文化创新也有着深远的意义。近代上海是一座移民城市,许多市民是来自江浙两省的移民。因此,许多参加过江浙两地文献展览会的藏家也积极参与上海文献展,参展物品可分6个大类多达8 000余件。上海市博物馆原有的8个陈列室和5个陈列廊全都摆上了展品,甚至只能采取轮流陈列的方式。由此可见,上海文献展览会的宗旨明显不同于杭州和苏州的文献展览会,不仅在于阐扬文化和发扬学风,更要通过史地资料的征集整理来增强上海市民的认同感和归属感。人与环境具有一种同构关系,在创造繁华都会上海的同时,上海也创造出了真正意义上的"上海人"。上海文献展览会的参与者和参观者可以来自全国各地,但他们都是"上海市民"。从富商巨贾到平民百姓,从学者名流到负贩苦力,他们在上海各司其职、各得其所,为上海这座城市的现代化做出了巨大的贡献,而上海也渐渐地成了他们的家。

邵文菁(上海市历史博物馆馆员):

上海市博物馆曾是"大上海计划"的一部分,是上海特别市建立后一项重要的文化建设项目。但直到新中国成立以后上海才建立起第一个反映地方历史文化的博物馆,即上海市历史与建设博物馆。当时,中国向苏联学习,引进了地志博物馆的概念。1953年上海市历史与建设博物馆开始筹备工作,1954年正式成立筹备处,1958年初完成基本陈列布展。史建馆的陈列主要根据地方志的框架,分为"鸦片战争前历史""旧民主主义革命时期""新民主主义革命时期"和"社会主义建设时期"4个部分,开头有一小部分讲述了上海的自然资源和地理环境。布展完成后,开始接受市领导及业内专家的审查,获得了大多数人的好评。但时任上海市委第一书记柯庆施指出,展览不够突出阶级斗争,从而导致审查未能通过。1959年5月,史建馆正式撤销建制,理由是"我国办地志博物馆经验不足",而且该馆定位与上海博物馆、上海农业展览馆、上海工业展览馆、上海革命历史纪念馆、上海鲁迅纪念馆、上海韬奋纪念馆等单位重复。史建馆筹备期间征集的文物也被分散拨交到各个文博单位。自20世纪60年代起,全国的文物博物馆事业发展受到制约,上海撤销了36处文保单位,史建馆撤销建制可以说是一个先兆。1983年,在原史建馆文物资料和科研成果的基础上,成立了上海市历史文物陈列馆,即今天的上海市历史博物馆。

"徐汇文脉与海派文化"传承与发展座谈会纪要

段　炼　寿颖之　整理

【整理者按】 徐汇区历史悠久,文化兴盛,是上海中西文化碰撞发生最早、最激烈和最具特色的区域,留给后人的文化遗产也极为丰富。2021年10月27日下午,由土山湾博物馆主办、徐汇区图书馆协办的"徐汇文脉与海派文化"传承与发展座谈会在坐落于徐家汇源景区的上海气象博物馆召开。本次座谈会分为专家论坛和文化沙龙两个环节,宋浩杰、李超、张伟、吴海勇、马军、宋时娟、郭骥、段炼等8位专家,从各自的研究领域出发,对徐汇的历史文化深入开展研讨。随后的文化沙龙环节,各位专家畅所欲言,对徐汇文脉的传承与发展积极建言献策,提出真知灼见,为徐汇文化事业的繁荣发展提供了有力的支持。本文系根据与会专家的主旨报告整理而成,所有摘要均经发言者本人修订确认。

《义勇军进行曲》的创制与徐汇

吴海勇

中共上海市委党史研究室一处处长

由田汉作词、聂耳谱曲的《义勇军进行曲》,穿越抗日战争,走向人民的解放,飞声新中国,由此经典永流传。需要强调的是,《义勇军进行曲》的词曲作者与徐汇区都有着历史上的不解之缘。

田汉1928年创办南国艺术学院,就在现在徐汇区的永嘉路371—381号。田汉通过"南国",团聚凝结与培养塑造了一大批文艺青年,他自己的创作才能也得到不断提升。聂耳在淮海路的住处就有两处:一处是原霞飞路1518号曹家弄三层阁(今鸿艺豪苑),是聂耳1932年从北平回沪的第一处居住地;另一处在今淮海中路1258号的三楼。后一处与《义勇军进行曲》的创作直接相关。此外,位于今徐家汇公园的百代公司,也与《义勇军进行曲》的创制有着密切的关系。

1934年1月,聂耳遭联华公司解聘。2月24日,聂耳报考上海国立音乐专科学校失败。田汉嘱托任光"照顾聂耳的生活和学习",聂耳就在2月间到百代公司收音、作曲、配音。后经任光向外商力荐,聂耳到百代面试,演唱了两首自作品,英语对答流利,遂被录用。经理要其佐助任光从事收音、抄谱、作曲和教唱歌等工作。4月1日,聂耳到百代公司音乐部正式上班。每天工作6小时,月薪60元,自觉从来没有这么阔过。聂耳每日5点晨起,练一小时的小提琴,然后,就从淮海中路靠近常熟路的住处,步行到百代去练钢琴,路上景致犹如游园。

聂耳在百代积极有为。一是成立百代国乐队。外商见上海百代灌制的国乐和广东音乐唱片卖得比西方唱片要好,有意成立一个国乐队,以方便灌制国乐等唱片,任光及时会同聂耳在音乐部成立森森国乐队。聂耳天天指导森森国乐队练曲,练的是他改编创作的《金蛇狂舞》《翠湖春晓》等民族器乐曲。任光以队员需要下班回家练习为名,使外商同意他们带乐器出去。这样,森森国乐队就有了到社会演出的自由。第一次公演是参加上海民立女中的游艺会,还到八仙桥青年会演出过。翌年初,森森国乐队还全员参加了《扬子江暴风雨》的演出。

二是举办唱片"新声会"。那年10月中旬前,因任光赴香港收音,聂耳暂管音乐部三个多月。10月13日,在百代公司举办第一次唱片"新声会"。会上播放的唱片有音乐、平剧、蹦蹦、粤曲、中西歌曲、电影歌曲等六类,《渔光曲》《开路先锋》《大路歌》《毕业歌》等电影歌曲的集中展示,为左翼音乐在乐坛正名。

三是灌制左翼音乐作品。11月下旬起,任光帮助聂耳灌制了《开矿歌》《卖报歌》《走出摄影场》《一个女明星》《雪花飞》《卖报之声》《小野猫》《打砖歌》《打桩歌》《码头工人》《苦力歌》,以及《毕业歌》《大路歌》《开路先锋》《飞花歌》《牧羊女》《新女性》《告别南洋》《春回来了》《梅娘曲》等歌曲唱片,还有《翠湖春晓》《金蛇狂舞》《昭君和蕃》《山国情侣》等民族器乐曲唱片。这些歌曲与民乐都是聂耳的创作,其中《开矿歌》《打砖歌》《码头工人》灌录的是聂耳的歌声,唱片刻录下他略带乡音的呐喊:"一辈子就这样下去吗?不!弟兄们!团结起来!"需要指出的是,百代灌制的田汉剧作《回春之曲》歌曲《告别南洋》,将原歌词"中国民族"改成"中华民族",这为聂耳不久后谱写《义勇军进行曲》,将歌词中的"中国民族到了最危险的时候了"改成"中华民族到了最危险的时候"作了前奏。

好景不长,1934年11月底,聂耳离开百代公司。离职原因是百代英商要扩充乐队并转搞西洋音乐,并干预音乐部的曲目选择,还要乐队为黄色歌曲伴奏,为此聂耳愤而辞职。翌年1月,聂耳担任联华二厂音乐部主任,2月份进入他的音乐创作高产期。除了为田汉编剧的影片《凯歌》谱写主题歌《打长江》、插曲《采菱歌》之外,他还为左翼影片《逃亡》谱写主题歌《逃亡曲》及插曲《塞外村女》。随后,便发生了聂耳为《风云儿女》主题歌谱曲来向夏衍抢任务的故事。

需要特别强调的是,聂耳就在他的淮海中路住处开始谱写《义勇军进行曲》。夜深人静,聂耳一遍遍以各种曲调演唱:"起来,不愿做奴隶的人们……"动静实在太大,惊扰房东的睡眠。第二天,那个白俄老太太就怒气冲冲地对聂耳下了逐客令。此类事情发生已不是第一次,聂耳为《大路》电影歌曲谱曲时已有过一次了。孙师毅作词的《开路先锋》一开头就是"轰!轰!轰!哈哈哈哈……轰!"情感炽烈。聂耳整夜在住处大步地走来走去,练习各种各样的笑声。第二天,白俄房东就怒气冲冲地上来砸门,勒令聂耳立即搬走。据许幸之回忆,聂耳曾向他诉说为田汉那首歌词谱曲过程中遇到的麻烦:"我几乎废寝忘餐,夜以继日,一会儿在桌上打拍子,一会儿坐在钢琴面前弹琴,一会儿在楼板上不停走动,一会儿又高声地唱起来。房东老太婆可不答应了,以为我发了疯,跑到楼上来大骂了我一顿。末了,我只有向她道歉了事。"因为白俄老太太的干扰,聂耳不得不另找谱曲的场所,于是,就去找司徒慧敏。

《义勇军进行曲》虽然没有在徐家汇完成创作,但是,百代为《风云儿女》这部影片及其歌典的创制完成还是做出了独到的贡献。1935年4月25日,任光将聂耳谱曲的《风云儿女》插曲《铁蹄下的歌女》在百代灌制唱片。接下来,便是为《义勇军进行曲》灌制唱片。节外生枝的是,录制好的铜管音乐合奏唱片送到电通公司后,《风云儿女》摄制组试听发现,乐曲最后"前进,前进,前进,进"收尾一句,多出一个装饰音。为《义勇军进行曲》配器的是俄国作曲家阿龙·阿甫夏洛穆夫,因其配器写得比较潦草,贺绿汀还要他修改过。而据张云乔回忆,那个装饰音是任光所为。司徒慧敏、孙师毅邀请贺绿汀、吕骥等几位音乐家一起来审听评议,一致认为应该恢复原谱。任光接受了大家的意见,将装饰音取消,重新按照原谱改录了铜管音乐合奏唱片。

1935年5月3日,任光组织电通公司合唱组成员到上海百代公司录制《义勇军进行曲》唱片。初版的唱片编号为A2395。原始记录显示演唱者为袁牧之、顾梦鹤等。根据司徒慧敏的追述,此外还有盛家伦、郑君里、金山、施超,外加司徒慧敏,总共7人。

唱片的灌制完成,为电影的最后摄制完成做出了积极的贡献。《风云儿女》最后镜头就是男女主人公带领东北难民奔赴抗日前线的场景。为了防范国民党特务的冲闯,《风云儿女》摄制组成员一直等到夜深人静,在确定摄影棚外没有异常情况之后,许幸之这才下令开拍。摄影场当时就播放《义勇军进行曲》唱片,大家一边随着唱机里的歌声哼唱,一边做着动作。

最后的镜头拍摄完毕,再进行歌曲配唱。然而,合唱队一遍两遍地齐唱,音乐家、导演和技术家都认为不如最初一次的录音。最后,决定就把百代的录音转录到电影胶片上去。

就这样,一部影片的拍摄孕育了一首伟大的歌曲,一首伟大歌曲的创作完成又成就了影片的摄制完成。而在这过程中,徐家汇与有荣焉。

徐家汇文化事业的遗韵:上海社会科学院历史研究所的翻译事业

马 军

上海社会科学院历史研究所现代史研究室主任、研究员

徐家汇包括土山湾一带,一直是中西文化的交流圣地!明末崇祯年间,礼部尚书兼文渊阁大学生徐光启,立足传统文化的基础,进一步吸收西方科学的成就,更重视经世致用的学问。他认为,要发展天文气象、测量水利、军器制造、机械力学、建筑、钟表、医学等"千百有用之学"都离不开数学,而"欲求超胜,必先会通;会通之前,先必翻译"。于是,徐光启与意大利传教士利玛窦合作翻译了欧几里得《几何原本》

前6卷,第一次把西方数学引进中国。

上海开埠后,因徐光启墓地而得名的徐家汇地区,逐渐形成天主教上海教务中心,其中有相当一部分教会机构从事教育或文化科技医疗事业。李问渔是晚清耶稣会培养的中国神父,是徐汇公学早期的学生,与马相伯同学。1878年,李问渔创办并担任上海天主教会最早的中文报刊《益闻录》(后改名为《格致益闻汇报》《汇报》)主笔,长达33年,直至离世。这份刊物中有大量介绍西学的内容,其读者群不仅有天主教徒,同时不乏为数众多的教外知识分子,还有当时上海的名人和官员。1887年,他还兼任以教徒为读者对象的教会刊物《圣心报》主编。1905年马相伯创办复旦公学后,李问渔接任震旦学院校长兼哲学教授。他毕生从事天主教文字宣传工作,"无年无书",著作、编辑和翻译了数十种书籍,其中既有《理窟》《答问录存》等宗教著作,也有《形性学要》《西学关键》等介绍西方科学的著作,还有《生理学》《灵性学》《名理学》《伦理学》《原神学》《天宇学》等关于近代西方哲学的著作。他所辑译的《古文拾级》《通史辑览》《哲学提纲》等都曾被用作学校教材。这些,在徐汇区图书馆房芸芳馆长的博士论文《亦写亦祷:晚清西学东渐中的李问渔》中已经研究得很深入很透彻了。

从徐光启到李问渔,中西文化之间的交流依靠翻译事业一直薪火相传,成果累累。直至数百年后的1957年,在漕溪北路20号,今徐家汇藏书楼北侧,又形成了一个隶属于中国科学院上海历史研究所筹备处(后为上海社会科学院历史研究所)的翻译团队——编译组。据查,在"文化大革命"以前,即1957—1966年的9年间,共有11名专职翻译供职于该编译组,诸人在入职上海社科院历史所前经历如下:

叶元龙(1897—1967),擅长英语、俄语。美国威斯康星大学经济学硕士,回国后历任大同大学教授、中央大学教授、暨南大学教授、重庆大学校长、上海财政学院教授。

雍家源(1898—1975),擅长英语。金陵大学经济系肄业,美国西北大学商学院研究生,回国后历任重庆大学商学院教授、复旦大学会计系教授、上海财政学院会计系教授。

马博庵(1899—1966),擅长英语。金陵大学历史系毕业,美国哥伦比亚大学博士,回国后历任金陵大学教授、中正大学文法学院院长、苏南教育学院教授、东吴大学法学院教授。

吴绳海(1905—1985),擅长日语、英语。日本京都帝国大学毕业,回国后历任正中书局编审部编审专员、上海育才中学教员。"文革"后,仍在历史所从事编译工作。

金亚声(1907—?),擅长英语。上海大同大学肄业,历任上海圣保罗学校英文教员,圣约翰大学副会计、秘书。

王作求(1910—2005),擅长英语。清华大学政治系及研究院就读,英国伯明翰大学文科研究生,回国后历任上海商学院教授、上海财经学院教授。"文革"后,仍在历史所从事编译工作。

章克生(1911—1995),擅长英语、法语、俄语。清华大学外语系毕业,清华大学研究院外国语文部学习。历任苏州振华女中英文教员、上海动力机器制造学校教员。"文革"后,仍在历史所从事编译工作。

沈遐士(1915—1993),擅长英语、俄语。美国密歇根大学文学院学生,美国西北大学文学院研究生,回国后历任上海大同大学商学院教授、上海财经学院教授。

顾长声(1919—2015),擅长英语、俄语、法语。贵阳湘雅医学院肄业,历任上海时兆报馆翻译、编辑,安息日会中华总会总干事。"文革"后,调往华东师范大学任教,晚年定居美国。

贺玉梅(女,1932—?),擅长俄语。上海外国语学院研究生班毕业,曾任上海外国语学院俄语系助教。1960年,调往外交部工作。

倪静兰(女,1933—1983),擅长法语。北京大学西语系法文专业毕业,曾在上海外国语学院工作。"文革"后,仍在历史所从事编译工作。

按年龄区分,上海社会科学院历史研究所编译组这11位成员可大致分为老、中、青三代。其中,老、中两代人中不乏名校毕业生,甚至是求学海外名校的留学生、洋博士,多数人以往在社会上和学术界还颇有名望,有的人著作、译作丰硕。至于年轻的一代,也都是刚从著名大学外语系毕业分配而来的。

编译组这11位成员在"文革"之前究竟翻译了多少东西? 根据章克生提供的一份统计材料,仅1960年7月至

"徐汇文脉与海派文化"传承与发展座谈会纪要

1961年12月的一年半时间内,历史所部分译员与中国基督教三自爱国委员会少数人员合作,将有关帝国主义侵华历史的各类英文材料231.3万字译成初稿。另一份材料则表明,在1965年上半年,6名译员总共"翻译外文资料五十四万字,校订译稿十八余万字",下半年又准备翻译"约六十万字"。此外,仅雍家源一人在历史所服务期间,就翻译了100余万字。由此估算,在不到9年的时间里,编译组为配合各项研究和资料编纂工作,大约翻译了500万~800万字。鉴于20世纪五六十年代的环境,各种政治运动不断,译者们排除外界干扰,可谓勤奋而又高效。然而,这些译文大多数保持在初稿状态,只有少部分得以正式刊发,主要是收录进了历史所"文革"前的4部资料书里。它们分别是:其一,《上海小刀会起义史料汇编》,上海人民出版社1958年9月初版;其二,《鸦片战争末期英军在长江下游的侵略罪行》,上海人民出版社1958年10月初版;其三,《五四运动在上海史料选辑》,上海人民出版社1960年6月初版;其四,《辛亥革命在上海史料选辑》,上海人民出版社1966年2月初版。值得一提的是,上海社科院历史所成立之初,搜寻上海近代以来革命史资料是当时该所的主要工作方向。

这个编译组前后持续了约30年的历史。到了20世纪80年代,人员一度扩充至15人。但随着老一辈译员们或离世或退休,年轻一代译员在出国热的席卷下或赴欧美或去日本,历史所编译组在1988年前后终告结束。

在所有组员中,贯穿始终的章克生先生无疑应居首功。

无论是"文革"前后,他一直是编译组的负责人,也是编译工作最重要的组织者和实践者。章克生不仅外语水平精湛,历史知识、文学素养、古汉语功底也颇为深厚,除了留下二三百万字的译校文字之外,他还发表过相当数量的学术论文和文章,甚至还发表过诗词作品。在上海社会科学院历史研究所的所史上,他实在是一位值得大书特书的人物!

宋氏家族与徐光启

宋时娟

上海宋庆龄故居纪念馆副馆长、副研究馆员

徐家汇曾经是徐光启从事蚕桑和著书立说的农庄别业,这里至今仍有徐光启墓和墓地所在的光启公园。宋耀如出生于海南文昌,自美国学成归来后就一直生活在上海,娶妻生子,成家立业,进而投身商界,支持孙中山革命事业,从而形成了影响近代中国半个世纪之久的宋氏家族。抗战胜利后,宋庆龄长期生活在徐汇,从桃江路45号搬到淮海中路1843号寓所,这里曾经是宋庆龄主席在上海的家。

据宋家人自述,其祖上是徐光启的后人,宋庆龄的外祖母徐氏是徐光启第十六世孙的女儿。上海市孙宋文管委业务处副处长、宋庆龄研究专家朱玖琳在《宋庆龄外祖父母史迹寻踪》(刊发于《孙中山宋庆龄研究动态》2018年第4期)一文中指出,通过比对相关史料,宋庆龄外祖母的父亲应该是徐光启的第九世孙徐士荣。无论是第十六世还是第九世,主要是出自宋氏家族成员的自述,关于宋氏家族与徐光启之间的这种渊源关系,至今仍有进一步探讨的必要。

最早可见谈及宋氏家族是徐光启后人的史料,是1931年宋庆龄母亲倪珪贞去世后6位子女所作《宋母倪太夫人讣告》中的"行述",内称:"先妣姓倪氏讳珪贞,先外王父蕴山公之次女。蕴山公原籍余姚,以庠生习法家言,游幕川沙,遂寄籍焉。配外王母徐,徐故沪西望族,累世簪缨勿替,自文定公十六传至福运公是为外王母之父,以统领率淮军捍卫地方转战上宝南川间,阵亡于川沙。当局嘉其勋劳,为建忠烈祠于其地,邑人士至今称之。"宋庆龄的外祖父倪蕴山,与其外祖母徐氏,共生有4个子女,宋庆龄母亲倪珪贞是他们的第二个女儿。据讣告中"行述"所言,宋庆龄的外祖母徐氏,是沪西望族徐家后人,其父福运公是徐光启的第十六世孙。

宋家子女在"行述"中谈到的外祖母与徐光启之间的关系,在美国人詹姆斯·伯克(James Burke)于1942年撰写的《我的父亲在中国》一书中也有记载。詹姆斯·伯克的父亲步惠廉(William B. Burke),是美国监理公会在华传教士,也是宋耀如的美国大学同学。书中谈及,1887年步惠廉到访宋耀如家,倪珪贞对他讲述其母亲是徐光启的直系亲属。詹姆斯·伯克曾任美国《时代》杂志驻远东记者,为了撰写父亲在中国的往事,他于1941年在香港访问了宋蔼龄和宋美龄。宋蔼龄在重庆时期,仔细阅读并修改了该书中有关宋氏家族的章节。因此,书中倪珪贞自述家世这个细节,是否来自步惠廉当年的日记？抑或是宋蔼龄事后的确认或修改？这还有待进一步的考证。

在上海宋庆龄故居纪念馆内，收藏着一份宋庆龄亲笔手书的徐光启生平简介和其外祖母的家史。这份材料，系宋庆龄生前交给保姆李燕娥"请代保存"，并特别注明"内是有关我祖母倪氏的祖宗历史"。由此可知，宋庆龄完全认同她的外祖母，即倪珪贞的母亲徐氏，是明代著名科学家、文渊阁大学士徐光启的后人。鉴于该文献的重要性，特将全文抄录如下：

> 徐光启：明朝上海人，万历年进士，崇祯王时，官礼部尚书，兼东阁大学士，当时意大利人，利玛窦在中国，徐光启从他入天主教，并从他学天文、数学等，精于数学、历历（应为"历法"，笔者注），和意大利人修正历法。中国人研究西方学述（应为"学术"，笔者注）的人自徐始，著书甚多，以《农政全书》《徐氏庖言》及《几何原本》前六卷为最著名。
>
> ［上海徐家汇就是他的家，崇祯室（帝）因满清攻进来，他吊死在故宫］清朝从 1644—1911 年。
>
> 这是我母亲的祖宗历史。我的祖母倪氏在太平天国时从松江到了上海的。
>
> 宋庆龄

另外一份与宋庆龄手书类似的材料，现收藏于美国斯

坦福大学胡佛研究院档案馆宋子文档案中。该材料用中英文书写,第一段中文与宋庆龄故居所藏文献基本一致,后续3段英文如下:

> The last ming empress was 崇祯,他吊死在故宫。The Ching dainty started from 1644 & ended 1911.
>
> The name 徐家汇 has not been changed yet, but the temple erected in honor of our ancestor has been turned into a commerce. The Sikawei Observatory started by our ancestor still remains.
>
> Please let yellow boy & John & remember the above historical data.

最后这三段英文,大致意思是:"明朝最后一位皇帝是崇祯,他吊死在故宫。清朝从1644年至1911年。徐家汇的名字尚未改动,但为纪念我们的祖先而建立的神殿已经变成了商业区。以我们祖先命名的徐家汇天文台至今尚在。请让在美国出生的孩子和约翰记住以上这些历史资料。"

1962年10月11日,宋美龄从台湾致信在美国的宋子文,并附上宋庆龄手书的这份材料,以及历史学家张其昀在纪念徐光启诞辰400周年上的献词,希望能让家族成员和子女传阅。在10月31日给宋美龄的回信上,宋子文亲笔手书:"请归还,因为我没有其他复印件。"宋子安也在宋子文给宋美龄的回信上留言,感谢姐姐给他看这份珍贵的资料。

1962年是徐光启诞辰400周年,中国大陆举行了一系列纪念活动,着重宣传徐光启在科学领域和天文历法、农业方面的贡献。而在海峡对岸的台湾,在圣母无染原罪主教座堂举行了由天主教台北教区总主教田耕莘主礼的"纪念徐文定光启四百周年诞辰"庆典,宋美龄高调出席了这场宗教意义上的纪念活动。同一年,台湾出版《徐文定公家书墨迹》,由宋美龄亲自作序。在序言里,宋美龄将1931年《宋母倪太夫人讣告》"行述"中的表述"自文定公十六传至福运公是为外王母之父",修改为"外王母徐太夫人乃文定公第九世女孙",即徐氏的父亲应该是徐光启第八代孙徐士荣。

非常有意思的是,宋庆龄出于谨慎或其他原因,将手书的家族历史资料,交给并不识字的保姆李燕娥保管。而在那个两岸尚处于敌对关系、中美之间交往并不那么顺畅的时代,宋庆龄又通过某种渠道,将徐光启的简介、徐家汇的历史等家族资料传递给海外亲属,似乎透露出一种超越血缘亲情的同宗共祖的民族认同感。

其实,上海早在1933年就曾经举行过徐光启去世300周年的纪念活动,由各界人士著文和题词汇编出版了《徐文定公逝世三百年纪念文汇编》,其中宋子文题词"后学楷模",蒋介石题词"科学导师",孔祥熙更有长题"赫赫文定,新学开山,西来政教,独发其端,世变益烈,三百载还,流风不远,渺矣难攀"。但无论是主持其事的徐家后人徐宗泽,还是参与其中的宋家成员,都没有提及徐光启与宋家的任何关系。1934年宋庆龄姨母倪秀珍七十寿辰,蒋介石、孔祥熙、宋子文、宋美龄均赠送贺礼,宋庆龄等人还出席了感谢礼拜,对此《申报》专门刊载了"牛母寿诞志盛"的报道。倪秀珍与倪珪贞系同胞姊妹,牛家却没有任何人提及外祖母与徐光启的关系。直至今日,徐家后人并不认同宋氏家族与徐光启的关系,倪家后人也有不同的看法,这个可以从川沙王乐德先生主编的《宋庆龄母系倪氏暨父系宋(韩)氏家谱》(学林出版社2004年版)一窥端倪。

由此可知,关于宋氏家族与徐光启之间的关系,并非没有疑点,也没有得到其他家族的认同。宋庆龄的祖母倪氏为何从松江来到上海?后来又怎么嫁到了川沙倪家?她的外祖母徐氏到底是徐光启的多少代孙?徐福运为何又变成了徐士荣?这些都还有待于进一步研究探讨。基于相关史料,从时间脉络予以梳理,徐光启与宋氏家族之间关系,仅仅出于宋家人的自述,而且宋氏家族成员对此也有个逐步认识、逐渐认同的过程。如今,海外宋氏家族后裔,例如宋子安的后人,曾专程到上海徐家汇拜谒徐光启墓,但仅限于私人行为。

徐家汇博物院早期发展寻踪

郭 骥

上海大学博物馆馆长助理、研究馆员

19世纪下半叶至20世纪上半叶,徐家汇地区人文、科技并举。明末清初耶稣会在中国传教活动的历史,让法国传教士意识到,在传播西方技术的同时传播宗教,有利于获取中国士人的信任。尤其是文艺复兴以后,由于西方科学的发展,利用新兴的科学知识赢得中国文化界、思想界,乃至外国移民的认同,都对改善传教士的形象有所裨益。同时,在传教士看来,科学与宗教具有一致性,出于对上帝的敬意,通过科学研究对宗教进行更深层次的理解和解读,才能对进化论等观点提出质疑。由此,徐家汇藏书楼、徐汇公学、土山湾印书馆、徐家汇天文台、震旦学院陆续落成,其中1883年建成开放的徐家汇博物院无疑是非常重要的一处,并以中国第一座近代意义上的博物馆闻名于世。

根据《中国博物馆一览》《私立震旦大学一览》《中国大百科全书·文物博物馆卷》等图书文献的记载,都将徐家汇博物院的建院时间定在清同治七年(1868年),其所依据的主要有史式徽(J. de. ca. Serviere)《江南传教史》、高龙鞶(Augustinus. Chlombel)《江南传教史》,以及柏永年(P. Courtois)发表在《自然界》期刊的文章和震旦博物院院长郑璧尔(Octave Piel)在纪念博物院创立70周年大会(1939年)上的表述。他们一致认为,韩伯禄(Pere. Heude)司铎于1868年创办"自然历史博物院",这是中国历史上第一座近代意义的博物馆。

徐家汇博物院的始创者韩伯禄,除了耶稣会传教士的身份外,也拥有法国国立自然史博物馆通讯员的荣誉头衔。1872年,耶稣会江南教区郎怀仁主教和谷振声会长主持召开会议,决定成立"江南科学委员会",开展工作包括4项,即建设博物院、天文台,以及编制中国史地概况、科学与护教杂志。1883年5月,自然历史博物院专用院舍建成,位于徐家汇耶稣会总院之南。1930年以后,徐家汇博物院划归同属耶稣会的震旦大学管理,改名为震旦博物院(Musee Heude)。1933年,震旦博物院新馆舍建成,同时作为震旦大学附设的自然科学研究所。

徐家汇博物院最早的一批藏品,是达维(Armand David)神父于1862年在法国国立自然史博物馆的亨利·米尔恩-爱德华(Henri Milne-Edwards)教授的安排下赴中国搜集到的标本。至1874年返回法国定居前,他在中国共进行了3次采集之旅,许多中国物种是经过他的传播首次进入欧洲,其中最为人熟知的是麋鹿和大熊猫。此后便是韩伯禄于1869—1900年以中国江南地区为主,同时涉及东南亚、东北亚地区为范围,采集到的哺乳类、鸟类、爬行类、软体动物以及植物类标本,其中以介壳类和哺乳类为特色。此后,继任的柏永年神父将重心放在植物标本和鸟禽类标本的采集上,继续充实馆藏;松梁材(Auguste Savio)神父在鸟类和昆虫标本的采集方面有较大贡献;郑璧尔神父则专注于昆虫类标本的收集和研究。他们的工作在一定程度上弥补了博物院在昆虫标本方面的不足。根据《私立震旦大学一览》第六编"震旦博物院概况"等记载,1930年徐家汇博物院移交震旦博物院管理时,约有1 000张哺乳动物毛坯,1 000多件哺乳动物头骨,多件大型哺乳动物完整的骨骼,数千件鸟类标本,400多件爬行类标本,1 500多种鱼类标本,1 500多件软体动物标本,以及大量昆虫标本和5万多件植物标本。此外,曾任土山湾孤儿院附设工艺工场木工部主任的葛承亮(Aloysis Beck)修士,因其个人爱好与工作需求而收集的藏品,被纳入震旦博物院古物部,包括金属类、玉石类、陶瓷类、宗教造像等藏品3500多件。

关于徐家汇博物院与亚洲文会所建的上海博物院孰先孰后的问题,学术界尚有争议。据曾纪泽《出使英法俄国日记》1878年10月3日条载,他"偕白德勒游英国博物院良久,午正归","同至徐家汇观法国教堂,一有女育婴堂,一有男育婴堂,一有博物院,游览极久,夜归",表明至迟于1878年,也就是在徐家汇博物院专属建筑落成前5年,已有公开开放的院址和可供参观的场所。而黄式权刊行于1883年的《淞南梦影录》也有记载,"西人于徐家汇隔河教堂侧建博物院一所,珍禽奇兽,毒蟒巨蛇,并蓄兼收,不下数千百种……",亦可见对当时中国士人的吸引和影响。徐家汇博物院的早期馆舍,可能从建筑规模、展示环境和条件来看,不能与日后的新馆相提并论,但置于当时的历史背景来看,应已能视之为正式的博物院。与之可资比较的是,亚洲文会1874年成立的上海博物院虽在圆明园路(后更名为博物院路)建有馆舍,但其实是与北中国支会办公室、图书室同处一栋建筑之内,并且起初规模极小,仅有一间陈列室,直至19世纪80年代初图书室另迁他址时,博物院才扩增为两间陈列室。此外,上海博物院从1877年起就请韩伯禄协助鉴定和整理哺乳类动物标本,也从另一个侧面说明业界对于徐家汇博物院收藏和研究工作的认可。

同为法国耶稣会所建、同处徐家汇地区的徐家汇博物院与土山湾孤儿院、土山湾印书馆之间,应当也有相当多的联系。这至少表现在3个方面:

其一,1880年徐家汇博物院将研究成果发表在博物院的出版物《中华帝国自然史论集》(*Mémoires concernant l'Histoire naturelle de l'Empire chinois*)上,《论集》的印刷制作工作,都由土山湾孤儿院附设的印刷工坊,即土山湾印书馆承担。

其二,《中华帝国自然史论集》的插图,是由土山湾孤儿院的师生参与绘制。第一、第二册的图版都是由蒋其仪(Charles Rathouis)神父亲手绘制,他同时训练了一批土山湾孤儿院的年轻学生从事绘画和石印出版。自第三册始,年轻画师制作的图版陆续出现,至1890年蒋其仪神父去世后,大部分的标本图版都由土山湾画师承担绘制。从图版制作所体现的精确绘图、刻板、印刷技能来看,与当时西方的博物志图版并无二致,可见在从事科学工作的外籍神父们的指导下,培养了一批土山湾青年画师。

其三,土山湾所收藏的古物,于1930年一并迁往震旦博物院,并在第一陈列室的地面层展出,这些是土山湾孤儿院葛承亮修士历年来的收藏。

除此之外,或许可以猜测其间有更多的联系。例如,博物院的藏品是否用于土山湾孤儿院、徐汇公学、震旦学院的教学使用;土山湾孤儿院等学生,除了从事绘制图版外,是否参与博物院的标本整理、展览制作工作。这些问题,有待根据土山湾孤儿院、徐汇公学等使用的教材,以及当时学生的作业等,再作进一步的研究。

将徐家汇博物院置于海派文化的背景下考察,可以得出以下观点:

首先,博物馆这一形态作为文艺复兴、工业革命以后的新生的文化设施,赋予了文化的近代性特征,徐家汇博物院在当时中国乃至整个东方,都具有首开文化风气之先的意义,推动了海派文化的形成和发展。

其次,徐家汇博物院以及后续的震旦博物院,是西方科学、西方博物馆在中国发展的前沿代表,也是文化领域中西融合的范式,从基于近代西方科学形成的自然标本收藏体系,扩展到中国历史文物、工艺品的收藏门类,其百科全书式的收藏体系和科学的分类方式,有助于研究中西文化融合汇通的历史脉络。

再次,徐家汇博物院的收藏和展示内容,认同多元文化,又注重本土文化,这正是海派文化最重要的特点之一。

由于历史原因,徐家汇博物院原有建筑已然无存,然而作为徐家汇地区曾经重要的人文和科技传播载体之一、近代开风气之先的文化设施,徐家汇博物院推动影响了海派文化的发生和发展。有必要根据文献、史料和相关图文资料的记载,选址合适的场所对徐家汇博物院予以部分复原和展示,以资纪念这一在中国博物馆领域和对徐家汇文化具有里程碑意义的见证物。

"徐汇文脉与海派文化"传承与发展座谈会纪要

徐汇工业变迁与遗迹保护

段 炼

上海社会科学院历史研究所副研究员

1874年设立的江南制造总局,曾在龙华开设火药厂,这是徐汇境内第一家重要的工业企业。从龙华火药厂,到上海兵工厂,再到淞沪护军使署、淞沪警备司令部。江南制造总局,这个洋务运动最大的工业企业一分为二,走上了两条不同的道路:一处发展为特大型企业江南造船厂;一处发展为上海最高军政机构和革命烈士纪念地。可以说,正是这家兵工企业的兴起,彻底改变了徐汇后来的发展道路。当然,由于不是规划中的工业区,徐汇沿江地带早期的工业企业并不多。除了兵工厂,还有就是上海水泥厂、泰山砖瓦厂,以及和兵工厂有间接联系的龙华机场检修站。中华人民共和国成立后,兵工厂由中国人民解放军接收,飞机场内的检修站逐渐发展成为上海飞机制造厂。和沪东杨浦滨江、沪西苏州河畔不同,徐汇境内黄浦江沿岸主要是铁路、码头、机场,没有发展成为工厂密集区。

徐汇境内最早的民族工业是1875年开设的华光织带厂,最早的外商工厂是1908年创建的德商固本肥皂厂和法商东方百代唱片公司。到了20世纪30年代,境内轻工、纺织、食品、化工等工业都已具有一定规模。这些工业企业,主要沿着肇嘉浜两岸发展。工厂开设于此,主要是相对偏僻,地价便宜,肇嘉浜又地处华洋分界线,便于工人的招募。抗战前后,肇嘉浜沿岸兴建了中国钟厂、景福针织厂,沿河道往西往南,又陆续开设梅林罐头厂、永新雨衣厂等。由两岸再向南北扩展,主要是南岸地区,例如斜土路上的泰康食品厂、金城橡胶厂等,甚至更远到龙华西路的亚美电器二厂和漕河泾的冠生园食品厂。南岸华界多为农田、坟地,地价更加便宜,当地农户为这些新开设的工厂提供了充沛的劳动力。在肇嘉浜以北,英商开洛克于1911年接手法国人经营的一家小型私人奶牛场,命名为可的牛奶公司,不久即迁入霞飞路(今淮海中路)、高恩路(今高安路)转角,新中国成立后成为上海乳品二厂。原金星金笔厂为韩商创办,1933年底由华商购进,转为民族私营企业,1947年迁至斜土路1646号。1948年5月,上海市公共交通公司在枫林桥南斜土路设立保养场,附设汽车修配车间,这是上海最老的公共汽车停车场,就是现在的巴士二汽公司。民国时期,今徐汇境内工厂的产品,例如泰康、梅林、冠生园食品厂的糖果、饼干和罐头食品,大中华橡胶厂的双钱牌胶鞋、汽车轮胎,中国钟厂的三五牌台钟,永新雨衣染织厂的 ADK 雨衣等,在市场上均有着良好声誉。

新中国成立后,经过社会主义改造,徐汇境内的工厂大多成为全民或集体所有制企业。在计划经济体制下,上海重点发展支柱型重工业,为社会主义经济建设服务。为此,国家对徐汇境内的工厂企业进行了一系列的调整。

第一种方式,对原有小企业合并重组,产生一大批新兴的工厂。例如,原回民公墓附近的清真食品作坊,相继并入光明生产合作社和清真天山食品厂,逐渐发展成为上海天山回民食品厂;原上海市第一、第二、第三衬衫生产合作社合并,1958年转为国营,更名上海衬衫厂;上海皮鞋厂是在1944年底由40多名失业皮鞋工人在组织生产自救的基础上逐步发展起来的,1958年转为全民所有制企业,并由制造局路迁至宛平南路404号;宝展皮鞋厂,前身是一家弄堂作坊,1956年公私合营时并入5家小型制鞋单位;上海酿造六厂,1956年由万升、万顺、万隆、万和4家酱园合并组建四万酿造厂,1958年4月又先后并入几家食品作坊,改名上海酿造六厂;原天星糖果饼干厂,厂房简陋,仅100余职工,公私合营之际陆续并入10多家小厂,改名上海儿童食品厂,成为生产儿童食品的骨干企业。

第二种方式,利用原有厂房设备,对产业进行改制。在徐汇境内,主要是打破行业界限,着重发展机械、电子等新兴工业。例如,原私营泰山砖瓦厂,1954年全面转产耐火材料,为钢铁生产服务,后成为上海耐火材料厂;肇嘉浜南岸的五洲固本皂药厂,迁至杨树浦与中国肥皂公司合并组建上海制皂厂,原厂房设备由开利无线电厂与其他一些小厂合并组建上海无线电四厂;五洲厂的烷基苯磺酸钠车间,则与永星化学工业公司合并,组成上海永星合成洗涤剂厂,后发展为国内生产规模最大的上海合成洗涤剂厂;梅林罐头食品厂并入泰康食品厂,利用原厂房和机器设备组建上海电讯器材厂;原华美烟厂,1958年转为上海第三机床厂,是机械工业部重点企业；转型最为成功的当属金星金笔厂，1970年开始试制电视机，1978年改名上海电视一厂，成为电视机专业制造企业。

1956年3月，徐家汇区与常熟区合并组建徐汇区。1964年5月，闵行区并入徐汇区。作为上海市中心城区地域面积最大的一个区，徐汇比杨浦、普陀甚至闸北有着更为广阔的腹地，凭借境内龙华机场、上海南站等交通枢纽，水陆空运输均十分便利。因此，徐汇境内迁建或新建了一大批与国民经济、市政建设以及人民生活密切相关的工厂。1953年在龙吴路设立中国食品进出口公司华东区分公司龙华仓库，到1973年发展成为龙华肉类联合加工厂；1953年新建大光明钟厂，1970年代末转产秒表，改名上海秒表厂；1954年，上海公交公司车身修配工场成为独立经营的客车修理厂，1970年改为上海客车厂；1956年，协昌缝纫机厂迁至龙华路，1972年改名上海缝纫机二厂；1959年创建的长桥水厂，是我国自行设计建造的给水企业；1985年新建龙华污水处理厂，是当时上海最大的污水处理工程；成立于1985年的上海王安电脑发展公司，是改革开放后徐汇境内较早的中美合资企业。

位于上海西南的漕河泾，于1957年被市政府定为市仪表电子工业区，以发展新兴工业为重点。比较著名的工厂有生产上海牌录音机的上海录音器材厂，生产海鸥胶卷的上海感光材料厂，以及上海仪表厂、上海仪表电机厂、上海天平仪器厂、上海分析仪器厂、上海自动化仪表一厂、上海电视调谐器厂等。此外,一批以出口创汇为主的企业也是徐汇工业的亮点。例如,位于漕宝路的上海地毯总厂、上海玉石雕刻厂,肇嘉浜路南侧的上海绣品厂,车间对外开放可供参观,并设有外宾销售门市部和贸易洽谈室。

20世纪80年代,是徐汇工业最为辉煌的时期。进入90年代以后,随着城市经济的转型,徐汇境内的工厂大多关停并转,逐渐退出了历史舞台。无论是民国时代,还是社会主义建设时期,徐汇工业有自己的特色,也曾经有过辉煌,对上海乃至全国的贡献不言而喻。如今,徐汇区境内的工业遗迹留存不多,其保护模式大致可以分为以下几种:一,原址原状保护,如龙华兵工厂和上海水泥厂;二,标志性建筑的保护,典型的有大中华橡胶厂的烟囱、百代公司的小红楼;三,变工厂遗址为创意园区,如漕溪路272号门口虽然挂着老凤祥象牙玉石雕刻公司的牌子,而大院内已成为一处文化创意园区。境内还有一些著名工厂,如今已无遗迹可寻,但留下了一些相关的地名。例如冠生园路、金星苑、景福苑、协昌小区、金钟大厦等。

以往的观念,保护就是原址原样,一点都不能改变。那么,保护和发展有没有矛盾?一成不变,什么都不能动,怎么发展?是否能换个思路,保护的目的是为了文化的传承。百年工业,百年文化。百年,不仅仅是指百年前的发端,更是百年后的延续。城市发展日新月异,有些工业遗迹的消亡或许是不可避免的,但更可怕的是淹没与遗忘。

徐家汇源与海派文化

宋浩杰

上海市非物质文化遗产保护协会秘书长

海派文化,是在江南传统文化的基础上,融合开埠后传入的源于欧美的近现代工业文明,逐步形成的上海特有的文化现象。讲到徐家汇源与海派文化,从这么多年的工作实践中,我深刻领悟到徐家汇源是海派文化的一个重要渊源。

什么叫源?字典告诉我们,一个是水流出的地方,一个是事物的根由。徐家汇源是怎么来的呢?徐汇区文化局曾经特地召开了一次专家座谈会,提出了很多名称,到底定哪一个呢?有一天,徐家汇街道党工委书记顾锡培拖着我到区长办公室,向时任区长陈寅汇报。我们讲了几个名称之后,又谈了一下我们的意向。最后区长就拍板了,就叫"徐家汇源"。当时上海已经有了外滩源,徐家汇源大概是第二个叫"源"的地方。

名称敲定之后,我又思考了徐家汇源的内涵、外延到底是什么。我认为,徐家汇源应该起始于明末,发展于清末,壮大于民国初年,它的源头就是中国第一位放眼世界追求科学和真理的先行者徐光启。1633 年徐光启逝世,1641 年安葬在徐家汇南面今光启公园内。早在 1607 年,徐光启就在这个地方建立了农庄别业,专门进行农业科学实验。落葬后,徐氏后人搬来这里,结庐守墓,代代繁衍,形成村落,当时叫徐家库,后来叫徐家湾,到1812年才开始叫徐家汇。徐家汇源从明末开始到现在有400年了,比外滩源的历史要长得多,这让我也感到蛮自豪的。

徐家汇源的核心是西方文化的传统、中西文化的会通和海派文化的形成。到了20世纪三四十年代,徐家汇已经成为中国乃至远东地区规模最大、机构最多、类别最全的文化中心。中西文化会通形成的海派文化,不断发展壮大,从徐家汇影响上海乃至全国。现在一讲到海派文化,大家都知道这是上海的。在徐家汇源,这里有一大批响当当的代表人物,既有中国的,又有国外的。比如,江南耶稣会会长南格禄,耶稣会住院院长、南京教区副主教南怀仁,土山湾画馆奠基人、雕塑家范廷佐,徐汇公学首任校长、意大利人晁德莅,徐家汇天文台创建者、法国科学家高龙鞶,徐家汇藏书楼主任费赖之,徐家汇博物院院长韩伯禄……也有中国的马相伯、李问渔、徐宗泽等。徐家汇的外国人跟南京路的外国人有什么不一样?我觉得他们有本质不同的:南京路的外国人大多是经商的,或许是在自己的国家混不下去才来到上海淘金;而徐家汇的外国人实际上都是文化人,在自己国家有很好的出身,甚至属于贵族阶层。

徐家汇这400年的发展,给我们留下了3条重要的启示:

第一条启示,我们今天要讲徐家汇,就跟当初要讲徐光启是一样的,徐光启有世界眼光,有爱国情怀,有科学精神,有勤政廉政思想。我还没退休的时候,市委宣传部问我为什么要造徐光启纪念馆?我专门讲述了徐光启精神的现实意义。他们也很认同,光启公园和徐光启墓后来就被命名"上海市爱国主义教育基地"。

第二条启示,徐家汇源是重要的中西文化会通的平台。明末西方文化传入以后,尽管徐光启葬在这里,但之后的200年徐家汇实际上是默默无闻的。直到鸦片战争以后,西方传教士又纷纷涌入上海,位于北京的天主教文化中心逐步南移到徐家汇。后来的100年时间,徐家汇有了很大的发展,成为中西文化会通的重要平台。此时,中国开始兴起学习西方文化科技的风气,徐家汇为无缘涉足西方的有识之士提供了一扇观察和了解世界的窗口。外来的西方文化,与当地的江南传统文化相融合,也促进了上海地区文化的发展,必然也会推动当地的社会发展和文明进步。比如徐宝庆开创的海派黄杨木雕,它是江南传统雕刻技法与西方的透视学、解剖学相结合,形成了特有的艺术风格,如今已被公布为国家级非物质文化遗产保护项目。

第三条启示,我认为海派文化的终极目标是"欲求超胜",这与实现中华民族伟大复兴的中国梦是丝丝相扣的。徐光启一生始终践行"欲求超胜,必须会通;会通之前,先须翻译"这样一种抱负。西方文化传来了,我们要超过他们,而超越之前必须会通。怎么会通?那就要靠翻译,把西方的文化翻译成我们能够理解和掌握的知识。我认为那时候的徐光启非常有眼光,1607年他就和利玛窦合作翻译刊印了《几何原本》前六卷。从某种意义上讲,徐光启是最早的翻译家,比傅雷、草婴等人早了400年。

关于"超胜",我举几个例子:

第一个例子是土山湾画馆,证明了中国西洋画的发源地是在徐家汇。那个时候,徐家汇引入的都是世界顶级的艺术,然后就培养出了大批的本土西画家,如周湘、徐咏青、杭穉英等。所以徐悲鸿讲:"土山湾亦有习画之所,盖中国西洋画之摇篮也。"上海出名的一些西画家,往上追溯,百分之八九十都能追溯到土山湾画馆。

第二个例子是张充仁。他是学习雕塑的,曾赴法国、比利时学习雕塑。法国总统密特朗在雕塑自己胸像的时候,没有找法国人,法国文化部向他推荐了中国的张充仁。张充仁雕好以后,密特朗非常满意,我认为这就是"超胜"。

第三个例子是土山湾孤儿院木工部。这里制作的产品在世界范围内热销,可以与欧洲最好的工厂媲美,是真正的杰作。

另外,徐家汇观象台的建立甚至比世界气象组织还要早一年,从1872年开始收集气象资料,直到今天。再有就是徐家汇的印书馆,引进欧洲石印、珂罗版、照相版印刷技术都走在了中国前面。徐家汇源在中西文化会通中形成的海派文化,在不断发展和壮大的同时,也在"欲求超胜"中逐渐显露端倪。

徐家汇现在有9处文物保护建筑、5所文博场馆,如果历史上的徐家汇没有受到过破坏,我觉得她必定是世界文化遗产。然而,徐家汇现有的这些文化遗产没有让上海人民真正享受到,所以我想有几件事情还是要做的:第一件能够做的事是复原马相伯故居,他居住过的房子还在,里面的场景都能够复原。这样一个百岁老人,他对中国所作的贡献是毋庸置疑的,徐光启纪念馆、宋庆龄故居之后第三个馆就应该建马相伯故居。第二件事是光启公园的修复,最好是能恢复到400年前徐光启墓的原样。第三件事我觉得要加快推进土山湾博物馆二期工程。整个馆还可以再扩大,里面还有很多展览可以做。博物馆不仅是用来参观的,里面要有临展厅、报告厅、文物库房等。第四件事就是大修道院的一楼是不是可以重新恢复对外开放?将来是否可以做成徐汇区博物馆?徐汇区的历史有几个阶段:首先是龙华历史风貌保护区的1000年历史;接着是黄道婆棉纺织手工技艺的700年历史;再是徐光启和徐家汇的400年历史;另外还有衡山路复兴路历史风貌保护区的100年历史。这些历史应该由徐汇区博物馆来展示。还有一件是目前正在筹建的徐家汇书院,是不是可以做成一个综合性的图书馆?跟博物馆一样,图书馆也不一定局限于原先的功能,还可以再拓展,比如文化和旅游的新空间等,这样才不辜负这个馆设在这样一个市口。另外一件可做的事,就是义勇军进行曲灌制地还可以再完善。尽管这里是原来的唱片厂,但不要做成唱片博物馆,必须突出主题,这里要做的就是国歌唱片博物馆。既然国歌唱片在这里诞生,那么叫国歌唱片诞生纪念馆如何?北面入口那么大的空地,还缺少雕塑,不够震撼。可以采取多种展示手段,是否能做一个比较大的国歌铜版雕塑上去,五线谱和歌词都上去,这样震撼力和气势就出来了。

从徐汇出发,建立近现代东西方艺术交流文献研究中心的价值意义

李 超

上海大学美术学院副院长、教授

徐汇文脉和海派文化,以及和中国近现代艺术的发展,都有着密切关系。徐汇区的发展建设将由地方政府的建设需求进行引导,徐汇也将被打造成海派文化资源的高地。从我们美术界的角度来说,这将赋予徐家汇源和土山湾更高层次的概念。因为土山湾不仅属于徐汇,也不仅属于上海,它更是一种国家的记忆,是一份世界文化遗产。

目前,土山湾画馆还没有完整的传承谱系,关于土山湾画馆的许多表述还很谨慎。因此,对土山湾画馆和徐汇历史文脉进行研究,需要持久性地做一项文献长编基础资料工作。以近代土山湾工艺品的海外收藏谱系为例,目前这还是一个空白点。如何做深、做透这项研究?第一步就是要形成基本的数据谱系,保持严格的系统性和完整性。土山湾画馆是很重要的文化现象,它是海派文化不可分割的重要组成部分。但从学术的角度来说,还需要拓展第一手材料的文献挖掘,否则就是不断重复以往的内容,甚至还会

出现口口相传却以讹传讹的现象。2020年,我曾经申报了国家重大社科艺术学项目《中国近现代美术国际交流文献研究》。从国际文献的角度来说,上海土山湾也是非常重要的板块,但目前这部分内容的基础数据还远远不够,所以必须建立文献研究中心。这个可以申请重大课题,将来还可以转换为学术平台,即打造国际近现代艺术文献博物馆,这将纳入上海大学美术学院未来的"十四五"规划之中。

关于国际近现代艺术文献博物馆的建设,具备了资源馆群这么一个概念,这与地方政府密切相关,与上海的文化建设同步。其中,有的内容是固定的物理空间的概念,有的内容则以文教结合项目制的形式予以推进。就此而言,文献研究中心与徐家汇与土山湾相结合,形成东西方艺术文化交流这么一个中心的概念,是非常值得学界期待的。我本人对土山湾的东西方美术交流相关研究掌握较多,但土山湾不仅是美术教育,它还包括雕塑、音乐、文学、印刷、天文等多方面的科学交流。对于近现代史研究而言,目前最大的短板就是国际视野不够,其中翻译就显得尤为重要,是含金量很大的学术工作。现有的关于牌楼和宝塔的研究成果只是土山湾研究冰山之一角,还有很多学术宝藏有待挖掘。如果可以借助于国家重大课题申报推进专业智库建设,我们通过项目制的方式与地方政府合作,可以进一步优化人力、空间、资金等资源,实现近现代东西方艺术交流文献研究中心项目落地。将来的文献研究中心,计划采用文教结合的形式,一方面带动上海大学美术学院的学生甚至青年教师在此进行研究、创作;另一方面可以加强与徐汇区文物主管部门的交流,取长补短,提升双方的学术水准和业务能力,同时推动土山湾博物馆二期建设,实现合作双赢。该课题项目结项以后,通过博物馆和学术平台,必将产生社会服务效应。

抗战期间,艺术大师徐悲鸿身处重庆,曾在《新艺术运动之回顾与前瞻》一书中写道:"土山湾亦有习画之所,盖中国西洋画之摇篮也。"不仅如此,土山湾画馆还是东西方文化交流的根据地,足见土山湾的重要地位。作为美术史上的一代领军人物,徐悲鸿在此书的前瞻部分提出了这个突破区域性的观点,极具国际意识,他对于土山湾画馆的经典价值定位也已成为业界的共识。从这个意义来说,包括土山湾在内的徐汇文脉,是国家的记忆,属于国际化范畴。如今,我们借助于新一轮的徐汇区文化建设,土山湾与徐汇文化、中西美术交流等相关联,从而形成一系列文脉资源。值得注意的是,徐汇区境内还留下了众多历史文化名人的足迹,例如中国近现代许多文学家、戏剧家、电影表演艺术家,都曾长期在徐汇工作过、生活过。除了土山湾画馆,徐汇文脉当然还包含了这些名人的故居、旧居。或许我们以往对于美术界名人的研究相对较少,关良、哈定、张充仁等人的故居、旧居在徐汇境内哪个地方?至今仍不能确定。因此,这方面的深入调查也很有必要,目标是为徐汇境内的历史文化名人建立起完整的谱系,为进一步的研究工作打好基础。我们想要打造的近现代东西方艺术交流文献研究中心,正是为了完成这样的学术担当和任务,建立起近代徐汇、近代上海乃至近代中国东西方文化艺术交流的文献数据库,一座可以支撑后期成果转换工作的机构。文脉传承是非常严谨的学科化工作,应注入艺术学科的理念、方法,文献研究中心建设也必须加大后期多团队合作的文教结合工作。

我认为,近现代东西方艺术交流文献研究中心建设应该包含两方面内容,即记忆载体的数据库整理和馆藏体系的资源平台建设。文献研究中心在线上可以通过数据库的方式进行整理,博物馆和图书馆通过分享数据库的知识成果进行馆藏建设。将来的文献研究中心,所要承担的使命是实现文献资料的数字化转化,并为学术研究服务,为社会大众服务,最终将艺术教育纳入公共服务体系,纳入社会美育的各个环节,使各个年龄段的人们都能享用文献资料数字化的成果,真正实现全民终身艺术教育。

上海文化,或者说海派文化,要真正提升它的软实力,真正彰显上海作为国际化大都市的文化竞争力,最重要的王牌就是为海派文化申遗,而这必须举全市之力整合全上海的学术力量来实现。这是一项非常重大的工程,每一个细节、每一个组成部分都需要做好前期数据库整理的准备工作。数字化的记忆载体非常重要,但还要进一步思考如何才能还原这些记忆载体?一方面,我们可以通过书籍、报纸、期刊各种印刷品,或者手稿、信札、原始档案等可移动文物进行还原;另一方面,也可以通过识别历史文化名人故居、旧居,或者重要事件的发生地等不可移动文物进行还原。为海派文化申遗,是历史使命,目前我们已具备了这样的认知和底蕴,土山湾和徐家汇源就是海派文化申遗中最举足轻重的一张王牌。我们应当聚集各界的智慧和力量,包括人力、物力和资金,点点滴滴,汇聚成河,百川归海,最终实现这一终极目标,这也是中华民族伟大复兴的初心。

图像文献与土山湾研究

张 伟

上海图书馆研究馆员

在过去"海派"是不敢这么正大光明拿出来讲的,特别是在官方的场合。上海人都知道,以前说你这个人很海派,就是不靠谱的意思。今天再说海派就不一样了,充满着正能量。据我所知,有好几个区都在争海派之源,但说徐家汇是海派之源至少是相当靠谱的。徐家汇有很好的历史文化资源可以拿出来,而且非常丰富、非常扎实,其他区在说到徐汇的时候都是非常羡慕的。

我参加了徐汇文化资源开发的很多工作,去年出版了一本《徐家汇巡礼》,以前与张晓依合作写过《遥望土山湾——追寻消逝的文脉》。今年还有好几本书也是和徐汇有关的,其中一本关于徐汇的人文记忆比较有特色,写了很多底层人物。比如邱子昂,在印刷史、出版史领域可谓如雷贯耳。中国近现代新闻出版博物馆的工作人员特地来找我，他们要为邱子昂列传，要打造一个专门的展览区域，但苦于没有材料。因此，我在徐汇人文记忆里面就特别记叙了邱子昂，最近在《徐汇文脉》上先刊登了一部分。我今年还有一本关于土山湾画馆的书。徐家汇是海派文化之源，土山湾文化是其中不可分割的最重要的一块。关于土山湾，现在大家关注比较多的是土山湾画馆，我这本书有比较详细的梳理和记述。比如，我写到了王安德，以前虽然有人写过，但这么多年过去了没有任何一点进展，于是我对这个人物作了比较详尽地剖析。在这本书里我还写了震旦博物馆里面珍藏的许多画，以前没有太多的信息，现在考证出来这些非常漂亮的彩色绘画都是土山湾画馆老师和学生的作品。实际上，徐家汇特别是土山湾的文化资源，用于研究也好，用于开发也好，是其他的地方所无法企及的，这恰恰是土山湾最大的优势。

关于上海近现代历史，有很多内容只有文字记载却没有照片，因此一直存有争议。以徐家汇来说，很多人不知道天钥桥路是什么意思。天钥桥路，顾名思义，先要有桥才有这条路。那么桥在哪里？还有大木桥、小木桥、枫林桥等，这些桥都看不到了。那个时候，上海的照相馆刚刚开设，拍一张照片是普通人的几个月甚至一年的工资。我在外面做讲座的时候，常常说如果你家里有清朝的照片以前一定是有钱人，家里如果有许多民国照片那起码是小康水平以上。直到 20 世纪五六十年代，一般比较贫穷的家庭，很可能只是结婚或者长辈过生日的时候才到照相馆去拍一张照片。

"徐汇文脉与海派文化"传承与发展座谈会纪要

徐家汇土山湾的情况不一样,我们今天还能有幸看到许多老照片。19世纪50年代就有人专门从事摄影,最早是一个叫翁寿祺的人,从1860年至1895年这段时间几乎所有的照片都是他拍的。而且翁寿祺又是一个全才,掌握很多技术,包括印刷技术,他还是个医生,会配药会打针,甚至早期能在土山湾、徐家汇喝到葡萄酒、牛奶等,实际上都是这个人教的。可惜1895年翁寿祺就离世了。他过世以后有一个短暂的过渡期,由土山湾孤儿院木工间的葛承亮从事拍摄。葛承亮是德国人,翁寿祺是法国人,两个人之前有矛盾,葛承亮脾气又比较耿直,所以他从事拍摄的时间比较短,我看顶多做到1901年。接他班的是翁寿祺的徒弟,叫安静斋,是中国近代印刷、出版、摄影史上非常重要的一个人物。安静斋来了以后,土山湾甚至为他设立了专门的照相间。从1900年前后一直到他过世的1937年,几乎所有的照片都是安静斋拍的。

1839年照相机就已经发明了。按照现已掌握的史料,中国现存最早的照片是1844年拍摄的。但是,限于技术,要等再晚一点有了条件以后,才能把照片印在书上,印在报纸上,给更多的人看。以前的书,比如高龙鞶写的《江南传教史》,现在翻译出版的都是没有照片的。而以前有一本原本,如今藏在徐家汇藏书楼里,里面有许多照片,不过都是直接贴上去的,很显然当时还无法把它们印上去。安静斋接任以后,一个主要任务就是想办法把照片印到纸上去。我们知道,中国最早把照片印到纸上是1904年的《东方杂志》，安静斋也是在同一个年份把这件事情做成功的。也就是说从那以后土山湾、徐家汇出版的书上面都可以印照片了。从我们现在所掌握的点点滴滴很零碎的史料来看，土山湾、徐家汇所有重要活动的照片都是由安静斋拍摄的。安静斋教出了很多学生，很多都离开了土山湾，中国图书公司、商务印书馆等都有他的学生在经营印刷照片业务。还有张充仁，1921—1928年是安静斋的学生，学习影像放大、摄影等。他后来去了时报馆，是最早开设影画刊的一份报纸，当然张充仁有更高的眼光和视野。

安静斋他们留下了大量关于的土山湾、徐家汇的照片。安静斋是1937年过世的，在过世前一个礼拜，摄影家郎静山曾采访过他。在采访记录里面写道：安静斋家里有成千上万张玻璃底片，清晰度都非常高，尺寸也相当大。早期的照片是曝光在玻璃板上的，更早的曝光在锌板上、铁板上、铜板上，玻璃板底片清晰度非常好，甚至可以放成20英寸、24英寸这么大的照片。可惜，采访文章还没来得及发表，安静斋就过世了。1937年抗战全面爆发，徐家汇和土山湾走向了衰落。那么这几千几万张的玻璃底片到哪去了？这些图像文献就像是一个谜。这些玻璃底片可以说是很珍贵的东西，这一块资源是非常值得重视的，我们出版的有关徐家汇、土山湾的书籍也比较多地利用了老照片。大家今天看展览，除了实物，还会看到大量的照片，有土山湾孤儿工艺院、徐家汇藏书楼、徐汇中学、徐家汇观象台等老照片，都是当年留下的图像文献。这还只是冰山之一角，大量的资源有待我们去发掘。所以,我也一直很赞成搞数据项目,能够得到相关部门的支持。虽然徐家汇、土山湾只是地方性的,但徐家汇和土山湾是海派之源,是中西文化交流的基地,这里面涉及的资源太重要了。

1942年,徐悲鸿在重庆时讲:"土山湾亦有习画之所,盖中国西洋画之摇篮也。"今天随便什么人讲到美术,讲到徐家汇土山湾,必须要引用徐悲鸿这句话。我不知道大家想过没有,他为什么会在重庆讲这句话?徐悲鸿说这句话时是含着感情的,他与土山湾画馆的确有着密切关系。1913年,他从江苏宜兴逃婚到上海,饭都没得吃,差点投黄浦江。后来有人救了他,然后他去画月份牌,拿到了第一笔稿费,度过了人生最艰难的时刻。徐悲鸿后来成为大画家,当了中央美术学院的院长、中华全国美术工作者协会的主席,对之前的一些事情就不怎么说了。当时救他的人是黄警顽,并介绍他与张聿光、徐咏青相识。我认为,徐悲鸿去过土山湾画馆,而带他画月份牌的正是徐咏青。所以,徐悲鸿对土山湾画馆是有感情的,不然绝对不会无缘无故地去说这些话。我们今天已经找到了徐悲鸿画的月份牌实物,这段历史是非常明晰的,这里面牵涉的重要人物都可以做进数据库。这个数据库绝不仅限于美术史,还涉及印刷史、出版史、电影史,甚至包括红色文化等,这是一个很大的工程。我们有资源优势,前期又做了这么多的工作,只要坚持,我相信我们可以做得更好。

陆廷灿、陆绍良墓志铭校注

陶继明　整理、校注

候补员外郎福建崇安县幔亭陆公墓志铭

王鸣韶①　撰文

吴中四姓兴于汉,蕃②于吴,盛于晋,而陆氏之勋业文章尤烂然于史策也。我嘉定之陆自唐宰相宣公③五传而至朝议大夫、庆国公④,又十九传而东溪始迁邑之槎溪⑤,以读书世其家。自东溪五传而至幔亭先生,为世名士,为时循吏⑥

---

① 王鸣韶(1732—1788):字鄂起,一字夔律,号鹤溪。王鸣盛弟,嘉定城内人。清乾隆十九年(1754年)诸生。精诗文,工书画,淡泊名利。与同邑诸廷槐、王元勋、钱塘等并称为"练川十二家",又与兴化任大椿、仪征施朝干、元和顾宗泰等合称为"江左十子"。《有礼传堂文集》《翠微精庐小稿》《鹤溪剩稿》《鹤溪文编》等。

② 蕃:通"繁"。

③ 宣公:陆贽(754—805),字敬舆,谥宣公。吴郡嘉兴(今浙江嘉兴)人,唐代著名政治家、文学家、政论家。官至宰相。工诗文,尤长于制诰政论。有《陆宣公翰苑集》。

④ 庆国公:陆贽五世孙,余无考。

⑤ 槎溪:嘉定南部南翔镇别称,因境内有槎溪(横沥南翔段别称)而得名。

⑥ 循吏:指教化重农、清正廉洁、所居民富、所去见思的州县级地方官。

焉。乾隆癸巳①秋，其孙兆霖②请予志幔亭先生之墓，谨据其状书之。

按公讳廷灿，字扶照，号幔亭。曾祖父文愈③，乡饮宾④。祖履泰⑤，高才早世。祖妣金氏⑥，苦节守志，朝廷旌其门。父培远⑦，字陶圃，以干略重于乡党⑧。母陈氏。公幼而颖异，七岁读礼，至"国君下斋牛，式宗庙"，问师："宗庙僅云式斋牛，何以下之？岂祭天地之牲，故重耶。"师亟称之。年十六，补博士弟子⑨，踰冠游于王渔洋⑩、宋

---

① 乾隆癸巳：即清乾隆三十八年（1771年）。

② 兆霖：陆兆霖，陆廷灿孙，选候铨通判。

③ 文愈：陆文愈，字春园，陆廷灿曾祖父，以德高望重出任"乡饮大宾"。与抗清志士黄淳耀是金兰之交，陆文愈60岁时，黄淳耀曾赋诗《寿陆春园六十》，称陆文愈喜爱绘画，赞誉他有"儒侠"之风。

④ 乡饮宾：又称"乡饮大宾"。"乡饮"是古代一种庆祝丰收尊老敬老的宴乐活动。一般乡饮都选德高望重长者数人为乡饮宾，与当地官吏一起主持此活动。"乡饮宾"制度是旧时一项尊贤养老、宴饮欢聚的隆重制度。

⑤ 履泰：陆履泰，字视祥，陆廷灿祖父，明崇祯十二年（1637年）诸生，24岁早逝。

⑥ 金氏：陆廷灿祖母，陆履泰妻，夫亡后，孝事舅姑，抚孤培远，守节至60岁，康熙二十二年（1683年）朝廷诏旌。见《南翔镇志》卷八"列女"。

⑦ 培远：陆培远，字开倩，号陶圃，陆廷灿父，里中善士。灾荒之年，常输粟麦散给贫民。参与了嘉定士民发起的"折漕为银"运动。年逾大耋，登封典，《南翔镇志》卷八"耆德"有传。

⑧ 乡党：乡里，典出《论语》。

⑨ 博士弟子：汉代指博士教授的学生。至明清时期，为诸生（俗称"秀才"）的别称。

⑩ 王渔洋：王士祯（1634—1711），字子真，一字贻上，号阮亭，又号渔洋山人，谥文简。山东新城（今山东桓台县）人。顺治十五年（1658年）进士，官至刑部尚书，颇有政声。清代著名诗人、诗论家、文坛领袖，创"神韵说"。有《池北偶谈》《古夫于亭杂录》《香祖笔记》等。

牧仲①诸先生之门,作为诗古文辞。

以岁贡生②选授宿松县学博③,擢闽之崇安县④令。崇安民贫俗敝,向无鱼鳞册⑤,吏胥⑥因缘为奸,公立为清田法,宿敝顿清。五年,例编审人丁,公核虚实,绝去陋规,此其政之惠民者也。至其发奸摘伏,判决若神,尤多可纪者。百丈山⑦为盗薮,盘踞劫掠,党羽数百,公以计擒其魁,而解散其余党。有弁兵诬流民为贼,公讯鞫知其冤,切责兵丁剧。贼孙某,前官欲擒治之,终不可得,以计之,即毙诸狱。又旅舍人毙投宿者,以雉经报验,非其实,及讯鞫时,忽有旋风高二尺许,绕讼庭者再,囚自慑服。

岁亢旱,步祷烈日中,为文告神,迨暮而雨。武夷渡口,

---

① 宋牧仲:宋荦(1634—1714),字牧仲,号漫堂、西陂,号绵津山人,晚号西陂老人、西陂放鸭翁。归德府(今河南商丘)人。清代诗人、画家、政治家。应诏以大臣子列侍卫,官至吏部尚书。为官正直,有《西陂类稿》《漫堂说诗》等。

② 岁贡生:明清时期,每年或二三年从各府、州、县学中选送优秀生员升入国子监就读,称为"岁贡生"。

③ 宿松县学博:宿松县位于安徽省西南部;"学博"为古代学官的别称,陆廷灿曾任宿松县教谕。

④ 崇安县:位于福建省境内,北宋淳化五年(994年)建,1989年经国务院批准撤县设市,崇安县改称武夷山市。

⑤ 鱼鳞册:鱼鳞图册是旧时为征派赋役和保护封建土地所有而编制的土地登记簿册。册中将田地山塘挨次排列、丘段连缀地绘制在一起,标明所有人、四至,因其形似鱼鳞而被称为"鱼鳞图册"。亦称"鱼鳞册""鱼鳞图""鱼鳞图籍""鱼鳞簿"。宋时婺州等地即曾编造,明代洪武年间命各州县分区编造,清代沿用,至民国仍然有具册之举。

⑥ 吏胥:旧时地方官府中掌管簿书案牍的小吏。

⑦ 百丈山:位于福建崇安县境内。

每岁五月必溺毙人,公为文祭之,自后无溺者。在官尤爱惜士类,崇安诸生①童希睿临于狱,力为雪之,是岁举于乡。又新赵清献公②祠,设义塾其中。

惟时台湾又来靖③,调浙江驻防旗兵赴闽,供亿立办。比撤军道出浦城④,溪多滩石舟阁,上官令公往为开工,上流坝堰数百艘,卸尾而下,不半日毕济,皆置碑颂志之。

公之孝友,出于天性,奉侍二亲,生平未尝有过。父以"折漕"之狱⑤牵连对簿,公以书生年少,呼抢法庭,当路为之

---

① 诸生:明清时期称考取秀才入学的生员为"诸生"。

② 赵清献公:赵抃(1008—1084),字阅道,号知非子,浙江衢州人。北宋名臣。景祐元年(1034年)进士,任武安军节度推官,治理崇安、海陵、江原三县,迁泗州通判。至和元年(1054年),授殿中侍御史。历任睦州知州、梓州、益州路转运使。入为右司谏,论事不当,出知虔州。宋英宗即位后,除天章阁待制、河北道都转运使,以龙图阁直学士知成都知府。宋神宗即位后,担任右谏议大夫、参知政事。元丰二年(1079年),以太子少保致仕。元丰七年逝世。追赠少师,谥号清献。赵抃在朝弹劾不避权势,时称"铁面御史"。平时以一琴一鹤自随,为政简易,长厚清修,日所为事,夜必衣冠露香以告于天。有《赵清献公集》。

③ 台湾又来靖:清康熙六十年(1721年)五月,台湾朱一贵号召反清复明,率众起义,总兵官欧阳凯被杀,义军几乎占领台湾全境。清廷派福建水师提督施世骠、总兵蓝廷珍率兵渡海赴台湾。为平定朱一贵起义,清廷举南方之力,调浙江旗军赴闽,沿途官府提供后勤保障,陆廷灿奉命为清军水师行进排除障碍。后台湾起义被镇压,清军擒朱一贵解京。

④ 浦城:福建浦城县,位于福建省最北端,在闽、浙、赣三省交界处,是福建的"北大门"。

⑤ "折漕"之狱:"漕"即漕粮,俗称皇粮,是古代最重要的税赋。政府规定农民以粮食作为赋税的单一形式,不允许轻易改变。嘉定的折漕事件发生在明代中叶,因海岸线向外延伸,嘉定地势凸高,导致不宜种稻,而宜植棉。"折漕为银"的改革倡议,就是改变以粮作为赋税的单一形式,将漕粮折合成银两再上交朝廷,改实物赋税为货币赋税。崇祯末,朝廷终于批准永(转下页)

感动，卒以无事。既莅宿松，牒请终养，有明伦堂①上无使有不明伦之语，同僚为之感叹。洎乎丧葬，必尽其诚信。与弟东西居，自少至老，友爱无几微间也。康熙壬寅②岁治崇安六载，以政事报最。

天子嘉其劳勋③，准以六部主事擢用，以他劳加二级，绩楷奉政大夫。乞假归葬，既蒇事，殊不欲仕，悠悠林下，日以著书为事。嘉定故多老师宿儒，遗文散轶，若王常宗④、娄子柔⑤、李长蘅⑥、唐叔达⑦、程孟阳⑧、黄陶

（接上页）折。至清康熙二十七年（1688年），折漕之事又起波澜。嘉定参与者甚多，酿成冤案，逮捕了36人，株连三百余人，陆培远也身陷其中。

① 明伦堂：旧时官学的代称，意在士子读书的首要目的在于"明人伦"，一般位于孔庙中。

② 康熙壬寅：清康熙六十一年（1722年）。

③ 劳勋：功劳业绩。

④ 王常宗：王彝（？—1374），字常宗，号妫蜼子，嘉定人。少孤贫，读书于天台山，师事王贞文。精于诗文，明初以布衣召修《元史》，旋入翰林，以母老乞归，赐金币遣还。洪武七年（1374年），因苏州知府魏观案牵连，与高启同诛于南京。有《王常宗集》。

⑤ 娄子柔：娄坚（1554—1631），字子柔，一字歇庵，嘉定石冈（今属马陆镇）人。明万历四十四年（1616年）贡生，著名文学家、书法家，与唐时升、李流芳、程嘉燧合称"嘉定四先生"。有《学古绪言》《吴歈小草》等。

⑥ 李长蘅：李流芳（1575—1629），字茂宰，又字长蘅，嘉定南翔人。明万历十九年（1591年）入学为诸生，万历三十四年举人。善诗文，精书画，工篆刻，为"嘉定四先生"之一，有《檀园集》等。

⑦ 唐叔达：唐时升（1551—1636），字叔达，嘉定城内人。师从归有光，精于散文，为"嘉定四先生"之一，有《三易集》《唐先生遗稿》等。

⑧ 程孟阳：程嘉燧（1565—1643），字孟阳，号松圆老人、偈庵，晚年皈依佛门，释名"海能"。祖籍徽州休宁县（今属安徽省黄山市），生于嘉定。擅诗文，精绘事，尤精画山水，师法黄公望、倪瓒，为"新安画派"的先驱，被（转下页）

庵①诸先生遗集，搜辑校订，悉镌诸本。其自所撰著《武夷九曲志》《续茶经》《槎溪艺菊志》《南村随笔》及诗文集若干卷，固已传于艺苑矣。

公生于康熙九年②闰二月十九日卯时，殁于乾隆三年③五月初四日，年六十九。配陈氏，封宜人④，候选州同有常女，殁于康熙三十八年⑤十一月十三日，年三十一，有贤德，具详张朴村⑥先生所撰权厝志⑦。继陈氏，封宜人，太学生学邻女，佐助家政，咸有条理，殁于乾隆十七年⑧六月十六日，以子候补巡道遇覃恩⑨……

（接上页）吴伟业评定为"画中九友"之一。晚居常熟拂水山庄。为"嘉定四先生"之一。有《松圆浪淘集》《松圆偈庵集》《耦耕堂集》《破山寺志》等。

① 黄陶庵：黄淳耀（1605—1645），字蕴生，号陶庵，谥忠节，嘉定方泰（今属安亭镇）人。明崇祯十六年（1643年）进士。绝意仕进，回乡读书授徒。在领导嘉定士民抗清斗争失败后，与其弟黄渊耀同在西城西林庵殉节。有《陶庵全集》。

② 康熙九年：1670年。

③ 乾隆三年：1738年。

④ 宜人：旧时朝廷对妇女封号，明清时期五品官的妻、母可封为"宜人"。

⑤ 康熙三十八年：1699年。

⑥ 张朴村：张云章（1648—1726），字汉瞻，一字倬庵，号朴村，学者称"端文先生"，嘉定人。国子生。自幼力学，受业于上海朱瀚，善诗、古文。入太学，师事陆陇其，精性命之学。佐兴化李映碧增注《南北史》，历七年始成。康熙五十二年（1713年），以孝廉方正至京师，与修《尚书汇纂》。书成，当得知县，不谒选。主讲潞河书院。有《朴村诗文集》《南北史增注》《南北史诗》《八家诗评》《五家诗评》《文选评注》等。

⑦ 权厝志：临时置棺待葬，非正式的墓志铭。

⑧ 乾隆十七年：1752年。

⑨ 覃恩：广施恩泽，这里指帝王对臣民的封赏。

屺亭陆公墓志铭

王鸣韶　撰文

史以操行卓绝者为独行传,盖其隐居求志静,已镇操乐至行亲林泉,虽或当仕,复不肯轻出,淡然于物欲之外,而所为有济于人,有利于物者惓惓为之,不求其名,求之近世,盖或难焉,若屺亭公,殆其人欤!

公讳绍良①,字寅恭,世系具余所撰幔亭墓志铭。公幼敦至性,六岁丧母,哀痛骨立。迨长,思恋哀慕,筑亭后圃,曰"屺亭",因以自号。奉侍幔亭先生谨循,生平未尝有所谯呵。洎先生宦归,葺后园,招邀宗老,赋诗饮酒,公正衣冠,左右趋侍,先意承,越十六年如一日也。事继母孝敬备至,比以老寿终,公年几六十矣。而孺子之慕,感动邻里,俱为之泪下焉。

少时,潜研经籍,耽嗜文史,诗文宗苏、陆②,帖括追乡先生陶庵③之风,远近名士俱为之倾倒。以幔亭先生宦游,属公侍奉祖父母,主持门户,弃举子业,专意于诗,故功力尤邃。

闻一义,见一善,未尝不为。尝有故人仅一子,弃为僧,

---

① 绍良:陆绍良(1694—1763),字寅恭,号屺亭。陆廷灿子,因陆廷灿官荫候补巡道,未出仕,奉祖父母,主持门户,专意于诗。
② 苏、陆:指宋代文学家苏轼、陆游。
③ 陶庵:即黄淳耀,号陶庵。

公勉其为儒,伙助①之以归。业师阮翁殁,所居为邻人占居,妻贫老不能校。公闻即赎而归之,又赒给以终其身。其生平笃于师友,大率类此。至于哀饥饿者,而予之以食;怜无衣者,而赠以绨袍②;遇疾疫,则施方药;贫无以殓,则给棺椁。其他善行,不可胜记。盖为善积之愈久,而愈益不怠。《真诰》③谓:"积功满千,虽有过,得仙。"况公之生平无愆,尤为哉!

公前以州牧需次④,不忍违奉养,终不就职。乾隆己巳⑤,制府黄公将以贤良方正举公,固辞乃止。后以急公议叙以布政司参政补用,晋阶中大夫。丙子岁大祲⑥,公先出多金,为同里倡设厂煮粥⑦,以食饿者。当事以闻于朝,议叙记录二次以禄,不逮养誓墓家居,不复仕宦。惟校订古书,刊播先民格言,读书训子,家门雍肃,以终其世焉。生于康熙三十三年⑧闰五月初三日寅时,卒于乾隆二十八年⑨四月初二日戌时,年七十。配王氏,赠淑人,高祖文肃公⑩,前明

---

① 伙助:帮助。
② 绨袍:用厚棉絮制成的衣袍。
③ 《真诰》:道教著作,由南朝陶弘景编撰。
④ 需次:旧时指官吏授职后,按资历依次补缺。
⑤ 乾隆己巳:清乾隆十四年(1749年)。
⑥ 丙子岁大祲:丙子岁,即清乾隆二十一年(1756年);大祲,大灾。
⑦ 设厂煮粥:旧时遇灾荒,官府、慈善团体及个人施粥厂以赈饥民。
⑧ 康熙三十三年:1694年。
⑨ 乾隆二十八年:1763年。
⑩ 文肃公:王锡爵(1534—1610):字符驭,号荆石,卒后谥文肃,太仓人。明嘉靖四十一年(1562年)举会试第一,廷试第二,官至礼部尚书、吏部尚书、文渊阁大学士、建极殿大学士、内阁首辅。有《王文肃公文集》。

大学士;曾祖缑山先生①,前明翰林院编修;祖烟客先生②,太常寺少卿、皇赠光禄大夫;父南湖公,太原同知。淑人生于贵族而孝于事亲,勤以率下,综理家政,内外俱无间言,先公十九年卒。继程氏,封淑人③,太学生荫受公女。簉④杨氏,勤敏有才德,赠宜人。子一:兆霖,候铨通判,娶戴氏,州同履文女。继蔡氏,岁贡生勗女。孙男二:世求、世纶。孙女三:长许字大理府知府张瞻洛,次子殇,余未字。葬以乾隆三十八年十一月十七日,墓在松江府青浦县通波东藏字圩之原。铭曰:

人为善,用求名。公行义,不自鸣。卒通显,扬名声。丹凤诏,贵高闻。大夫爵,三品荣。廉静操,辞铨衡。惟文史,陈纵横。教子姓,勤而清。躬退让,善所成。饥者食,僵者生。年七十,赴玉京。涕滂沱,感路行。庀窀穸,郁佳城。千万世,征吾铭。

---

① 缑山先生:王衡(1561—1609),字辰玉,号缑山,太仓人。大学士王锡爵子。明万历二十九年(1601年)进士,授翰林院编修。奉使江南,因请终养归。有《缑山集》《杂剧郁轮袍》等。

② 烟客先生:王时敏(1592—1680),字逊之,号烟客,又号偶谐道人,晚号西庐老人,太仓人,王衡子,明末清初著名画家。以祖荫,官至太常寺少卿。明清鼎革后,家居不出,画学董其昌,得其真传。于黄公望墨法,为一代画苑领袖。开创了山水画"娄东派",与王鉴、王翚、王原祁并称"四王",外加恽寿平、吴历合称"清六家"。

③ 淑人:旧时朝廷对妇女封号,明清时期三品官的妻、母可封为"淑人"。

④ 簉:附属,这里指妾。

附记：

关于茶仙陆廷灿的生卒年，历代地方志书均没有确切的说法，长期以来一直是个谜。直到近几年，才从其他学者的引用文献中得知，陆廷灿有墓志铭，系清代乾嘉时期嘉定学者王鸣韶撰文，碑文原稿收于王鸣韶的手稿本《鹤溪文稿》中，藏于湖南省图书馆。知道这个线索后，很想得到这通墓志铭的文字，以解开陆廷灿的生卒年之谜，或许还能在墓志铭中找到一些新的历史信息。2020年春，友人倪琦发给我陆廷灿及子陆绍良两通墓志铭铭文手稿，为珍贵的文献史料，可惜陆廷灿墓志铭不齐，缺了"铭曰"部分，但生平事迹已表述完整。根据《陆廷灿墓志铭》可知，陆廷灿生于1670年，卒于1738年，享年68岁，死后葬于青浦祖茔。而陆绍良的墓志铭则是完整的。今根据王鸣韶手稿加以整理，并加标点和注释，以飨读者。

陶继明 2021 年孟冬附识

北伐时期《中法新汇报》社论选译[*]

侯庆斌　周凯桦　编译

整理者按：《中法新汇报》(*L'Echo de Chine*)是晚清民国时期上海最重要的法语报纸之一，在相当长的时间内扮演着法国在沪机关报和法侨代言人的角色，被视为"在华法文报纸之领袖"①"法国机关报中最有力的"②。20世纪20年代《中法新汇报》常规出刊每期8版，除头版和第2版刊登社论和时评外，还包括3版左右的广告和社会服务类信息，以及3版左右的小说连载和新闻快讯。其中的社论最能代表报社对时局的态度。北伐期间，《中法新汇报》的绝大部分社论出自主编范达来(Achille Vandelet)之手。范达来是一位狂热的殖民主义者，他对法国在华中立政策极为不满，常以尖刻和反讽的语调，抨击法国外交部，不断要求政府干涉中国革命，呼吁列强武力镇压在华的布尔什维克主义运动。本次整理选译了1927年初北伐军占领汉口进逼长江下游期间《中法新汇报》头版的社论5篇，展现了法国侨民对北伐进展和上海问题的看法，以及对英、美、日等其他列强在华政策的观感。

---

* 本文是教育部人文社会科学研究青年基金项目"北伐前后法国对华外交档案搜集、整理、翻译与研究(1925—1931)"(项目批准号20YJC770011)的阶段性成果。

① 戈公振：《中国报学史》，商务印书馆1927年版，第91页。

② 蒋国珍：《中国新闻发达史》，世界书局1927年版，第37页。

一、《外国对华政策》[①]

在一年内经历了不止一次带有报复性的贸易抵制之后,英国在汉口成为一次卑鄙袭击的受害者。我们所说的"卑鄙的袭击",不足以展示汉口中国人丑陋行径的细节。这些行径连中非那些野蛮部落都做不出。英国国旗受到投靠鲍罗廷和陈友仁的狂热分子的粗暴侮辱:总之,尽管英国人沉得住气,但是中国制造了这些构成"开战理由"(casus belli)的事件。

汉口的暴行消除了工党人士偏袒他们"粗暴的"同志们的可能性,最终使伦敦政府不再刻意的漠不关心。人们拧"不列颠狮子"的尾巴以便唤醒它。它的苏醒表现在派遣2万名士兵和一支舰队来华,这让鲍罗廷和陈友仁大吃一惊,英国人曾经的迟钝让他们二人变得肆意妄为。

张伯伦(Sir. Austen Chamberlain)做出的决定震惊了日本。后者原本希望以一个"救星"(deus ex machina)的姿态出现,把外国人从一场屠杀中解救出来,并承担高昂的费用。

为了日本的利益而抵消英国人对华态度的突然转变造成的结果,就必须在英国军队到来之前开展排外的极端运动。人们自问,日本是否暗中操纵了这次运动。美国像我们一样

[①] La politique étrangère en Chine, *L'Echo de Chine*, 6&7 février 1927, p. 1.

提出了这个问题,这就是为什么尽管已经数次装出对陈友仁的信任,美国仍准备在夏威夷集结舰队来应对这种可能性

现在的局势难以预料。已经让中国人无路可退的苏联人,认为在不失去他们的特权地位的情况下,不能把中国人置于困境,而应该不顾别人的反对支持他们:但是,莫斯科的介入等同于对日宣战。鉴于中国的土地将成为交战国的战场,一场这样的战争将会使美国人有机可乘,但相对陈友仁而言,这对张作霖更加不利。

在这一场新的日俄战争中,广东人不管愿不愿意都将会被俄国人牵扯进来。这场战争将会迫使列强(除美国)对北方表态。这个混乱的局面将变为一场差不多对美国人有利的冲突。

中国不确定的处境,在张伯伦最近于伯明翰发表的讲话中更加明显。这是列强为了避免第二次世界大战,迟迟不与中国谈判的唯一原因。但是,为了严肃起见,列强应该与这个民族(nation)承认的政府着手开始谈判,否则,最大的让步将会使一方满意而激怒另一方。

在他的讲话中,张伯伦巧妙地描述了现在的情况。他没有向工党成员提出任何强烈反对向中国派出军队的借口。在英国人鲜明的态度面前,我们自问,法国做了什么来保护在这个动荡国家的侨民?白里安(Briand)①可能很晚才会意识到,尽管中国国民党对法国人明显无所作为,但法

---

① 白里安(Aristide Briand),时任法国外交部部长。——译者注

国人的处境比他设想的还要危险。

二、《据法国媒体报道,租界的防御得到保证》①

自一战以来,法国收获了令人鼓舞的自信心。路透社援引《巴黎回声报》(*L'Echo de Paris*)和《费加罗报》(*Le Figaro*)的文章,基于某种确定的证据,称上海的防御充分。

因此,在巴黎,人们相信超过1 000名士兵被派往上海,就能够阻挡北伐军。

如果严重的混乱导致郊区被突破的话,那么巡捕在租界内为了建立内部防御而将会非常忙碌。如果情况不那么严重,人们将会对《巴黎回声报》和《费加罗报》上的文章付之一笑。

非常坦率地说,我们必须承认,如果意外发生,那么我们的安全取决于其他国家的某种支持。然而,只有英国及时采取了措施来对抗这些意外。

我们的海军、安南兵、商团和巡捕房探员经得起任何考验。人们能够挽救时局,但必须加紧行动起来。

知道法国政府愿意严守中立的中国革命者们,会务必使法国不要被迫偏离这个不爱表现的中庸角色,而且还要使法国对国民政府的许诺保持信心。

---

① La défense des concessions est assurée d'après la presse française, *L'Echo de Chine*, 24 février 1927, p. 1.

22日夜晚在法租界内没有命中目标的那颗炮弹并非误射,而是广东人以试探的名义制造一场针对孙传芳的起义,尤其旨在让外国人对孙传芳不满,但是他们没有为这次行动提出一个强有力的理由,以便英国政府采取保护政策。

即使一些事件在公共租界引发骚动的情况下,极端的乐观主义者也认为上海法租界仿佛正享有和平。然而,如果国民党的炮舰不停止危险的示威活动的话,那么"Jules-Michelet号"和"Alerte号"法国军舰有必要首先以炮击相要挟。也就是说,正如在华通常所见,如果没有马上采取严厉手段阻止其再次发生,那么一起孤立的意外事件就会一而再再而三地出现。

人们知道,北伐期间法租界直接受到威胁,而且它的防御应根据形势严重性的变化而受到保障。这个既成事实将使白里安从麻木不仁中摆脱出来,或者吸引总理彭佳勒(Poincaré)的注意吗?对提振法郎的焦虑不应该吸引了他的全部注意力,而使他忘记了在这片被遗忘的土地之上为了扩大祖国的影响力而生存的法国人。

22日令人遗憾的事件发生期间,法租界的警察、军队、商团和水兵高质量地完成了任务,社区以其安稳和祥和显示了对他们的信任。

发生这些,是因为北伐军的组织很差,但是它们以后未必总是如此。在此事之后,不要自认为当局富有经验,承担了一项非常沉重的责任。前天的事件表明,陈友仁试图在上海实施在汉口的那些手段。但是,我们没有惊讶的借口,因此,是时候采取直截了当,尤其是迅速的措施,而不要担心某些巴黎报纸散播的那些蠢话。

三、《外国人应该抵制布尔什维克主义在华的影响力》①

如果外国人在这里示弱,那么他们应该会甘心于生活在这个像最纷乱的中美洲共和国一样的国家。在那里,一旦尼加拉瓜总统迪亚兹(Diaz)将军提出的条约被柯立芝(Coolidge)政府接受,那么美国人将支配一切。而恰恰是柯立芝本人,同时还建议列强放弃在华特权。

我们见证着这些事件,直至陈友仁和鲍罗廷毫无信义地迫使我们陷入如此境地。北伐伊始,这些事件就证明了中国人在政府管理方面的无能,以及在现代文明方面几无进步,同样还证明了不可能任由黄种人治理白种人。

日本难以接受放弃治外法权,它的地理位置使它能够在需要的时候给那些捣乱的中国人一个教训。对西方人来说则不同,军队的调动会产生一笔巨大的开支,并且与结果相比得不偿失。

中国通过非法(extra légaux)手段终于使外国人感到灰心丧气。如果这些外国人不愿意被不体面地驱逐,并且失

---

① Les étrangers doivent resister à la pression du bolchevisme en Chine, *L'Echo de Chine*, 27&28 février 1927, p.1.

去长期辛苦的付出所获得的成果,即中国对欧美开放市场,那么他们似乎应该现在化解这个局面。

此外,外国报纸缺乏坦诚,将中国的民族主义描述为一种人民摆脱麻木状态的自发运动。实际上,这是俄国人的宣传和陈友仁、蒋介石、冯玉祥的共谋,旨在将中国人置于苏联的枷锁之中。这还是一种煽动整个亚洲对抗文明世界的有效手段。我们不能容忍。

如果报纸杂志承认我们在武力面前退缩,那么它们应更加坦诚。从他们的角度来看,列强应该在莫斯科面前重新振作,广州虚伪的民族主义将会使莫斯科以损害中国的方式获得胜利。

在鲍罗廷授意他做出的一次难忘的讲话中,蒋介石宣称愿意将广东的运动扩展到印度和日本,意思是他不捍卫中国国民党的利益,而是捍卫以苏联为中心的国际主义。面对这般厚颜无耻,张伯伦爵士尽管一本正经地承诺要克制,但在他发给俄国的照会中,应该援引蒋介石的发言作为俄国人的恶意和反英宣传的证据。

在中国发生的一切,是英国工党领袖麦克唐纳(Ramsay Macdonald)承认苏联政府的结果。发生在汉口的事件——作为这个承认的结果——使这个政客在英国人眼中失去了信任,这是为何工党在议会讨论中没有反对向苏维埃共和国发出严厉照会的原因。

鉴于俄国外交界无力为自己辩解,最近的英国照会近乎一个宣战前的最后通牒。如果这些仇恨变得不可避免,那么除了德国之外,列强都有兴趣支持英国。

为了世界和平,必须推翻以红色俄国为代表的布尔什维克主义,因此最好是尽早将之肃清,并且让中国懂得,尽管它试图获得自由,但它将被奴役。

四、《租界会受到违法行为的威胁吗》[①]

一段时期以来,暗杀很常见。这些暗杀应该吸引相关人士的注意。那些有责任帮助外国当局维持公共租界秩序的华人官员,似乎投靠了煽乱者和共产主义者。为了证明这一点,以下仅援引其中两位"以同样的忠诚服务所有政府"的官员的话,他们是有责任解决劳资纠纷的仲裁委员会主席和法院法官。这名法官直白地宣称不愿意把这些无赖送回工厂。这些无赖以政治的名义在公共租界中犯罪,事实上本应被判处死刑。他们认为,北伐军的到来将会打开工部局监狱的大门,这造成了他们的放肆。

此外,教唆杀人在共产主义者在租界散发的传单中写得很清晰,如下:

"1. 暗杀反革命。2. 带着感激欢迎北伐军。3. 与走狗斗争。4. 与孙传芳斗争。"

不保护工人和正直之人的中国法官和仲裁者,他们更

---

① Les Concession se laisseront-elles terroriser par les hors la loi, *L'Echo de Chine*, 6&7 mars 1927, p.1.

愿意从现在起把公共租界置于戒严令的管辖下,想把未完成的工作移交给军事法庭。此外,最近一周临时法院执法不力,上海将不再是宜居的城市。我们一方面目睹军阀的巷战;另一方面看到不再担心被执行死刑的人们在光天化日之下持械伤害路人。

戒严令对于普通市民而言丝毫不可怕,它仅仅管理匪徒,阻止他们持枪在城市中游荡。这种情况不久将迫使上海政府用军人来取代行政人员,因此等待犯罪率的上升之后再寻求解决的做法是徒劳的。

害怕打破对伦敦、巴黎或纽约社会主义者宝贵的中立,不应以牺牲我们的生存为代价。如果外交局面好转,那么保护手段应包括取消临时法院。该法院已成为对华人和外国人的公共威胁。该法庭中所发生的事情是反对废除治外法权最好的证据。这个法庭还表明,一个完善的管理制度在这个自称文明的国度总会受到高度尊重。

目前,工会只是屠杀他们的同胞,但是临时法院有罪不罚,这些工人组织的肆意妄为不久将越界,报复行为将会殃及英国侨民或普通外国人。

我们本就知道租界内的中国法官滥用权力。但是我们不会想到他们将会和李法官一样出格,他们的宽容是对公共租界内不停游荡的匪徒的保护。拜临时法院所赐,这些匪徒攻击路人,抢劫他们。

在这样一个唯有强力手段才能推行法律的国家中,公共租界居民将更愿意生活在军管(loi martiale)之下。如果军管是高效的,那么它会激发各类强盗们的恐惧,何况这些过剩的社会渣滓还能蔓延到法租界。

五、《美国人保护他们的侨民》①

当事关对华干涉时,华盛顿政府就会比英国人更积极。值得注意的是,工部局总董就是美国人,他说:"当我看到最近英国远征军在上海街道穿行时,我自言自语道:'谢谢上帝。'"他补充道:"西方人不能对中国事务袖手旁观。"

现在,美国人已经被他们的军队保护起来。

美国对加入保护公共租界的行为保持着一定程度的矜持,这种矜持是由之前国务卿凯洛格(Kellogg)的讲话造成的,而人们似乎愿意遵守那次讲话的内容。这就是为何最近美军没有携带武器在上海街道演习的原因。这个演习——如果是和平的话——给中国人留下印象是,如果汉口的闹剧在上海重演,那么留在船上没有展示出的步枪和机关枪已经严阵以待。这个态度意有所指,表明蒋介石在外国人眼中是友善的。

这位北伐军的司令明白,他的同胞们将会与西方人达成和解,面对这样的局面,他暂时隐藏了急于想要摆脱外国人的想法。

---

① Les Américains protègent leurs nationaux, *L'Echo de Chine*, 10 mars 1927, p. 1.

路透社周二报道了他的反共宣言,其中蒋介石否认了他在大约两个月前说过的话。那时他相信能够轻而易举占领上海。我们相信蒋介石已经成为鲍罗廷和陈友仁碍事的包袱。如果蒋介石不自愿下野,那么鲍罗廷和陈友仁最终将会切断他与外界的联系。现在的问题不在于整个中国、印度和日本的赤化。相反,共产主义变得危险,将会毁掉中国。

另一个针对国民党人的反应是日本人在虹口的行动,他们试图把他们的"保护范围"(protection)扩大到江湾,谁知道呢,也许是吴淞?

我们坚信这点,因为从几年前开始,上海的日本商人(并非少数)在那边购买了大量土地,这么做表示他们认为能够在中国人的管辖之下开发这片土地。

1927年《中法新汇报》社论选译*

侯庆斌　石珺玥　编译

整理者按：1927年3月23日，北伐军进攻南京。3月24日上午，正值直鲁联军败退和国民革命军攻入南京之际发生了骚乱，造成外侨6死5伤（死者包括英、美、日、法、意五国侨民和传教士，其中一名是法国籍神父），151处外国机构和住宅被抢劫，酿成震惊中外的南京事件。当日下午，英美军舰以护侨之名炮击南京，加剧了紧张局势。随后英、美、日、法、意五国要求国民政府惩凶、道歉和赔偿。南京事件对外侨触动极大，甚至被个别人称之为"第二次义和团运动"。本次整理选译了南京事件发生后《中法新汇报》主编范达来（Achille Vandelet）发表的5篇社论，涉及法国中立政策和布尔什维克主义在华的影响力。范达来主张维护法国在华利益，文中常以严厉或反讽的语调抨击法国外交政策，要求包括法国在内的列强干涉中国革命和布尔什维克主义运动。他的文章相当程度上反映了上海法侨对中国局势的态度。

---

* 本文是教育部人文社会科学研究青年基金项目"北伐前后法国对华外交档案搜集、整理、翻译与研究（1925—1931）"（项目批准号20YJC770011）的阶段性成果。

一、《请告诉我们真相》①

白里安(Briand)先生从驻京公使那里获取了错误的情报,②或者篡改真相,给出如下事实作为中法关系良好的例证,即鉴于事实上中国人在汉口法租界内享有活动的自由,就好像租界已经被正式收回一般,因此法国人不必担心也无需离开法租界。

另一方面,给予北伐军在上海法租界持枪活动的权利,就是告诉那些悲观主义者,上海法租界当局有意以汉口租界为榜样来行事。在这种情况下,如果英国军队沿着被他们认为已陷入危险的法租界布置防线,我们没必要感到惊讶。

处处缺乏常识。关于这点的证据就是自从海军上将巴西尔(Basire)当着法国总领事的面对《文汇报》(*Shanghai Mercury*)发表了一通最新声明以来,推倒华界与法租界交界处为数有限的铁门已经无关紧要了。我们的证据如下:

1. 《大陆报》宣称 3 月 30 日的巷战,孟斗班路(Montauban)和东新桥路(Hué)的铁门都被推翻了。

2. 同一天晚上,上海总领事纳齐(Paul Emile Naggiar)否认了《大陆报》刊登的一条路透社公布的消息中所指出的

---

① Dites-nous la vérité S. V. P. , *L'Echo de Chine*, 3&4 avril 1927, p. 1.
② 白里安(Aristide Briand),时任法国外交部部长。——译者注

那些事实，而将之视为一个"违警事件"。

3.《大陆报》提供了经过宣誓的证人，所有这些人确认了该事件的经过。

4. 巴西尔上将现在承认一些租界防御铁门被推倒，并补充说，这些门是无用的，没有这些门，租界的防御也没有失去效力。这个发言把路透社反驳《大陆报》和《文汇报》公布的"真相"的消息化为乌有。

正如我们看到的那样，真实的情况没有公之于众。当面对外国媒体制造的虚假消息时，当局在不了解情况的前提下的意图可能是好的，但是所造成的结果是可悲的。

英军指挥官为了不说破法租界的防务是不存在的，只能认为法租界的防务不足。英国武装力量由一名将军指挥，也就是说由一位这方面的专家在指挥。而巴西尔上将在丝毫没有失去他在海军中的地位的同时，把工作移交给一位法军参谋，这位司令肯定丝毫不具备指挥一支舰队的资格。

自从上海受到军事威胁之日起，众所周知有大事将要在这片土地上发生。这就是为何英国马上派遣了2万人的部队和一名将军。考虑到这位将军所能调动的兵力，他虽是军事将领的级别，但愿意听命于英国远东舰队司令。英国海军上将的牺牲精神值得学习。

在公共安全受到威胁面前——有人和其他人一样正在试图向我们掩盖这个威胁——官场上的礼节（protocole）问题应该消失，让位于牺牲精神。最高尚的牺牲目的是为了服从当下的要求,即"各尽其职,保卫租界"。

二、《南京事件》[①]

在南京事件中,日本行事"审慎"。在文明国家眼中,荒木舰长会永远谴责这种态度。荒木对他的政府说:"您命令我不要干预,任由妇女和儿童被侵害;您命令我让我的制服受辱,眼睁睁看着我们的同胞徒劳地祈求我的帮助,看着那些外国人做着本应是我们国家应该做的事。"如果身处相似的情况,当想到为了遵从白里安先生的指示,他们必须要任由杀害两个法国天主教牧师的杀手免于惩罚,看着美国人和英国人拯救他们的同胞之时,勇敢的法国海军也会反思。

南京难民名单——当法国和日本出于政治目的抛弃他们的侨民之时,英美海军的行动救了他们的命——表明,所有在南京的美国神父以及他们的家庭都从灾难中逃出;然而,在四位不幸的法国神父中,两位因为缺乏及时的保护而遇难。

日本勇于承认为了保持对华商业关系而未能有效地干预南京事件。荒木舰长的一腔热血被叫停,证实了日本政府这种唯利是图的行为。我们希望这种热情未来不会被辜负。

法国没有在南京行动。当非战斗人员居住在法租界

---

① L'incident de Nankin, *L'Echo de Chine*, 5 avril 1927, p. 1.

时，法国仍将什么都不做。上海法租界所有积极的举措都会对在汉口的法国人产生影响。后者被国民政府视为能够用最低限度的武力就能施以死亡威胁的一群宝贵的人质。

为了掌握主动，法国应该暂时疏散汉口的侨民，但是撤侨将会戳破白里安先生最新的有关不行动的借口。这便是为何他在议会谈论，自从汉口英租界被北伐军收回，我们不再"有效地"控制的汉口法租界后，租界是否依旧保持平静祥和。

当它们在上海、汉口和南京这些中国城市中唤起理性而又无须担心看到非战斗人员受到攻击的时候，这些与中国利益有关的列强才会首先把目光落到了联合干涉问题上。

南京事件给了英国、美国甚至日本一个教训，尽管路透社宣布三国就南京暴行的赔偿达成了一个协定，但这没有影响到法国打算让英国人来保护他的侨民的政策。尽管在法租界纳税，但是许多外国人考虑到时局还是选择在公共租界租房居住。如此这般的决定，即便不值得称颂，但至少有一个最现实的理由。

三、《法国的不干涉政策及其后果》①

我们从《西贡共和报》(Saigon Républicain)获知，为什

---

① La politique française de non-intervention et ses conséquences, *L'Echo de Chine*, 10&11 avril 1927, p. 1.

么法国政府打算屈从于国民党的要求,在所有在华军事活动中置身事外。《西贡共和报》冒充一个左派情报机关,实际上是我们外交部部长指定的代言人。

《西贡共和报》提供的简要理由如下:

"无论它们如何可观,我们在华经济利益和在印度支那的利益相比微不足道。

我们在邻国的活动销声匿迹是值得惋惜的,但是我国没有受到此次令人不悦的事件的损害。这个事实是如此的令人印象深刻,以至于法国外交部任由英国外交部(Foreign Office)在远东自行其是,并且采取了不干涉政策。这是使我们有望不加剧印度支那困境的唯一政策。"

如果英国人在上海遵循《西贡共和报》所同意的政策,那么法租界就会处于一个纠结的境地,即独自面对要挟。另一方面,法国政府显示出的胆怯,将会鼓励中国人不再犹豫并且尽快攻击印度支那,以便将之布尔什维克化。

法国政府,在采取了鸵鸟政策之后,允许广州的军队在脱离北京政府之后把他们的影响力拓展到云南。

在我们所参考的《西贡共和报》、这篇文章中说得更加过分,即法国的不干涉政策将会给法国人留出时间,做好离开印度支那的准备。这篇文章还补充道,如果我们顺从这个政策的话,我们可以保留这个殖民地20年。这种看法是错误的,保留印度支那殖民地的唯一方法是在华表现出强硬政策。

在交趾支那、安南和东京的人民极有兴趣效仿上海的事件并且不会有任何损失,以致一个软弱举动能够对他们的精神产生巨大影响。我们的观点不同于法国外交部即《西贡共和报》借外交部的名义阐述了一个与法国传统无关的主题,而是得到那些了解中国人精神状态的人们的赞同。

现在在华发生的运动丝毫不是中国式的,莫斯科的同志们在上海"被工人们"占领之时发出的贺信毫无疑问与之相关。中国是文明国家与红色俄国打交道的必要工具,这是为什么莫斯科的同志们提醒上海工会,它们应该服从总部在俄国的国际工会。

俄国,在把中国布尔什维克化之后,在通晓越南语的中国狂热分子的帮助下,将会危及印度支那,并将试图借道西藏染指印度,这是促使英国人做出反应的最重要动因。

英国人睁眼看清了事实,而与之相比受到更多威胁的法国人却不愿意如此。这个鸵鸟政策的结果——我们在上海正饱受其苦——不会延续20年。

一段时间以来人们要求得到真相,这个真相我们是知道的。如果《西贡共和报》不是个人意见的简单表达的话,那么事情的真相丝毫不令人鼓舞,而是显示出法国政府牺牲我们的意图。

四、《布尔什维克主义没有受到足够的打击》[①]

曾在第二帝国时期声望卓著的法国雅各布轻步兵团

---

① Le Bolchevisme n'est pas suffisamment combattu, *L'Echo de Chine*, 15&16 avril 1927, p. 1.

(Jacob zouave)发表了一段话,现已变成一则热门言论,如下:"你们正在虚假繁荣中睡去,你们将在俄国人的皮鞭下醒来。"如果我们不抗击准备以给予工人资金为借口与人类对抗的布尔什维克主义,这个鞭子会落在我们肩膀上。

布尔什维克主义的力量尤其来自欧洲国家之间缺乏一致行动。然而,苏联政府致力于将维持现状视为任务,目的是避免它的重罪受到公正的惩罚。得知这点后,当唯有它们的联合有能力给世界带来自1914年以来所追求的和平时,一盘散沙的欧洲国家成了莫斯科共产主义者的帮凶。

苏联人试图在法国制造混乱,但是我们民族的独立精神和我们工人的通情达理回击了莫斯科的手段。法国人认为他们享有足够的自由,不想要一种虚假的自由。

不幸的是,英国矿工去年任由一些受到苏俄资助而非为了改善他们的境遇的政治人物的蛊惑。除矿工之外的其他工人没有在这条错误的道路上追随他们,这让审慎的鲍德温(Baldwin)先生的政府胜利地应对这个动荡。① 在印度、意大利和西班牙相继失手后,苏联人没能让英国陷于革命之中,所以把精力投入中国和日本,并打算稍后染指印支半岛。根据过去的经验,我们不怀疑,法国当局通过监视所有华人尤其是广东人在交趾支那建立的会社,准备应对一切煽乱活动。

---

① 鲍德温(Sir. Stanley Baldwin,1867—1947),时任英国首相。——译者注

最近新加坡的事件以及在雇佣了华人劳动力的马来西亚橡胶园发生的运动,是一种警告,而人们没有给予高度重视。预防措施不应该仅仅局限于增派军队,一种积极主动的监督和对煽动者的惩罚是必须"及时"诉诸的手段。简单的驱逐出境不能满足需要,必须像英国那样在特殊情况下实施的"紧急状态"法。若没有紧急状态法,英国绝不会看到煤炭工人罢工的结束,这场在英国成功了的罢工将不会在我国受挫。

既然苏联人践踏条约和义务,那么为了根除布尔什维克主义,一切办法都是好的。

在北京和上海所采取的反苏手段表明,鉴于一种比战争可怕20倍的危险宣传在不远的未来将会激发血流成河的世界性震荡,这些不愿忍受这些宣传的国家出现了微弱的觉醒。

布尔什维克主义违背了一切上帝和人世间的法律。人类因此不必用这些法律去审判它,而应对它施以最强力的手段。

五、《保留治外法权》[1]

中国人对洋人尽人皆知的仇恨、北军或南军的糟糕行径,表明中国依旧是个中世纪国家,以至于不能理解我们的

---

[1] Conservons l'extraterritorialité, *L'Echo de Chine*, 5 mai 1927, p.1.

精神气质,也不能在知根知底的情况下对我们做出评判。除了南京事件、外国人在汉口的耻辱和数千起其他野蛮行径,250名中国士兵最近在云南府附近杀害司利彻(Slitcher)夫妇及其婴孩的无可辩驳的愚蠢行为,迫使我们保留治外法权。布尔什维克主义在华的渗透让这个国家落后了200年,今天我们比光绪朝那个混乱的时代更需要保留治外法权。因此我们的政府放弃治外法权将是犯罪。

如果我们对自己是坦诚的,那么我们会承认,除了传教士之外,白人喜爱中国人,就像他们被后者所喜爱一样,但是这种坦诚仅由与天朝打交道的英国人表现出来。英国人骨子里对中国人的厌恶可能造成了抵制运动,并且是英国人成为抵制外货的受害者,但是至少英国的所想是真实的,而且几乎所有外国人在环境的驱使下都这么想。白人对某个华人阶层的反感不是取决于后者的肤色,而是他们行为方式的结果。尽管有时被笨拙地掩饰,这些行为方式总是带有敌意。

白人的敌意并非针对所有华人,只是针对那些自愿受到莫斯科诱惑并且表现出对文明的仇视的人。

俄国的布尔什维克们,在英国人的骄傲自大中看到一个弱点。他们基于此点激化现在的局势,并且取得了胜利。不懂得权宜之计和人种学(ethnographie)原理的中国民众,在他们对英国人的仇恨中逐渐仇视所有外国人。所有"大鼻子"都是魔鬼,这对他们而言更容易接受。

过去和现在的事件表明,长期以来一部分中国人不分国籍地厌恶我们外国人。在这个不可争辩的事实面前,外国人们非得联合起来不可,这是唯一对抗现在这个毫无政治理性的局势的办法,否则将会使苏联有机可乘。在欧洲受挫之后,莫斯科的暴君试图在远东地区创建一个任由其支配的区域,并且他们看中了正在被不断蚕食的中国。

不要再谈论使中国人高兴,因为这个口号失去了力量。我们只讨论捍卫权利,中国所达到的文明程度不能让我们放弃这些权利。直截了当的做法是,我们得不到这个国家所有人的好感,但是我们保留了特权。这是更可取的。

附录

《上海史研究通讯》目录(1980—1985年)

编者按:《上海史研究通讯》是20世纪80年代前期上海社会科学院历史研究所上海史研究室主办的内部刊物,被认为是《史林》杂志的前身。

总第1期,1980年12月

中国地方史研究会筹备会最近在天津举行(池耳一)

梁寒冰同志总结发言(邬烈勋整理,未经本人审阅)

上海学术文化界人士关于开展上海史研究座谈纪要(姚全兴整理)

上海文化界人士谈上海史研究(发言摘要)(全)

上海部分业务部门人士座谈上海史研究纪要(郑、卢)

中国人民银行上海市分行金融史研究工作简况(炯欧)

上海房地产史料编研工作情况简介(桑荣林)

介绍《上海港史话》(金立成)

上海市通志馆和上海市文献委员会始末(上海社会科学院历史研究所研究生卢汉超、郑祖安)

上海史研究会章程(草案)(经七月二十九日上海史研

究会筹备组初步讨论拟定)

上海史研究会即将正式成立(尤置)

编者的话

总第 2 期,1981 年 4 月

五十年代上海工运史料工作回顾(沈以行)

整理编写上海经济史料情况述略(上海社会科学院经济研究所丁日初)

上海史外文图书资料情况答问(章克生)

纪念活动:辛亥革命文献图影展览正积极筹备(伟康)

出版动态:上海地方史料出版概况(一实)

学术交流:法国学者将来华作上海地区发展史学术考察(文)

中国地方史研究会八省市筹备小组会议纪要(邬烈勋)

关于纂修方志的几点建议

上海十县兴建新志座谈简报(姚全兴)

关于纂修上海方志新志的体例问题(上海博物馆吴贵芳)

辛亥革命青浦纪事(青浦县博物馆张瑞钟整理)

读者·作者·编者

总第 3 期,1981 年 7 月

上海史志研究会成立大会纪实(卢汉超)

上海史志研究会成立大会发言摘录(发言者沈以行、唐振常、陆志仁、陈其五、洪泽、罗竹风、来新夏、万景亮、后奕斋、张持平、方行、陈虞孙、蔡尚思,卢汉超整理,未经发言人审阅)

华侨历史研究选题(张持平)

上海史志研究会首届理事名单

上海史志研究会正副会长、正副秘书长名单

上海史志研究会学术顾问名单

关于上海史志工作的若干情况(上海社会科学院历史研究所、上海史志研究会)

关于《上海史》与地方志问题(复旦大学黄苇)

关于编纂《上海史》《上海通志》的建议(陈光贻)

上海市《崇明县志》类目(初稿)(上海市崇明县编史修志办公室)

修志动态:上海市区县档案馆干部座谈编史修志工作问题(上海市档案局供稿)

总第4期,1982年1月

中国地方史志协会成立大会暨首届地方史志学术讨论会会议纪要

中国地方史志协会名誉会长、学术顾问、会长、副会长、秘书长、副秘书长、常务理事、理事名单(中国地方史志协会成立大会一致通过)

史志有别——在中国地方史志协会成立大会上的讲话摘要(谭其骧)

关于新县志编纂方案的建议

关于党史资料征集工作的两次会议(蒋铃)

党史研究中的几个问题(刘振海)

民主革命时期中国共产党在上海出版的报刊简介(王雪娜)

刘三先生传(马叙伦遗著)

《上海县二十六保志》简述(上海师范学院陈金林、陆耀宗)

上海市十县编史修志交流会议在松江县举行(卢汉超)

上海科技史研究座谈会纪要(姚全兴)

中国地方史志协会成立大会暨首届地方史志学术讨论会上海市代表人选、大会特邀代表

总第 5 期,1982 年 6 月

"另一个中国":一九一九至一九四九年的上海([法]玛丽—克莱尔·白吉尔(Marie-Claire Bergère)著,卢汉超译,沈恒春校)

上海的市政(1905—1914 年)([美] 马克·艾尔文(Mark Elvin)著,马骏译,沈恒春校)

《上海史研究论文集》选题设想

总第 6 期,1982 年 9 月

建国以来上海史论文索引(1949—1981)(夏林根、丁宁)

上海业务部门座谈会简报(郑祖安)

上海科技史研究工作者座谈希望组织起来(卢汉超)

《上海近代社会经济概况》在编译中(雪筠)

上海史资料工作座谈会纪要(熊月之)

上海郊县修志工作座谈会纪要(陈金林)

上海郊县编志工作第一次协作会议纪要(奉贤县修编县志办公室整理)

总第 7 期,1983 年 1 月

照片两张

上海十县编修新志经验交流会议纪要

救亡协会史略(张义渔、李飞)

文物解——为我国颁布文物保护法而作(上海史志研究会秘书长吴贵芳)

1947 年上海学生运动资料选录(王仰清、许映湖摘编)

华东片第一次海港史编写工作会议纪要

照片两张

总第8期,1983年5月
(上海十县编修新志经验交流会议专辑)

编者前言

上海十县编修新志经验交流会议开幕式发言摘要(唐振常、吴贵芳、洪泽、郭加复、陆志仁、方行、朱思学)

编修新志经验交流发言:方志资料收集与整理(奉贤县姚金祥),浅谈县志如何体现地方特点和时代特点(松江县何惠明),黄炎培与《川沙县志》(川沙县顾炳权),我们是怎样编写水利志的(崇明县水利局施桂馨),搜集专业志资料的几点体会(青浦县陆梧岗)

三十二年来上海农村发展概况(上海市农委副主任万景亮)

从文物谈到新志的编修工作(上海市文化局副局长方行)

地方史志资料的搜集、鉴别与整理(上海社会科学院历史研究所副所长汤志钧)

市、县修志体例问题管见(上海史志研究会秘书长吴贵芳)

城市史志问题刍议(哈尔滨市地方志编纂办公室主任关成和)

修志动态:崇明县《人物志》编写专题讨论会记略(陈正书)

照片两张（吴竞成摄）

总第 9 期，1983 年 9 月

《上海经济(1949—1982)》序（汪道涵）

上海历史概要（《上海经济》编辑部供稿）

《上海经济(1949—1982)》即将出版（晓岚）

崇明县在明代的建立及其概况（王守稼）

试述明代上海地区植棉与棉纺手工业的发展（王燮程）

从《日日琐言》看太平军在青浦的政权建设和经济措施（林超）

上海租界史上最早的新闻出版法（陈正书）

抗战初期上海地区武装斗争组织概况（翁三新）

"六五"期间的方志整理规划（草案）

中国旧方志整理规划实施方案(1983—1990)（草案）（中国地方史志协会）

筹建中的上海历史文物陈列馆（孙果达）

《上海地方史资料》陆续出版（晓岚）

上海市郊县修志协作会议纪要（周芝珂）

总第 10 期，1984 年 3 月

马克思主义工运指导理论的中国化——纪念毛泽东同志九十周年诞辰（沈以行）

上海地区疆域沿革考(下篇)(谯枢铭)
伟大的爱国者徐光启(王守稼、缪振鹏)
上海租界华人参政运动述论(卢汉超)
论新地方志中人物立传的地位与作用(邬烈勋)
浅谈我们对编写建国后历次政治运动的认识(松江县志办公室)
浅谈县志纲目的拟订、修改和完善(姚金祥)
主次辨——关于人物志的一点商榷(章采烈)
上海文化艺术领域专业史志编修协作会议纪要(余书)
上海十县新志编修第四次协作会议纪要(松志)

总第 11 期,1985 年 3 月

上海广方言馆史略(熊月之)
工人参加了上海的解放([民主德国]赫尔加·谢纳尔撰,周子亚译)
抗战初期上海民营工厂的内迁(孙果达)
关于新县志大事记的一些想法(在上海郊县修志第五次协作会议上的发言)(沈恒春)
全国北片十三省市县志稿评议会纪要(姚金祥)
上海市郊县修志第五次协作会议纪要(青志办)
联合晚报副刊老上海总目(邹勤南、薛兰)
大德《松江郡县》辑稿(陈金林辑校)
征稿启事(《上海史研究通讯》编辑室)

图书在版编目(CIP)数据

上海史研究.四编 / 段炼主编. — 上海：上海社会科学院出版社，2023
 ISBN 978-7-5520-4124-8

Ⅰ.①上… Ⅱ.①段… Ⅲ.①上海—地方史—研究 Ⅳ.①K295.1

中国国家版本馆CIP数据核字(2023)第089625号

上海史研究 四编

主　　编：段　炼
责任编辑：霍　覃
封面设计：霍　覃
出版发行：上海社会科学院出版社
　　　　　上海顺昌路622号　邮编200025
　　　　　电话总机021-63315947　销售热线021-53063735
　　　　　http://www.sassp.cn　E-mail:sassp@sassp.cn
排　　版：南京展望文化发展有限公司
印　　刷：上海颛辉印刷厂有限公司
开　　本：787毫米×1092毫米　1/32
印　　张：13.75
字　　数：272千
版　　次：2023年6月第1版　2023年6月第1次印刷

ISBN 978-7-5520-4124-8/K·686　　　　定价：68.00元

版权所有　翻印必究